CFTC

中国对外贸易中心(集团)
CHINA FOREIGN TRADE CENTRE (GROUP)

中国进出口商品交易会
CHINA IMPORT AND EXPORT FAIR
Since 1957

现代会展培训指定教材

大型专业展览策划与组织

总顾问 王志平　主编 王彦华　本册编著 华谦生

CCTP 中国商务出版社
CHINA COMMERCE AND TRADE PRESS

图书在版编目（CIP）数据

大型专业展览策划与组织/王彦华主编. —北京：
中国商务出版社，2015.5
现代会展培训指定教材
ISBN 978-7-5103-1275-5

Ⅰ.①大…　Ⅱ.①王…　Ⅲ.①展览会-策划-技术
培训-教材②展览会-组织管理-技术培训-教材Ⅳ.
①G245

中国版本图书馆 CIP 数据核字（2015）第 097820 号

现代会展培训指定教材

大型专业展览策划与组织
DAXING ZHUANYE ZHANLAN CEHUA YU ZUZHI

总 顾 问　王志平
主　　编　王彦华
本册编著　华谦生

出　　版：中国商务出版社
发　　行：北京中商图出版物发行有限责任公司
社　　址：北京市东城区安外大街东后巷 28 号
邮　　编：100710
电　　话：010-64245686　64515140（编辑二室）
　　　　　010-64266119（发行部）
　　　　　010-64263201（零售、邮购）
网　　址：http://www.cctpress.com
网　　店：http://cctpress.taobao.com
邮　　箱：cctp@cctpress.com
照　　排：北京科事洁技术开发有限责任公司
印　　刷：北京密兴印刷有限公司
开　　本：787 毫米×980 毫米　1/16
印　　张：15.25　字　数：230 千字
版　　次：2015 年 5 月第 1 版　- 2015 年 5 月第 1 次印刷
书　　号：ISBN 978-7-5103-1275-5
定　　价：38.00 元

序

中国加入世贸组织以来的十多年间，会展业作为联系生产与消费的中介，在中国也得到了迅猛发展，已经成为现代服务业的一个重要分支并呈现出一系列新特征：

一是境内展会数量和规模快速增长。据商务部统计，2013年全国共举办各类展览7 319场，同比2008年的4 490场增长63%；2013年展览面积9 391万平方米，同比2008年的4 517万平方米增长108%。展览范围涵盖机械、化工、印刷、家电、家具、服装、通信、生物医药、汽车、珠宝、建材、美容、文化等各个行业。

二是出国展览市场稳定发展。2013年全国102家组展单位共赴75个国家实施经贸展览会计划1 492项，比2009年的1 183项增长26%，其中参加国际博览会1 422项，占实施总量的95.3%，单独举办展览会70项，占实施总量的4.7%。2013年出展项目净展出面积64.7万平方米，比2009年42.64万平方米增长51%。

三是展馆规模全球领先，布局更加科学。截至2012年年底，全国拥有5 000平方米以上会展场馆316个，可供展览面积1 237万平方米。2013年，全国在建会展场馆13个，面积154.49万平方米。预计全部建成后，全国会展场馆总数将达329个，可供展览面积达到1 391.49万平方米。随着展馆设施不断完善，全国已经形成长三角、珠三角、环渤海三个会展经济带。

四是办展主体呈多元化发展。在办展主体方面，我国形成了政府、商（协）会、事业单位、国有企业、民营展览公司、中外合资展览公司以及外资展览公司等多层次、多渠道办展的新格局。全国5 000平方米以上展会中，各类企业和行业协会举办展会约占全国展会总量的77%（其中，企业办展占57%，行业协会办展20%），已成为行业主流，为各行业企业提供了产品展示、信息交流、贸易合作的平台，对扩消费、促流通、推动对外经贸发展发挥了积极作用。

五是社会经济效益日益明显。会展业是连接生产与消费的桥梁和纽带，各类展会汇聚人流、物流、资金流、技术流，有效拉动餐饮、住宿、交通、零售、旅游等众多服务业增长，促进城市完善基础设施和配套服务，对于转变经济发展方式、增加服务业在国际经济中的比重、推动经济社会全面协调持续发展具有重要意义。会展业带动就业效果显著，2013年我国会展行业带动就业人数达2 777万人次，综合拉动效益日益凸显。

目前，在产值、展馆数量、展馆面积、展会数量、展会面积、世界商展百强等六项主要指标上，中国在展馆面积和展会面积两项指标上居世界第一，其他指标也位居前列，中国已是名副其实的展览大国。同时，中国也是国际展览机构普遍关注及重点发展的市场，并成为其业务增长的主要来源国。随着中国经济持续稳定健康发展，对外开放进一步扩大，全球制造中心地位的形成，居民消费结构不断升级，形成了巨大的现实和潜在的市场，这些都将为会展业的发展提供广阔的发展空间。当然，从国际比较观察，我国会展业目前尚处在"大而不强，多而不精"的阶段，与欧美会展强国相比，我国会展业仍存在发展模式不清、产业规划滞后、资源相对分散、发展方式过于粗放等问题，中国会展业的可持续发展还面临着不少问题与挑战。

商务部是中国会展业的行业主管部门，始终重视、支持这一行业的健康发展和国际竞争力的增强。中国对外贸易中心作为国家商务部的直属单位，在承办广交会的发展历程中，积累了丰富的办展经验，培养了一支专业素质较高的会展人才队伍。随着上海国家会展中心项目的建设完成，外贸中心已经成为名副其实的航母级会展企业集团，成为中国会展行业应对国际竞争的主要依靠力量和迎接国际会展中心向中国转移的重要载体。为适应会展业发展趋势与规律的这些新变化，外贸中心加大了在干部培训培养、企业大学建设、宏观经济政策研究、会展业发展规律研究等方面的投入。他们围绕国内外会展业发展面临的热点、难点问题，理论联系实际，深入调查研究，完成了许多行业影响大、参考价值高的课题。历时两年、由多位同志利用业余时间编写的广交会现代会展培训指定教材（共七册）就是上述投入的重要成果之一。这套丛书有以下三个方面的突出特点：

1. 视角宽广、重点突出。丛书从政府与企业、从国际到国内，全方位论述了会展业发展面临的主要问题，提出了许多针对性强、可操作的建议措施，对政府制定政策有较高参考价值；涵盖了从策划、招商、招展到现场管理等会展业涉及的各个重要环节，对企业制定发展战略有较强指导意义。

2. 案例丰富、图文并茂。丛书的主要编著者都是有着多年实战经验的负责同志，丛书中许多展览项目的案例就是这些同志的亲身经历和切实体会，特别是《中国第一展——广交会文库》收录的所有文章，都是每位作者国内外调研的精品之作，首次结集出版。

3. 方法科学、结构严谨。丛书共七册，第一部分是导论，是全套丛书的基础和总纲。第二部分是现代展会核心业务读本，按照展会的主要内容分为组织策划、招商推介、现场服务、展示工程、专业展览五个分册，是展会业务链的全景展示。第三部分是《中国第一展——广交会文库》，是从近几年来外贸中心完成的几百份研究报告中精选而来并按不同专题归类整理的，是独具特色的知识库，具有较高的教学与科研价值。

王志平

2015 年 3 月

前 言

专业展览会是现代展览业的重要组成部分。目前，世界展览业中绝大部分是专业展览会，中国展览业构成中，专业展览会也占有相当比例且日益增加。但对于专业展览会如何策划、组织和筹备，如何进行招展和观众邀请，如何进行管理和服务等，我国尚缺乏结合实践经验的专门理论总结和系统研究。

基于此，本书从"市场化的办展机构根据市场需求而举办市场化的专业展"的角度出发，结合有着举办大型现代专业展丰富经验的中国对外贸易广州展览总公司的办展实践，对举办现代市场化的专业展的基本规律进行经验总结和理论提升。

本书共六章，第一章对专业展的一些基本理论问题进行概述；第二章介绍如何策划一个市场化的专业展；第三章论述专业展如何才能进行有效的招展和观众邀请；第四章讲解如何在专业展期间组织举办会议和论坛等活动；第五章介绍如何为专业展提供良好的展务和服务；第六章讲解如何从全局的角度对专业展的筹备进行系统和全面的进度管理。

全书基本按照举办一个市场化的专业展的筹备先后顺序来写，脉络清晰，论述和解读依次展开。本书适合于会展业各级管理人员，也可以作为会展业的培训教材，还可以作为高等院校会展专业的教材使用。

受学识与能力所限，本书中所表述的观点与见解，不当之处恐在所难免，望读者不吝赐教。

华谦生

2015 年 3 月于广州

前 言

目　录

第一章 专业展览会概述

展览业被誉为"经济的晴雨表"。专业展览会构成世界展览业的主体,世界上绝大部分展会都是专业展览会。专业展览会是展览会展览题材所在产业的交易、展示、发布、信息的多功能平台。专业展览会的发展受多种因素的影响和制约。

第一节 世界专业展览会概况

展览业在世界的发展迄今已经有 150 多年的历史。如今,不论是从展览会数量还是从展览会总面积上看,专业展览会都是世界展览业的主体。在世界展览业市场中,欧洲是展览业最为发达和成熟的地区,美国的展览业独具特色,中国的展览业发展迅猛。

一、专业展览会的概念和特点

专业展览会和综合性展览会是相对的,它是指展品范围只包含某一个产业或以某一个产业为核心而延伸至产业链上下领域的展览会。所谓产业,一般是指在国民经济统计类别中所进行的行业分类的各单项。专业展览会的展览时间一般是 3 到 4 天,也有稍长一些的,但很少有超过 7 天的。

专业展览会除具有展览会所共有的特征,如聚集性、时间性、开放平台、中介地位等以外,还具有以下独有的特点:

(一)展品范围只专注在一个产业里

专业展览的展品范围往往比较"专业",多局限在某一个产业里,只接受该产业里的产品在自己的平台上进行展示和发布及成交。如果该产业的延伸性较强,专业展览会的展品范围也可能延伸到整个产业链并涉及其上下游关联领域。当不是该产业或者产业链的产品出现在某个专业展览会时,该专业展览会往往会被业界认为是"不专业"。因此，专业展览会一般不接受非展览题材所在产业的产品来展出。

（二）展会功能以微观为主

从总体上看，展览会的功能可以分为宏观功能和微观功能两种。展览会的宏观功能，是指举办展览会带动经济发展和社会文化科技进步的功能，是从行业和社会等宏观角度出发希望展览会能带来的效益。展览会的微观功能，是指举办展会能给展会举办单位以及参展商和观众所带来的效益，如给参展商和观众带来的贸易成交、新品展示、发布和信息等功能。特别是对专业卖家尤为重要。与综合性的展览会不同，专业展览会往往更多地着眼于展览会微观功能的实现。对于展览会的宏观功能，往往是专业展览会实现了微观功能后的边际溢出效益的叠加。

（三）注重合作和共赢

和大型综合类展会注重政府或机构之间的关系不同，专业展览会往往非常注重展会与参展商和观众之间的合作和共赢。只有实现展会与参展商和观众之间的合作与共赢，专业展览会才能取得发展。追求合作和共赢是专业展览会能得以不断发展的动力。专业展览会与参展商和观众之间的合作和共赢主要体现在三个方面：一是追求展会与参展商及观众之间的合作与共赢，这是展会能得以保持可持续发展的基础和保障；二是追求办展单位之间的合作与共赢，这是在"竞合"的大环境下，办展单位之间能保持长期合作的基础，也是展会能快速发展的保障；三是追求微观层面和宏观层面的共赢，主要是展会带动经济及相关产业发展与展会自身发展之间的共赢，以及展会自身发展与借助展会来实现一些其他社会、科技和外交等方面目标之间的共赢。这一点在大型专业展览会表现得尤其明显。

二、专业展览会的发展历程

展览活动的形成是人类社会生产力发展到一定阶段的产物。一般认为，现代展览业是从古代的集市和庙会等形式发展起来的。作为现代展览业发展的起点，1851年5月在英国伦敦首次举办的"万国工业博览会"是一个里程碑式的事件，它被公认为现代展览业的正式开端。

（一）1851 年以前的展览业

在 1851 年 5 月英国伦敦"万国工业博览会"之前，展览业主要是以集市和庙会等形式出现的，在后期，才开始有一些政府或机构组织举办的展览会。集市和庙会是展会最初发展的雏形。从历史发展来看，中国的庙会和欧洲的集市都具有十分悠久的历史，是现代展览业的源头。

我国早在西周（公元前 1100—公元前 771）时期即有陕西岐山风雏山村的宗庙会，一年一次，会期 3 天；元朝（1271—1368）时，元大都的集市多达 30 多个；明朝（1368—1644）时，北京的城隍庙、隆福寺、护国寺、白云观等地是定期庙会的场所，明代与北方游牧民族进行交易的由国家控制的马市即茶马市也非常有名；清代（1644—1911）时，北京的白塔寺、隆福寺和护国寺是著名的三大庙会所在地。清代在传统集市的基础上，又逐步发展出了具有全国规模的一些专业集市，如无锡、芜湖的米市，河北安国的药市。河北安国的药市最为典型，它作为专业的药材集市，一年春秋两次，安国药市已初步具备近代专业展览会的形式和内容了。

欧洲集市源于古希腊，古奥林匹克时期希腊就有了常规的集市，与奥林匹克运动会同时举行；古罗马时期，出现了每周举行一次的集市贸易。到了中世纪，贸易集市已经盛行于一些人口集中、商业较为发达的欧洲城市了。欧洲公认最早的国际性集市，是公元 629 年法国巴黎近郊圣丹尼斯举办的交易会。到 12～13 世纪时，法国北部的香槟集市是最著名的国际性集市。14 世纪以后，工业的迅速发展、商业的兴盛和批发商的兴起改变了传统集市的经营方式，集市渐渐地演变为样品博览会。

人类跨入资本主义时代以后（1640 年前后），商品经济逐渐上升为占统治地位的经济形式，早期原始展览会的形式也开始发生根本性的变化。如1667 年，法国举办了第一个艺术展览会，与以往的传统集市相比，这是一个纯展示性质的展览会，不以商品交换为目的。这个展览会，使展览会的展出目标开始超越了商品交换和贸易成交的目的，展览会的展出目的开始多样化。

18 世纪末，在工业革命的推动下，世界经济进入了更加快速的发展期，各种新产品、新技术层出不穷，展览会开始出现了很强的展示性和宣传性，并开始出现有着严密的组织体系的展览会。如 1798 年法国举办的"共和国工业产品展"，这是世界上第一个由政府组织的国家工业展览会。第一届法国工业展览会有110家厂商参展，时间为3天，展出了法国当时最新的工业产品。以往展览会基本都是地方或地区规模，而法国的国家工业展览会将展览会的规模扩大到国家层面，这有利于展示和了解国家工业的整体水平，显示成就，促进发展。此后，许多国家模仿法国举办国家工业展览会。不过，由于当时贸易保护主义盛行，各国为发展自身工业，视他国为竞争和威胁，因此，当时的国家工业展览会基本没有外国参展者。

（二）万国工业博览会

1851年5月，当时号称为"日不落帝国"的英国在伦敦举办了"万国工业博览会"，这是世界上第一次举办的有多个国家参加的国际规模的展览会，它被普遍认为是现代展览业的开端。博览会展出面积约10万平方米，展出产品约10万件，分原料、机器、产品和工艺等展区，有17 000名参展者。其中，约50%是英国的参展者，50%来自世界其他40多个国家，展览时间为141天，参观者达6 039 145人次。"万国工业博览会"后来逐步发展成为现在的世界博览会。

1851年英国伦敦举办"万国工业博览会"的主要目的，是向世界各国商贸人员、社会名流和旅游观光者等各类到博览会参观的观众展示和宣传工业革命带来的新科技成果和新的生活理念。这次博览会是世界展览业发展历史上的里程碑，它不仅规模空前，而且打破了以往国家工业展览会仅仅以促进本国经济发展为目的、视其他国家为威胁的思维，强调通过国家间的合作和贸易来促进各国社会和经济共同发展的理念，博览会的举办对扩大当时的国际贸易起了积极的推动作用，也促进了当时世界科技文化的交流和发展。

在博览会举办期间，还进行了展品评比和工艺展示等活动，博览会取得了极大的成功，产生了深远的社会和经济影响，并奠定了日后世界博览会的基本模式。在这次博览会举办以后，世界各国竞相争办世界博览会，而不同时期举办的世界博览会都不同程度地留下了社会、文化、科技、建筑等方面的时代印记。由这次博览会发展起来的世界博览会，对人类社会、经济、科技和文化的发展起着重要的引导和推动作用。

（三）1851年以后的展览业

不论是早期的集市和庙会，还是后来发展起来的工业博览会，都不具备现代展览会的现代商业需求。对于早期的集市和庙会来说，其有目的的组织形式薄弱，虽然重视商品成交，但展示和宣传功能缺乏，无法满足大批量交易的需要；对于早期的工业博览会，其过于强调展示与宣传功能，对商品贸易成交的功能又比较缺乏，也无法满足大批量交易的需要。

于是，1894 年德国在莱比锡举办了第一届国际工业样品博览会。这个博览会兼具了集市的市场性和工业展览会的展示性，即以展示为手段，以交易为目的。这次博览会被认为是现代贸易展览会的最初形式，现代展览业由此走上了规范化和市场化的轨道。这种新型的展览形式非常符合经济和市场的需要，它不仅逐渐成为以后展览业的主要形式，也促使展览业在西欧迅速发展起来。到 1928 年 11 月，来自 31 个国家的政府代表在法国巴黎签订了《国际展览公约》，1931 年，正式成立了公约的执行机构——国际展览局（简称 BIE）。

在我国，走向现代展览业也是一个逐步的过程。1905 年，清政府工商部在北京前门设"京师劝工陈列所"，展示各地工业品，并附设劝业商场销售商品，这是中国现代展览会的雏形。1909 年，江苏教育总会在上海召开全省学堂成绩展览会，这是我国首次以展览会命名的展览。1910 年，清政府在南京举办南洋劝业会，掀开了中国近代展览业的第一页。大会分设各省、纺织、茶叶、工艺、武备等馆，会期 3 个月，除两江以外，东北、直隶、湖北、陕西、湖南、四川、河南、山东、云贵、安徽、江西都纷纷参展，东南亚的一些国家也前来参展，展览期间观众达 20 多万人。南洋劝业会是中国历史上具现代展览概念的第一个商业博览会。1921 年 8 月，上海总商会商品陈列馆建立，每年 6、7 月征集展品，每年秋季举办一次展览会。1922 年 10 月，上海总商会在上海首次举办了中国蚕茧丝绸博览会。1929 年，浙江杭州举办了西湖博览会。

第二次世界大战以后，世界各国在都致力于经济建设和科技教育事业的发展，社会劳动分工越来越细，产品更新速度也越来越快，现代展览会开始向专业化方向发展。到 20 世纪 60 年代，专业性展览会已成为展览业的主导形式。

20 世纪 70 年代以后，随着国际分工体系的日益深化，经济全球化日趋明显，展览业在全球范围内更加蓬勃地发展起来，逐渐发展成为国际性、全球化的产业。20 世纪 90 年代后，信息技术的发展又推动着世界展览业朝着信息化和高科技化方向发展。如今，展览业已经成为一个在全球国民经济中占有相当比重，并对各国经济发展产生重要影响的重要的经济部门。

在我国，1949 年中华人民共和国成立至 20 世纪 80 年代初期，展览会主要是由政府主导举办。从 80 年代后期开始，中国的展览业逐步向市场化方向发展。在经过近 30 年的迅猛发展以后，展览业已发展成为我国国民经济中重要的新兴产业。

三、世界专业展览会简介

世界展览业的大致分布为：欧洲的展览业是世界最为发达的地区，德国、意大利、法国、英国是欧洲主要的展览强国；美国是世界的展览大国，是北美地区的主要展览强国；亚洲的展览业主要在中国、日本、新加坡和阿联酋；非洲主要集中在南非和埃及；南美洲主要集中在巴西（见表 1—1）。

表 1—1　世界主要展览馆室内展览面积一览表（2013 年）

Exhibition Centres Worldwide 2013

Exhibition capacities
gross in sq. m.

Location	Hall
Hannover Exhibition grounds	460,437
Frankfurt/Main Exhibition grounds	355,535
Fiera Milano	345,000
China Import & Export Fair Complex Guangzhou	340,000
Cologne Exhibition grounds	284,000
Duesseldorf Exhibition grounds	262,704
Paris-Nord Villepinte	242,582
McCormick Place Chicago	241,549
Fira Barcelona Gran Vía	240,000
Feria Valencia	230,837
Paris Porte de Versailles	227,380
Crocus Expo IEC Moskau	226,399
Chongqing International Expo Centre	204,000
The NEC Birmingham	201,634
BolognaFiere	200,000
IFEMA Feria de Madrid	200,000
SNIEC Shanghai	200,000
Orange County Convention Center Orlando	190,875
Las Vegas Convention Center	184,456
Munich Exhibition grounds	180,000
Nuremberg Exhibition grounds	160,000
Berlin ExpoCenter City	155,000
Veronafiere	151,536
Wuhan International Expo Center	150,000
Messe Basel	141,000
IMPACT Muang Thong Thani Bangkok	140,000

Status: 1.1.2013

资料来源：AUMA, The German trade fair industry: facts, functions, outlook（2013）.

（一）欧洲的展览业

德国是当今世界头号展览强国。每年，德国举办 150 场左右的国际专业展览会，世界 10 大知名展览公司有 6 家是德国的展览举办机构，世界最大的 5 个展览中心有 3 个在德国。德国有 23 个大型展览中心，超过 10 万平方米的有 8 个，总室内展览面积超过 240 万平方米。全世界最知名的大型国际专业展览会有 2/3 是在德国举办的。德国主要的展览城市有汉诺威、法兰克福、慕尼黑、科隆、杜塞尔多夫、柏林等。德国举办的专业展览会国际性强、规模大、管理科学。

意大利每年举办约 1200 场展览会，其中约 200 场具有一定的影响力。意大利的展览业主要集中在米兰、博洛尼亚、热那亚、维罗纳和罗马等城市，其中，米兰是意大利最重要的展览中心城市。

法国每年举办约 1400 场展览会，其中约 120 场具有较强的国际影响力。法国拥有 160 万平方米室内展览面积的展览馆，其中巴黎拥有 55.4 万平方米。法国的展览场地所有者一般不举办展览会。法国的展览会主要集中在巴黎、里昂、波尔多和里尔。

（二）北美洲的展览业

美国是世界最大的经济体，也是世界展览强国。美国每年举办展览会数量多达数千个，但展览会的国际化程度较欧洲低，许多展览会是面向美国国内市场，是美国的"州际贸易展览会"。美国的展览场地所有者一般不举办展览会。美国的展览中心城市主要有：奥兰多、纽约、拉斯维加斯、芝加哥、亚特兰大、达拉斯、休斯顿、波士顿、洛杉矶等。

（三）亚洲的展览业

新加坡是亚洲重要的展览中心，其展览始于 20 世纪 70 年代。目前，每年举办的各种展览和会议等大型活动达 3200 多场。多年来，新加坡一直被国际协会联合会（UIA）列为主要会展举办城市之一，全球展览业协会（UFI）在亚洲认证的展览会中有 1/3 都在新加坡举办。新加坡主要有两大展览馆，一是新加坡博览中心，拥有 10 万平方米室内展览面积和 1.2 万平方米的室外展览场地；另一个是新加坡国际展览与会议中心（新达城），室内展览面积为 2.5 万平方米。

香港是亚洲另一个展览中心，拥有香港会议展览中心和亚洲国际博览馆两大展览馆。2012 年，香港举办 145 场展览会。香港贸易发展局、环球资源、亚洲博闻、香港建发、励展博览 5 家展览机构主办或合办的展览会从数量上占到香港举办展览会总数的70%，从面积上占80%左右。

日本是亚洲经济最发达的国家，其展览业也十分发达。日本每年大约举办展览会600场。日本共有各种会展设施291个，总展览面积106.4万平方米。主要分布在以东京为中心的关东区（35.4%），名古屋、静冈周围的中部地区（21.8%）和大阪、神户为中心的近畿地区（17%）。这三大地区的展览设施的展览面积占日本全国的74%。

阿联酋是西亚的展览中心。阿联酋有三大展览馆：阿布扎比国家展览中心、迪拜世界贸易中心和沙迦展览中心。阿联酋乃至海湾地区60%以上的国际性展会都集中在这三个展览馆举办。

中国是亚洲最大的展览市场，有关情况将在下一节专门介绍。

（四）非洲的展览业

非洲的展览业主要集中在南非和埃及。南非凭借其雄厚的经济实力及对周边国家的辐射能力，其展览业在整个南部非洲地区处于遥遥领先的地位。南非每年举办展览会约300场。南非的展览业主要集中在开普敦和约翰内斯堡两个城市。

在北部非洲，埃及凭借其连接亚非欧和沟通中东、北非市场的极有利地理位置，展览业发展迅速。埃及每年举办的大型展览会在30场左右。埃及的大型展览会一般都集中在开罗举办。开罗大型展览馆有两个，一个是开罗展览馆，拥有室内外展览面积近12万平方米；另一个是开罗国际会议展览中心，拥有室内展览面积2万平方米。

（五）拉丁美洲的展览业

拉丁美洲的展览业主要集中在巴西、阿根廷和墨西哥三个国家。其中，巴西位居第一，每年举办展览会约500场；阿根廷紧随其后，每年举办展览会300多场；墨西哥位列第三位，每年举办展览会近300场。除这三个国家外，其他拉美国家的会展经济规模很小，展览业很多尚处于起步阶段。

第二节　中国专业展览会概况

展览业是我国新兴的产业，也是我国发展最快的产业之一。经过多年的快速发展，展览业已经由小到大，发展成为我国服务业一个重要的组成部分。

由于展览业对经济和社会的带动作用十分明显，我国各地对展览业的发展也非常重视。目前，我国展览业发展十分迅速，趋势明显。

一、基本现状

我国展览业目前基本情况可以概括为：发展快，数量多，行业竞争秩序有待规范；从产业地域分布上已经形成了三大展览中心和五大产业带；会展场馆数量过剩，使用率较低；多元办展机构竞争和合作。

（一）发展快，数量多，行业竞争秩序有待规范

从20世纪90年代末开始，我国展览业几乎每年都在以近20%的速度增长，整个产业发展很快，展览会数量和总展览面积在不断扩大。据不完全统计①，2013年，全国共举办展览会7319场，同比增长1.8%；估算全国展览会总面积约9391万平方米，同比增长4.5%，如图1—1所示。

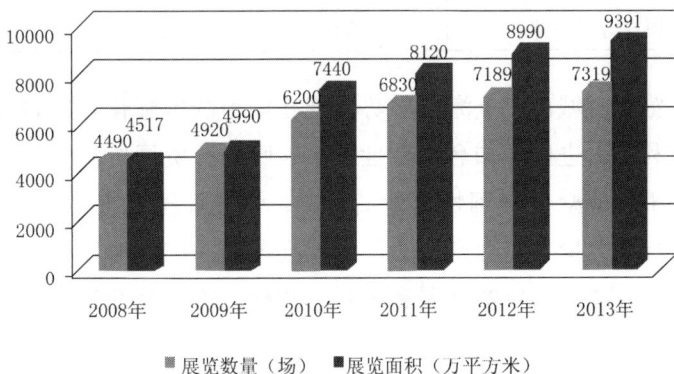

图1—1　2008—2013年中国展览会数量和面积

资料来源：《中国会展业发展报告2013》。

在我国展览业快速发展的同时，展览业还是存在着展览会数量多但规模普遍偏小、产业分布不合理、行业充满着无序竞争等问题。

（二）三大会展中心城市继续领引中国会展业发展

近年来，随着我国展览业的快速发展，已经形成上海、北京和广州三个

①　资料来源：《中国会展业发展报告2013》。

具有国际影响力的会展中心城市，我国绝大多数具有较大影响力的展会都在这三个城市举办，在这三个城市所举办的展会不论是在数量还是在质量上在我国都处于前列。在这三大会展中心城市里，每一个城市里都有居于领先地位的办展单位或会展场馆，这些办展单位和展览馆形成了这三大中心中的中心，它们的经营活动对我国展览业产生重大影响。

据资料显示，2013年，上海、北京、广州三大会展中心城市共举办展览会1696场，较2012年增长5%，约占全国的23%；展览面积合计2584万平方米，比2012年增长3%，占全国展览总面积的27.5%（见表1—2）[①]。

表1—2 2013年北京、上海、广州一线会展城市举办展览会的情况

	北京	上海	广州
展览数量（场）	418	798	480
展览面积（万平方米）	552	1201	831

作为展览中心城市，上海的优势体现在城市的国际化程度较高，优越的金融环境有利于引进世界知名国际性展会、吸引外资展览企业投资发展；北京的优势在于集聚众多全国性行业商、协、学会和国有大中型企事业单位，有利于汇聚行业力量、整合产业资源发展会展业；广州的优势则侧重于发展以广交会为核心的进出口贸易展和家具、建材、美容美发等具有地域产业特色的专业展览会。

以北京、上海、广州三大会展中心城市为核心，向周边地区辐射，分别形成了环渤海、长三角和珠三角会展经济圈。这三大会展经济圈无论从展会数量、展馆数量、还是可供展览面积、展会展出面积，都占全国总量的一半左右，形成了我国会展经济发展的中坚力量。

（三）五大产业带：长三角、环渤海、珠三角、东北、中西部

从全国的角度看，我国展览业有五个较集中的区域，或者说形成了五个较集中的展览产业带，它们分别是：长三角、环渤海、珠三角、东北、中西部。

---

① 资料来源：《中国会展业发展报告2013》。

　　长三角展览产业带：以上海为中心。2013 年，长三角展览产业带共举办展览会 916 场，约占全国展览总数量的 39％，处于国内领先地位；上述展览会总面积约为 2216 万平方米，约占全国展览会总面积的 36％，居全国首位①。

　　环渤海展览产业带：以北京为中心。2013 年，环渤海展览产业带共举办展览会 396 场，约占全国展览总数量的 17％，居全国第二位；上述展览会总面积达到约 924 万平方米，约占全国展览会总面积的 15％，位居全国第三位②。

　　珠三角展览产业带：以广州和香港为中心。2013 年，不含香港的珠三角展览产业带共计举办展览会 343 场，约占全国展览总数量的 15％，居全国第三位。但从举办的展览会总面积看，2013 年上述展览会总面积约占全国展览会总面积的 22％，达 1363 万平方米，位居全国第二位③。

　　东北展览产业带：展览中心城市不明显，大连、长春都有很好的办展环境，但作为该区域的展览中心的地位还不太稳固。

　　中西部产业带：展览中心城市不明显，成都、武汉、昆明和南宁都有很好的展览项目，也有较好的办展条件，但要成为区域展览中心，都还尚需时日。

　　近年来，随着我国产业逐步从沿海地区向中西部转移，在这五大展览产业带之间，也开始出现了长三角、环渤海、珠三角三个产业带中的部分展览会向其他产业带转移的动向（见表1—3）。

表1—3　2013 年中国举办展览会数量居前十的省份或直辖市数据汇总表

省份或直辖市	2013 年办展数量（场）	2013 年办展面积（万平方米）	办展数量占比（％）	办展面积占比（％）	平均办展面积（万平方米）
上海市	798	1201	11	13	1.51
江苏省	770	813	11	9	1.06
广东省	702	1339	10	14	1.91
重庆市	581	500	8	5	0.86
辽宁省	527	463	7	5	0.88
山东省	504	861	7	9	1.71

---

① 资料来源：国际商报（http：//expo. ce. cn/sy/gd/201402/11/t20140211 _ 2273477. shtml）。

② 资料来源：国际商报（http：//expo. ce. cn/sy/gd/201402/11/t20140211 _ 2273477. shtml）。

③ 资料来源：国际商报（http：//expo. ce. cn/sy/gd/201402/11/t20140211 _ 2273477. shtml）。

省份或直辖市	2013 年办展数量（场）	2013 年办展面积（万平方米）	办展数量占比（％）	办展面积占比（％）	平均办展面积（万平方米）
浙江省	501	594	7	6	1.19
北京市	418	552	6	6	1.32
河北省	273	256	4	3	0.94
河南省	252	253	3	3	1.00

资料来源：《中国会展业发展报告 2013》。

（四）会展场馆建设热度不减，但使用率普遍较低

随着我国展览业的蓬勃发展，我国政府十分重视发展展览业，会展场馆建设迅速，不仅把许多原来规模小、设施陈旧、设备不配套的会展场馆进行了改造和扩建，而且还按照现代化要求兴建了一批大型现代化的会展场馆设施，以满足日益增长的会展需求。

从展馆数量上看，北京和上海分别拥有 8 个和 11 个展馆，是国内展馆数量最多的城市；广州拥有 5 个展馆，居于第二位；武汉、长沙、沈阳和天津分别拥有 3 个展馆，居于第三位。另外，还有南京等 16 个城市拥有 2 个展览馆，贵阳等 35 个城市拥有 1 个展馆。

从展馆展览面积上看，2014 年以前，广州展馆室内可租用总展览面积约为 56 万平方米，约占全国总量的 12％，居于首位；上海可租用总展览面积约为 40 万平方米，约占比为 9％，居于次席；北京可租用总展览面积约为 26 万平方米，约占比为 6％，居于第三位。2014 年，位于上海虹桥室内展览面积约 40 万平方米的国家会展中心（上海）投入使用，上海可租用的室内总展览面积一举超过广州，跃居全国第一。

从全国范围看，2013 年，我国有 4 个城市展馆室内可租用总面积在 20 万平方米以上，分别是广州、上海、北京和武汉，合计可租用总面积约 143 万平方米，约占全国总面积的 31％；有南京等 8 个城市可租用总面积在 10 万至 20 万平方米之间，合计可租用总面积约 101 万平方米，约占全国可租用总面积的 22％。

目前，从全国会展场馆的使用情况看，根据有关调查和有关数据测算，目前全国会展场馆的平均使用率不到 25％。我国会展场馆使用率不足已成为中国展览业发展中面临的一个突出问题。

二、中国展览业发展趋势

经过多年的快速发展，我国展览业成长很快，变化也很大并呈现出以下发展趋势。

（一）从世界范围看

一是国际展览业出现中低端产业、战略性新兴产业的展览会从西欧和美国向中国转移的趋势；二是亚洲内部展览业出现从东南亚和日本向中国转移的趋势。

从世界展览业发展的历程看，世界上主要有三种典型的选择展会举办城市或地区的模式，或者说有三种主要的展会聚集模式：一是在展会展览题材所在产业的生产集中地举办展会；二是在展会展览题材所在产业的产品消费地举办展会；三是在著名的休闲度假地举办展会。在这三种模式中，前两种模式下举办的展会占当前世界展会数量的绝大多数。

随着世界产业的转移，我国日益成为"世界工厂"，很多在展会展览题材所在产业的生产集中地举办的展会也随着产业的转移而转移到我国。随着我国经济的发展，人民收入的逐步提高，市场规模在飞速扩大，一些在展会展览题材所在产业的产品消费地举办的展会也开始向我国转移。不过，由于产业转移主要在中低端产业进行，展览业的这些转移也主要集中在中低端产业里举办的展览会。

随着我国经济的逐步升级和发展，一批新兴产业也在我国快速崛起，同时，相关新兴产业的市场规模也在快速扩大。在此背景下，一些原来只在西欧和美国举办的战略性新兴产业相关的展会，也部分转移到我国举办。

在亚洲内部，随着我国产业和市场的扩大，也随着产业的转移，一些在东南亚和日本举办的展会日益萎缩，而在中国举办的相关展会却在快速增长。

世界会展业的这种转移趋势，使我国展览业在世界展览业中的地位越来越重要，所占的比重也越来越大。

（二）从我国展览业发展看

一是展览业从粗放型增长向品牌集约型增长转变；二是市场化步伐加速，行业加快整合，并购增多，强者愈强。

从整体上看，我国展览业已经走过了注重数量和规模增长的粗放型增长阶段，已经有越来越多的办展机构将主要的精力放在追求打造展会品牌、培育品牌展会、提高服务质量的集约型增长。

在展览业加快发展的过程中，政府正逐步退出办展的具体事务，并对政府主办和承办的展览项目进行大规模的撤销或转型，展览业的市场化进程在加快。在市场化的趋势下，展览业办展也向节俭、绿色方向转变，展会的开幕式活动被精简或取消，流程简化，不搞豪华装饰，现场不摆放鲜花，嘉宾区不铺设红地毯，招待酒会被取消或大幅缩小规模，展会期间会议活动精简。政府对展览业的作用更多地体现在加强行业管理，引导行业发展上。政府对展览产业的政策引导和管理，重点在引导我国展览产业向法制化、市场化、产业化、国际化和专业化发展，并遵循这五化原则而不断出台政策，引导展览业的发展。

在追求集约型增长的同时，在我国展览业内部展览会之间优胜劣汰的速度在加快，行业整合的步伐在加速，并呈现出与以往不同的特点：以前我国展览业内部的整合基本是小展会之间的合并或小展会被大展会整合，现在大展会联合成一个更大的展会的事例在不断发生并越来越多，行业内并购越来越多。未来，一批规模小、效益差和专业性不强的展览会将在竞争中被淘汰。

案例：

几个大展联合成更大的展会

2014 年 10 月，中国纺织工业联合会旗下的四个展览会的组委会联合在上海宣布，中国国际纺织面料及辅料博览会、中国国际服装服饰博览会、中国国际纺织纱线展览会、中国国际针织博览会，这四大展览会将于 2015 年 3 月联合举办春季大展，在 2015 年 10 月举办秋季大展。组委会有关负责人认为，四展联动必将更好地发挥出产业链上下游的协同效应，有效促进上下游产业的结合，这种大联展的形式将更加贴近产业，贴近市场，对整个纺织服装产业链来说，是非常有意义的。

据国药励展方面介绍，国药励展融合旗下贯通医药医疗健康产业链的三大展会 CMEF（医博会）、PharmChina（药交会）、APIChina（原料会），将于 2015 年 5 月，以"融合•健康产业新动力"为主题，在位于上海虹桥的全新国家会展中心打造"首届健康产业领袖峰会"。融合后，该展会将成为中国健康产业史上规模最大的会展集群。首届峰会整合了100场以上的主题会议和26万平方米的国际展览，将集中展示来自全球6000个精选展商的数万种高质量和高性价比的医疗设备、医药产品、原料药及其他相关产品和服务，为来自140个国家的15万专业观众在贸易合作、学术探讨、业务拓展、经验分享等方面打造一个崭新的平台。

在追求集约型增长的同时，随着优胜劣汰的加速和行业内并购的增多，我国展览业的产业集中度在不断提高，一个或两三个大展对每一产业题材形成相对垄断，并呈现出强者愈强的竞争态势。这迫使办展机构必须不断提高核心竞争力，提高办展和展会服务质量与水平。

（三）从办展单位发展看

一是办展单位在加速向现代办展机构转变；二是会展企业集团化趋势明显。

所谓办展机构，主要是指展览会的主办或者承办单位。目前，我国的办展机构主要有国有展览企业、民营展览公司、外资展览公司、行业协会和媒体等5种。这些办展机构在共同推动着我国展览业不断向前发展的同时，自身也在不断发展。

我国办展机构发展的主要方向是加速向现代办展机构转变。向现代办展机构转变，一方面是办展理念、管理模式和服务意识向现代展览企业转变，另一方面是组展方法、招商手段和营销模式逐步走向现代化。

随着展览业的发展和市场竞争的加剧，一些有实力的办展机构在市场竞争中不断发展壮大，为适应业务不断扩大和获取更大竞争优势的需要，办展机构集团化的趋势越来越明显。

（四）从专业展会本身的发展看

一是展会功能由单一向多重并重转变；二是服务更加系统化和精细化，营销手段更加多样化。

展览业在我国曾经是一个功能十分单一的行业，如以贸易成交为单一功能，整个展会的举办目标就是不断地追求贸易成交量；或者以实现一些社会目标为单一目标，如展示某行业的发展成就等。随着我国展览业的快速发展，近年来，我国很多展会都从单一功能向多重功能转变，如在举办展会时，既兼顾展会发挥带动行业发展等宏观功能，也注重展会盈利和便于企业营销的微观功能。在展会的微观功能中，既追求贸易成交，同时也兼顾信息、发布和展示等功能。展会功能的多重化使我国很多展览会更具现代展会的特质，更具丰富多彩的内容和形式。

随着我国展览业的发展，在展会功能由单一向多重并重转变的同时，为确保展会多重功能的实现并在市场竞争中取胜，我国展览业的服务日益向更加系统化和精细化方向发展。展览业是从属于服务业的，服务是展览业的根本，在展览业竞争日益激烈的今天，服务正日益成为展会项目进行市场竞争最为有力的武器。

伴随着展会服务的日益系统化和精细化，展会营销手段也更加多样化。随着科技的进步，展会营销正更多地应用新技术和新手段，智能化、网络化和移动互联极大地丰富了展会营销的渠道、形式和方法，如大数据、微博、手机 APP、微信、微展厅、二维码等，正在极大地改变着展会营销的方方面面，也在极大地提高展会营销的效果。

第三节　影响专业展览发展的因素

任何经营活动都是生存在一定的市场环境之中，并遵循着"适者生存"的法则。举办展览会，既是一项涉及很多方面的经济活动，也是一场涉及很多领域的社会活动。一些因素的状况、发展和变动趋势，对专业展览的举办和发展会产生重大影响。

一、宏观环境

宏观环境是指能对展会举办产生影响的各种宏观因素，这些因素可能会给展会带来市场机会，也可能会给其造成威胁。展会举办机构对它们必须加以密切关注，并及时对其作出适当的反应，以便有效地识别和抓住市场机会，避开和减少威胁。

宏观环境所包括的因素都是办展单位本身以外的因素，并且基本上都是其自身所不能控制的因素，它们包括：经济环境、技术环境、政治法律环境、人口环境、社会文化环境等。

（一）经济环境

经济环境是指那些能对企业参展和观众到会参观产生影响的各种经济因素，如社会经济发展水平，产业利润率的高低，市场规模的大小，产业进出口状况，产业结构状况，展会所在地的住宿、餐饮、旅游、交通等配套设施的完备程度等。这些因素从侧面影响着企业参展和观众到会参观的意愿。

（二）技术环境

科学技术的发展会给企业的经营活动和经营方式产生重大影响。一方面，它可以给一些企业提供新的有利的发展机会；另一方面，它也可以给一些企业的生存与发展带来威胁。另外，在塑造展会服务的外部环境方面，科学技术的发展也能发挥巨大作用。如互联网的出现就极大地改变了展览业的办展思路、营销模式和竞争模式，计算机的广泛使用使展会的观众登记模式发生了翻天覆地的变化，如图1—2所示。

图1—2 广州建博会使用二维码和 APP 技术加强与客户的联系

（三）政治法律环境

由那些具有强制性的和对举办展会产生影响的法律、政府部门和其他压力集团所构成。由于举办一个展会涉及的行业和社会面非常广，因此，展览业会受到比其他行业更加严厉的法律管制，如政府对举办展会在消防、安保、工商管理和产品进出口方面的严格要求，举办展会对《广告法》和《专利法》等法律的严格遵守等。此外，与展会展览题材所在产业有关的法律对举办展会也会产生较大的影响。

（四）人口环境

从量的角度看，人口数量是市场规模的重要标志，从人口的分布、结构及变动的趋势可以分析判断出市场需求的特点和发展趋势，从展会展览题材所在产业及其相关产业的从业人员数量和结构构成，可以预测展会的专业观众的大约数量，而拥有一定数量和质量的专业观众正是展会的生存之本。

（五）社会文化环境

社会文化环境有三大类，一是物质文化，二是关系文化，三是观念文化，它们分别代表人们对物质生活、社会关系和意识形态等方面的要求、认识和看法。社会文化环境对企业参展和观众到会参观会产生较大影响；人们的餐饮习惯，国与国之间的关系的好坏，世界各国的各种节假日和喜庆日的安排，对举办展会的影响就非常大。例如，在中国春节期间就很难成功举办专业贸易类的展会。

二、微观环境

微观环境是指对办展单位举办展会构成直接影响的各种因素。这些因素包括：目标客户、竞争者、营销中介、服务商、社会公众、办展单位内部环境等。和宏观环境一样，微观环境所包括的各因素也可以给展会带来市场机会，或者给其造成威胁。

（一）目标客户

目标客户主要是展会的潜在参展商和观众。从类别上看，展会的目标客户包括消费者市场客户、生产者市场客户、中间商市场客户、政府部门和国际市场客户五大类。这些客户可能是参展商，也可能是观众。参展商和观众都是展会的服务对象，两者都不可偏废。展会是否能顺利发展取决于展会是否能满足目标客户的需求。因此，在分析展会的目标客户时，不仅要分析他们的数量和分布，还要注意分析和把握他们的需求及其变化趋势，并以此作为展会努力的起点和服务的核心。

（二）竞争者

竞争者就是与本展会有竞争关系的其他同类展会。在现实中，一个题材的展会往往不止一个，展会要想在市场上取得成功，就必须能比其他同类展会更有效地满足参展商和观众特别是专业观众的需求。在对竞争者进行分析时，不仅要分析具有竞争关系的展会，还要分析这些展会的办展单位；不仅要分析具有竞争关系的展会和其办展单位的现状，还要分析它们的变化，并及时提出应对的对策。

（三）营销中介

营销中介是受办展单位委托的、或者是协助展会进行宣传推广和招展招商的那些中介组织和单位，包括展会的招展代理、招商代理、广告代理和其他营销服务机构等。好的营销中介能很好地分担和完成办展单位的宣传推广和招展招商等营销工作，能更好地协助办展单位成功地举办展会。分析营销中介，目的是要甄别那些候选的中介组织的资质、信誉和实际营销能力，以保证它们能为展会提供最好的营销服务。

（四）服务商

服务商是受办展单位的委托、为展会提供各种服务的机构，包括展会指定的展品运输代理、负责展位搭装的展位承建商、提供旅游服务的旅行社、提供住宿服务的宾馆酒店，以及提供展会资料印刷和观众登记的专门服务商等，这些服务商是办好一个展会必不可少的组成部分。在举办展会时，参展商和观众往往将这些服务商提供的服务看成是展会本身的一个有机组成部分。因此，这些服务商提供的服务的好坏直接影响到展会本身。在对它们进行考察时，要对它们的资质、信誉和实际服务能力等进行深入的了解，以保证展会的服务质量不因它们的服务不周到而受损。

（五）社会公众

社会公众是指对展会实现其目标具有实际或潜在影响的群体。一个展会所要面临的公众有六种：一是媒体公众；二是政府公众；三是当地民众；四是市民行动公众；五是办展单位内部公众；六是金融公众。这六类公众都具有增强一个展会实现其目标的能力，也有阻碍其实现其目标的能力；有时候它们的态度还能直接影响到一个展会的市场前途。因此，成功地处理好展会与这些公众的关系格外重要。

（六）办展单位内部环境

办展单位内部环境就是办展单位内部所具备的各种条件，包括资金、人力、物力（办公设备和通信工具）以及所掌握的信息资源和能联系的社会资源等。通过对办展单位内部环境的客观分析，准确地找出它们在本展会所在产业以及它们本身所具有的办展优势和劣势，并对这些优势和劣势进行客观的评估，分析办展单位是否具有举办该展会的能力。

三、产业发展

产业发展状况和产业的性质是影响一个展会能否成功举办的重要因素之一。产业不同，举办展会的策略和办法也不一样。关注产业的有关信息，主要是要分析产业能给展会提供怎样的发展空间、产业状况对举办展会可能产生怎样的影响等。

（一）产业发展阶段

每一个产业的发展都要经过投入、成长、成熟和衰退四个阶段。处于投入期的产业，由于刚刚起步，企业数量有限，市场不大，举办展会往往较难获利；处于成长期的产业，市场扩张快，企业数量不断增多，市场对该产业的产品和该产业对相关设备的投资需求较大，企业盈利性好，较适合举办展会；处于成熟期的产业，市场竞争激烈，企业数量较多，很多企业在为自己的产品寻找销路，也比较适合于举办展会；处于衰退期的产业，企业数量在不断减少，企业盈利性较差，市场容量收缩，较难举办展会。

（二）产业规模

产业规模主要是指该产业的生产总值、销售总额、进出口总额和从业人员数量等，这些信息是举办展会时需要参考的重要数据。例如，了解产业从业人员数量可以为预测展会的到会专业观众数量提供参考。产业规模对展会规模会产生直接的影响，产业规模的增减会影响到展会规模的增减，在收集产业规模的相关数据时，不仅要收集产业规模的现在数据，还要对其未来的增减趋势作出预测，以便为展会制定长期发展策略提供参考。

（三）产业分布状况

产业的分布状况与展会的招展和宣传推广策略的制定密切相关，是制定展会招展、招商和宣传推广策略的基础。了解产业的分布状况，不仅要了解该产业的产品主要是在哪些地方生产，每个生产地在该产业的产品生产中所占的比例，也要了解该产业的产品主要是在哪些地方销售，每个销售地在该产业的产品销售中所占的比例，还要了解每个地方生产和销售的产品的种类和特色以及档次如何等。只有了解了这些信息，以后的招展招商和展会宣传推广策划才会有可靠的依据，否则，就会成为无的放矢，不具备可执行性。

（四）厂商数量

从理论上讲，一个产业拥有的厂商数量就是即将举办的展会的潜在参展商和专业观众的数量。如果产业拥有的厂商数量太少，则展会的潜在参展商和专业观众也会较少，展会举办成功的可能性也较小；如果产业拥有的厂商数量较大，则展会的潜在参展商和专业观众也会较多，展会举办成功的可能性也较大。可见，摸清产业的厂商数量，对于在举办展会时确定展会规模和可能的专业观众数量十分重要。

（五）产品销售方式

产业的产品销售渠道模式及其成熟度对举办展会的影响也比较大。例如，如果某产业产品的批发渠道比较发达，大型批发市场较多，则在该产业内举办展会就会遇到很大的困难；或者，如果某产业的销售渠道比较成熟，各企业的销售渠道已经自成体系，则展会招展也比较困难。还有，有些产业产品的订货和销售的季节性都很强，在这些产业里举办展会，最好结合产品订货和销售的季节性来确定展览时间；如果展会举办的时间忽视了这种季节性，那么展会就很难成功。一般而言，适合举办展会的产业都是那些主要以"看样成交"为主的产业，以及那些对产品的外观设计和款式比较看重的产业，还有产品更新换代和推陈出新比较快的产业。

（六）技术含量

产业产品的技术含量主要是指该产业的产品以及生产设备所需要的技术的难易程度，以及它们的体积大小和重量等。了解这些信息，对于即将举办的展会的场地选择有着十分重要的参考意义。由于各地的展览场馆在展馆室内高度、场地承重、展馆进出通道等方面的技术要求不一样，其对展品的要求也不相同。例如，对于那些技术含量较高需要演示的展品，在布置展馆展区时需提供较宽的通道和公共空间，以便参展企业进行产品现场演示；另外，对于一些体积较大的展品，则应选择在进出通道较大、室内高度较高的展馆里举办展会；如果展品较沉重，则应选择地面承重量较大的展馆举办展会；对于精密和价值量较高的精细商品展示，则要充分考虑安全与防盗保险。

（七）产业的发展趋势、产业的热门话题和产业的亮点等

这些信息对今后策划展会本身和策划与展会同期举办的会议及相关活动很重要。

四、市场与商业模式

什么样的市场和相关商业模式决定着办怎么样的展览会，市场和相关商业模式的变革往往决定着展览会的兴衰。举办市场化的商业性展会，需要事先对相关市场和相关商业模式进行全面地了解，对各种市场信息进行全面和深入地分析，并在此基础上作出科学的应对决策。如果市场信息掌握不全，或者办展模式跟不上相关商业模式的变革，凭此作出的决策就会出现偏差，有的甚至会使展会全盘皆输。

（一）市场规模

某一产业的市场规模的大小，对在该产业内举办的展会的规模会产生直接的影响。如果市场规模过小，举办该产业题材的展会就会失去市场基础，展会就很难举办成功。了解市场规模不仅要了解现在的市场规模，还要预测市场规模的将来增减趋势，因为市场规模的增减直接影响到展会规模的变化。如果市场规模缩减过快，展会规模也将会在较短的时间内很快缩小；当市场规模缩减到一定的程度时，展会也就失去了继续存在的基础。

（二）市场竞争态势

市场竞争态势是指产业内部企业之间的竞争关系以及政府对该产业的控制力和影响力如何。市场竞争态势对企业的参展意愿会产生重要的影响。例如，垄断性较强的产业，企业通过参加展会这种方式来营销自己产品的积极性较小，在该产业内举办展会的难度就较大；市场竞争较自由的产业则反之。又比如，市场集中度较高的产业，少数几家大企业会对市场产生决定性的影响，它们是否参加某一展会，不仅会直接影响到该展会本身能否取得成功，还对产业内其他的企业是否参展产生重大影响；市场集中度较低的产业则反之。在了解产业市场竞争态势时，还要注意摸清其是属于买方市场还是卖方市场，处于买方市场状态的产业往往更适合举办展会。

（三）经销商数量和分布状况

除生产企业外，各种经销商也是展会重要的潜在客户。他们既可能是参加展会的参展商，也可能是参观展会的专业观众。因此，事先准确掌握某一产业的经销商的数量和分布状况，对展会本身有着重要的意义。

（四）行业协会状况

产业内是否存在行业协会和行业协会在产业内的号召力如何，对展会的成功举办有较为重要的影响。如果存在行业协会，则意味着该产业内有一些较统一的行业规范和行业管理，产业内的企业行为和市场行为会受到某些条例的约束；否则，市场会较为无序。另外，如果行业协会在产业内有较大的号召力，则行业协会对某一展会的评价或看法会对企业的参展意愿和参展行为产生较大的影响；反之影响就会微不足道。了解行业协会后，进而想办法取得该行业协会的支持，并进一步与该行业协会合作，这样将有利于展会的成功举办。

（五）市场发展趋势

市场发展趋势直接影响到展会未来的发展前景。了解了某一产业的市场发展趋势，就可以为在该产业里举办展会的发展前景作出预测和规划。对于策划举办展会而言，需要了解的市场发展趋势包括：市场容量的增减趋势、市场集中度的发展趋势、产业市场营销方式的变化趋势、市场竞争的发展趋势、市场分布状况的变化趋势等。

（六）相关产业状况

是指与展会展品范围所在产业有产品使用和供应关系的有关产业的状况。所谓"有产品使用和供应关系"，是指该产业是展会展品范围所在产业产品的中间用户或最终用户，或者该产业是本产业生产设备和中间产品的提供者。例如，举办体育用品题材的展会，需要了解的"相关产业"包括房地产、宾馆酒店、各种会所、学校以及各种健身场所等。了解相关产业的状况主要是为展会的招商方案做准备。

（七）相关商业模式

商业模式是利益相关者的交易结构。一个合理的商业模式，涉及许多利益相关者，这些利益相关者有价值可以交换，而且在交换时有共赢的交易结构，能使参与各方均持续获利。不同的商业模式不仅影响着利益相关者参与交易的关键业务和渠道通路、成本结构和收入来源，而且影响着利益相关者参与交易的核心资源、客户关系和重要合作，还影响着利益相关者参与交易的价值主张和客户细分，所有这些，无不对展览会的举办模式和发展空间产生重大影响。可以说，在一定的市场条件下，往往是什么样的商业模式决定着办出什么样的专业展览会。

五、有关法律法规

法律法规对举办展会的影响体现在三个方面：一是通过对国内外企业参展意愿和参展行为的影响来间接影响展会；二是通过对展会组织方式等的约束来直接影响展会；三是通过对展会举办单位的市场准入资格的限制来影响展会。

（一）产业政策

是指政府对相关产业产品的生产、销售和使用等方面的规定，如国家对香烟、酒等销售方面的"专卖"的规定和对药品在生产和使用方面的规定等。这些规定对展会的举办、企业的参展意愿和参展行为等都会产生直接或间接的影响。

（二）产业发展规划

是指国家和地方政府对某一产业的发展所作的长远和宏观规划。这种规划在某种程度上决定着该产业在今后较长时期内的发展状况和发展趋势。一般来说，在政府大力扶持或规划为重点发展的产业里举办展会，其发展前景比较看好。

（三）海关有关规定

主要是指针对某一产业的货物进出口政策、货物报关规定和关税等，这些规定对海外企业参加展会将产生重大影响。货物进出口政策直接影响海外企业的参展意愿，例如，如果禁止或限制某类产品的进出口，那么海外企业不管是参展还是参观展会的意愿都将非常低；货物报关规定直接对展会的具体操作产生影响，比如，如果报关手续复杂，那么展会的筹备期就势必要提前；关税水平的高低对海外企业参展的影响也较大，较高的关税会阻碍企业参展，较低的关税则对吸引海外企业参展较为有利。另外，海关针对参展商品的专门规定也是举办国际性展会所必须要了解的内容。

（四）市场准入规定

包括两个方面，一是对举办展会的企业或机构的资格的审定，另一个是国家对外资进入该产业的政策规定。前者对企业能否举办展会将产生直接的影响，后者不仅影响到海外企业的参展意愿和参展行为，也同样影响到国内企业。

（五）知识产权的保护

很多参展企业会在展会上或在展会前发布新产品，推出新设计，如何保护这些新产品和新设计的知识产权，是办展单位所必须要考虑的问题。如果展会上大量出现侵犯知识产权的展品，不仅会引起参展企业之间的纠纷，也会影响展会的声誉，对展会的发展较为不利。目前，很多展会在现场设立了知识产权维护办公室。

（六）其他规定

由于举办展会会涉及多种产业，因此，政府对交通、消防、安全等其他有关产业的规定，也会对展会产生这样或那样的影响。在策划举办展会之前，对这些规定也要有所了解。

六、相关展会

俗话说："知己知彼，百战不殆。"在举办展会时，最理想的状态是，在自己举办展会的产业里不存在其他同类题材的展会，这样，举办展会就要容易得多。但是，在现在的市场状态下，已基本不存在某一产业内没有同类展会。因此，在举办展会时，一定要对该产业内的现有展会的情况有所了解。了解这些信息，可以为制定同类展会之间的竞争策略提供重要的参考。

从理论上讲，对相关展会的有关信息当然是了解得越多越好；但在现实中，由于存在竞争关系，一般很难全面收集到相关展会的全部信息。但在举办展会时，一般应该收集到相关展会的下述信息。

（一）同类展会的数量和分布情况

我们要尽量弄清楚国内和全世界范围内的与我们即将要举办的展会的题材相同的展会的数量，搞清楚这些展会的地域分布情况。一般来说，同题材展会的数量越多，对在该产业中策划举办新展会越不利；同题材展会的地域分布离计划举办的展会的地域越远，对策划举办新展会越有利。

（二）同类展会之间的竞争态势

不管各展会的定位如何，同题材的展会之间总会存在这样或那样的竞争。弄清楚同类展会之间的基本竞争关系，对如何举办展会和为展会制定怎样的竞争策略有着十分重要的意义。

（三）重点展会的基本情况

除同题材的所有展会的数量和分布情况外，对该题材的一些重点展会的基本情况有必要作进一步的了解。所谓"重点展会"，是指那些规模和影响都较大、行业口碑较好，或者是与我们计划举办的新展会有直接竞争关系的展会。对于这些展会，对其组展单位、办展时间、办展频率、办展地点、展会规模、参展企业数量及分布、观众数量和来源、展品范围、展会定位等情况要有比较详细的了解。

第四节　影响专业展览会生命力的因素

展会项目生命力分析是从展会项目的本身出发，分析该展会是否有发展前途。有些展会举办的条件具备但不一定有发展前途，只有既有举办条件又有发展前途的展会才具有投资举办的价值。分析展会的生命力，不仅要分析展会的短期生命力，还要分析展会的长期生命力。

一、专业展览会的定位和发展战略

专业展览会的定位和发展战略的制定是一个展会可持续发展的源动力。好的展会定位和发展战略犹如给展会发展插上了腾飞的翅膀，可助展会发展的一臂之力；反之，则会给展会发展套上囚禁的枷锁，极大地影响展会的发展。在给展会制定发展战略和定位时，注意避免出现以下五个方面的问题。

（一）定位不够

展会定位对展会所具有的特征、优势以及展会能带给参展商与观众的利益表达不充分和不全面，导致参展商和观众对展会只有一个非常狭隘的印象。展会定位不够会自动将一部分参展商或观众排斥在展会的目标客户之外，不利于展会的招展和招商。

（二）定位过分

展会定位夸大了展会所具有的特征、优势以及展会能带给参展商与观众的利益，或者展会定位所宣扬的展会特征、优势以及展会能带给参展商与观众的利益是不可行的。展会定位过分会使参展商或观众对展会产生不切实际的过高期望，不利于展会的可持续发展。

（三）定位模糊

展会定位不能清楚准确地表达展会所具有的特征、优势以及展会能带给参展商与观众的利益，或者是对展会的特征、优势以及展会能带给参展商与观众的利益的表述较为混乱，使参展商和观众对展会只有一个模糊和混乱的概念，不知道其特别之处。展会定位模糊会使展会丧失品牌号召力，不利于对展会竞争优势的培育。

（四）定位疑惑

虽然展会定位准确且表述清晰，但由于展会展出现场操作等方面的问题，参展商和观众从展会的现场和实际操作中难以理解和体会到展会的定位宣传，从而对展会的定位产生疑惑，对展会整体产生不信任感。展会定位疑惑是展会筹办过程中的致命硬伤之一，它不利于展会获取目标客户及大众的认同。

（五）定位僵化

展会定位不能紧跟市场形势的变化而变化，市场形势变了，展会的定位却还是老样子，落后于市场形势，不能反映市场对展会提出的最新要求。展会定位僵化会使展会逐渐老化并丧失竞争力，不利于展会随市场的发展而发展。

展会的发展战略往往与展会的定位密切相连，二者对展会的生命力都有重要影响。给展会定位不能出现上述问题，在制定展会的发展战略时，也要看展会的总体发展战略是否有战略资源支撑，发展策略规划是否符合实际，展会的阶段发展战略是否与展会现在及未来的发展所处的阶段相适应等。如果都是基本合理的，则能极大地促进展会健康快速发展。

二、展会的发展空间

展会项目发展空间，是从展会的长远发展出发，展会项目所具备的可持续发展所需要的各种条件。它是立足于现在来分析未来，是对展会未来发展趋势的一种判断和预测。一般地，展会所依托的产业空间、市场空间、地域空间和政策空间极大地影响着展会的发展空间。

（一）产业空间

是展会展览题材所在的产业的发展现状和发展前景。产业的发展现状和发展前景是举办展会所依托的产业基础。如果某一产业的规模过小或者是发展前景有限，那么，在该产业里举办展会就比较困难。对展会来说，具有较大产业空间的产业是：本地区的优势产业和主导产业；政府鼓励重点发展的产业；政府扶持的产业以及发展中的朝阳产业。

（二）市场空间

主要是指市场结构状况、市场规模的大小和市场辐射力的强弱，是举办展会的市场基础。市场结构状况揭示了展会展览题材的选择是否适合市场的需求。市场规模的大小从一个侧面能表明展会对企业参展的吸引力有多大，市场辐射力的强弱能反映展会能影响和辐射的地域有多广。市场空间的大小是决定是否举办展会的一个重要依据。我们总是希望在那些市场规模较大的产业里举办展会，希望举办的展会展出的展品符合目标市场的市场结构状况，希望举办的展会有较强的市场辐射力。

（三）地域空间

主要是指展会举办地的地域优势和辐射力如何。展会的举办地对展会本身的发展有较大影响，很难想象在一个较偏僻的地方能举办一个大型展会。一般地，展会应选择在那些展会展览题材所在产业比较发达的地方举办，或者选择在该产业产品的主要销售地，尽管如此，那些交通比较便利、基础设施较完善、信息较灵通、服务业较发达的城市往往是举办展会的首选之地。

（四）政策空间

包括展会举办地对展览业发展的政策、对展览题材所在产业的政策以及对与展览业有关的行业的政策。如果在一个政府鼓励发展展览业的地方举办展会，办展单位肯定能得到比在其他地方举办展会更多的便利；如果计划举办展会的展览题材正是当地政府鼓励和支持发展的产业，那么，该展会的举办定能获取更多的利益；如果当地政府积极扶持与展览业有关的行业的发展，那么，在那里举办展会肯定更加顺利。

三、项目的竞争力

展会项目竞争力，是本展会与同题材的其他展会相比所具有的竞争优势。展会的竞争优势来源于很多方面，但对于一个展览题材已定的展会来说，参展商和观众的构成、展会价格、展会服务、办展单位的品牌影响力、展会定位的号召力等因素，对展会的竞争优势具有决定性的影响。

（一）参展商和观众的构成

展会要有强大的竞争力，就离不开该展会展览题材所在产业里有代表性的企业对展会的大力支持，离不开该产业产品的大用户到会参观。所以，一方面，展会的参展商和观众的数量固然重要，因为没有一定数量的参展商和观众，就没有上规模的展会；另一方面，展会的参展商和观众的质量更加重要，因为展会的档次的提高需要有他们的参与。可见，参展商和观众的构成是展会的竞争力的重要组成部分，在分析展会的参展商和观众时，不能只讲数量不讲质量。对于专业展览会，专业观众更为重要。

（二）展会价格

展会价格的高低直接影响着参展商参展成本的大小，参展商总是希望以最低的价格获取最大的收益，因此在其他条件一定的情况下，参展商会选择那些价格较低的展会参展。展会价格是展会竞争力的重要组成部分，展会定价合理能在很大程度上提高展会的竞争力。

（三）展会服务

展会服务包括展会筹备和展会举办过程中办展单位为该展会的参展商和观众提供的各种服务，也包括展会的服务商和营销中介单位为参展商和观众提供的服务。展会服务分为展前服务、展中服务和展后服务三个部分。展会要尽量为参展商和观众提供专业、及时、优质和周到的服务。

（四）办展单位的品牌影响力

从某种意义上说，展会就好比是一件商品，办展单位就是这件商品的生产商，办展单位的品牌既是这件商品的说明书，也是这件商品的质量保证书。办展单位的品牌对参展商和观众具有很大的影响，他们会基于对办展单位的品牌的认同而认同他们举办的展会。办展单位品牌的影响力会延伸到其举办的展会上，形成品牌效应，提高展会的档次、规格和权威性，扩大展会的影响。于是，在分析计划举办的展会是否可行时，应认真地分析其办展单位的组成的合理性。

（五）展会定位

展会定位是向目标客户表明展会"身份"的神来之笔。没有定位的展会就好像是没有眼睛的龙，它始终都缺乏一种令人心动的灵气。展会定位要能尽量反映展览题材所在产业的发展趋势，抓住该产业的热门话题，体现该产业的亮点和市场的特点，即所谓的要"抓住产业跳动的脉搏"；或者，展会定位要能切实满足该产业某一细分市场的需求。如果展会定位做不到这一点，那么，该展会定位的行业号召力就不大，展会对参展商和观众的吸引力就不强。

在其他条件一定的情况下，展会的竞争力越大，展会的生命力就越强。因此，提高展会的竞争力是提高展会生命力的一条有效途径。

四、办展单位优劣势

俗话说："术业有专攻"，每一个办展单位都有自己擅长的领域，也都有自己不熟悉的领域。在自己不熟悉的领域里从事经营活动，就好像是在黑夜里摸索前进，失败和挫折往往在所难免。

办展单位的优势，决定着他们在哪些产业里举办展会成功的可能性较大，也决定着他们举办怎样性质的展会将会有较大的优势。例如，某一个办展单位对汽车产业非常熟悉，在汽车产业里颇有合作网络，而该办展单位对家具产业基本是一无所知，这样，该办展单位举办汽车类的展会的成功率就比举办家具类展会要大。

办展单位的劣势，决定着他们在哪些产业里举办展会成功的可能性较小，也决定着他们不能举办怎样性质的展会。还是上面的例子，如果让不熟悉家具产业的办展单位去举办家具展，让不擅长举办专业贸易类展会的办展单位去举办专业贸易类的展会，展会的效果将难有保证，展会的生命力也将受到影响。

所以，办展单位在举办展会时，不要只考虑该展会本身是否有发展空间、是否有竞争力，还要考虑办展单位自己的优劣势，要考虑办展单位自己是否有举办这样展会的能力，或者自己是否适合举办这样展会；如果条件不具备，就不要轻易举办。

当然，如果办展单位发现自己举办某展会的条件还不具备，但该展会又确有发展前途时，办展单位也可以通过重新组合办展单位的构成，使其优势互补，整合资源，从而使举办该展会所需要的各种能力基本得到具备，这样，也可以举办该展会，展会的生命力也会有保证。

第二章 展会策划

不论是计划创办新的专业展还是举办已有的专业展会，策划都必不可少。不同的是，创办新展是对整个专业展会的方案进行策划，举办已有的专业展会往往只是为了适应新形势而对整个方案中的部分内容进行创新或调整性的策划。不论哪种，策划的原理基本是一样的。为了全面掌握展会策划的相关内容，本章从创办新专业展的角度来全面讲述展会策划。

第一节 策划展会的基本内容

展会立项策划首先要做的，是根据掌握的各种信息，对计划举办的展会进行初步规划，策划出展会的基本内容，主要包括：在哪个产业举办展会、展会名称、举办地点、办展单位、展品范围、办展时间、办展频率、展会规模、展会价格等。

一、专业展览会的产业依托分析

众所周知，产业依据是展览会举办的重要依据，特别是专业展览会一般主要面向某一个产业，而一个产业所包含的商品类别往往种类繁多。那么，究竟如何选择依托产业以及产业中的主要展示的商品？我们可以用市场细分的办法来选择。

所谓市场细分，是指办展单位按照一种或者几种变量，把整个市场细分成若干个有相似需求和欲望的客户群体来形成子市场的市场分类过程。经过细分，每个子市场内部的消费者的需求都基本相似，不同的子市场的需求差别则比较大。结合办展单位自身的优势，通过市场细分，办展单位可以分析和把握市场机会，找到适合自己进入举办展会的产业。

市场细分揭示了办展单位进入某一产业举办专业展会的市场机会，但办展单位最后决定是否要进入这个产业办展，还必须对该细分市场进行评估。

一般地，办展单位可以就以下四个方面对细分市场进行评估。

1. 细分市场的规模和发展潜力

潜在的细分市场要有一定的规模和发展潜力，这是办展单位考虑是否进入某一产业办展首先需要考虑的问题。如果产业规模小，展会未来可能参展的企业就少；如果产品使用范围小，展会未来的观众就肯定不多；如果产业发展前景渺茫，展会未来的发展空间肯定也不大。

2. 细分市场的盈利能力

细分市场不仅要有一定的规模和预期增长率，还必须有一定的盈利能力，对于举办商业性专业展会的办展单位尤其如此。对大多数办展单位来说，举办展会都必须保证在预定的时间内有一定的盈利水平，否则，办展单位就无法生存。

3. 细分市场的结构吸引力

有盈利能力的市场对大家都有吸引力，但具有市场结构差异的细分市场，其对办展单位的吸引力是不同的：首先，细分市场的竞争状态影响办展单位进入该市场的难易程度。其次，新进入该市场的竞争对手的状况影响办展单位在该市场能否站住脚。最后，产业的特性影响办展单位在该市场招展和邀请观众的难易程度。

4. 办展单位自身的办展目标和资源

办展单位必须清楚认识自己的优劣势：如果自己在某一产业内毫无优势可言，那么，即使该产业再适合办展，进入该产业也需要慎重。同时，在进入某一产业办展之前，办展单位首先必须明确自己的办展目标，比如，举办该展会是着眼于利润目标还是社会效益目标，是为自己的长远利益打算还是为眼前利益着想，等等，只有目标明确了，行动才更有说服力，才更有成功的保障。

通过对细分市场的评估，办展单位可能会发现一个或几个值得进入办展的产业；办展单位可以根据自身的实力选择进入一个或几个产业举办一个或几个专业展会。选定进入的产业以后，下一步就是要决定该选择哪些具体题材作为展会的展览题材了。一般地，选择展会具体展览题材有四种办法：新立题材、分列题材、拓展题材和合并题材。

1. 新立题材

新立题材就是通过对收集到的各种信息进行整理和分析，选定一个本办展单位从来没有涉及的产业作为举办新展会的展览题材。进入一个从来没有涉足的新题材对一个办展单位来说具有一定的挑战性。如果题材选择不当，不但展会很难举办成功，该办展单位的业务和形象也会受到严重的影响。所以，是否进入一个新产业策划举办一个全新题材的展会，办展单位要结合自己的优劣势进行综合分析，然后再慎重地作出决策。

2. 分列题材

分列题材就是将办展单位已有的展会的展览题材再作进一步地细分，从原有的大题材中分列出更小的题材，并将这些小题材办成独立的展会的一种选择展览题材的方式。分列题材的目的往往不仅仅是为了多办几个展会，而是为了使经过细分的题材的展会能更好地独立地发展壮大。将某一细分题材从原有的展会中分列出来独立办展以后，如果这一细分题材的展会的规模刚开始还较小，就可以将它和原有的展会一起同时同地举办，以便培育其发展壮大，等其发展壮大到一定规模时，再将其彻底和原有展会分离；如果这一细分题材的展会一分裂出来就具有一定的规模，则可以一开始就将它和原有展会彻底分离，另外确定时间和地点来举办。

3. 拓展题材

拓展题材就是将现有展会所没有包含的、但与现有展会的展览题材有密切关联的题材，或者是将现有展会展览大题材中的暂时还未包含的某一细分题材列入现有展会展览题材的一种方法。

4. 合并题材

合并题材就是将两个或两个以上彼此相同或有一定关联的展览题材的现有展会合并为一个展会，或者是将两个或两个以上的展会中彼此相同或有一定关联的展览题材剔除出来，放在另一个展会里统一展出。

案例：

三展合并成新的深圳国际汽车展

一直以来，深圳存在三个汽车展：创办于 1991 年的"深圳国际汽车展览会"，以专业化为特征，以几乎与"北京车展"（1990 年）同步，开创中国车展之先河为亮点；创办于 2002 年的"深圳汽车嘉年华暨国际汽车交易会"，以先锋性为特征，以"先锋的汽车文化"和"交易"并重，在全国车展上独树一帜；创办于 2006 年的"中国（深圳）汽车文化博览会"，以本土化为特征，力求汇聚"深圳本土汽车经销商"全部资源，使参展的冠军 4S 店居全国之冠。

2008 年，深圳的三大车展合而为一，定名为"第十二届深圳国际汽车博览会"，以"为生活加油、为奥运喝彩"为主题，重点突出深圳汽车消费的优势，以"类似于日内瓦车展的没有本地汽车工业的中立性的展会"为卖点，于 2008 年 6 月 5-9 日在深圳会展中心举行。三个车展合并后，扬长弃短，优势互补，集三展之力打造全新的"深圳车展"品牌。整合以后，新的"深圳车展"展出面积达 8 万平方米，参与媒体 650 多家，观众达 50 多万人次。合并题材以后，新的"深圳车展"无论是规模还是品质上在业内都形成了一定的影响力，俨然要打造中国车展的"第四极"。

二、展会名称的确定和举办地及场所的选择

（一）展会名称的确定

展会名称一般包括三个方面的内容：基本部分、限定部分和行业标识。

基本部分：用来表明展会的性质和特征，常用词有：展览会、博览会、展销会、交易会和"节"等。这五个词的基本含义有一些区别，但从目前我国展览业的实际操作看，人们并没有严格区分这些词，都用来表示展会。

限定部分：用来说明展会举办的时间、地点和展会的性质。在展会的名称里，展会举办时间的表示办法有三种：一是用"届"来表示。二是用"年"来表示，三是用"季"来表示。如第三届大连国际服装节、2003 年广州博览会、法兰克福春季消费品展览会等。展会举办的地点在展会的名称里也要有所体现，如第三届大连国际服装节中的"大连"。展会名称里体现展会性质的词主要有"国际"、"世界"、"全国"、"地区"等。如第三届大连国际服装节中的"国际"表明本展会是一个国际展。

行业标识：用来表明展览题材和展品范围。行业标识通常是一个产业的名称，或者是一个产业中的某一个产品大类的名称，如第三届大连国际服装节中的"服装"表明本展会是服装产业的展会。有些展会的行业标识也可以

是几个产业或一个产业中的几个大类。有些展会的名称里没有行业标识，没有行业标识的展会通常是一些以"博览会"命名的展会，如"广州博览会"。在给展会命名时，要注意选择合适的表示展会行业标识的词。因为，如果该词的含义过宽，会使观众和参展商对展会产生浮夸和虚假的印象；如果该词的含义过窄，会削弱展会的影响和展出效果，两者对展会的长远发展都不利。

确定展会的名称也就确定了展会的基本取向。比如，展会名称的基本部分决定了该展会是专业贸易展还是综合消费展，行业标识部分基本决定了展会的展品范围。一个好的名称就好比是一张好的通行证，给展会取名要准确，要有创意，要能抓住行业的亮点和市场的特点。

（二）展会举办地及场所的选择

所谓"天时、地利、人和"，展会的举办地点对展会的长远发展有重要影响。展会在哪儿举办才最合适？选择展会的举办地点，包括两个方面的内容：一是展会在什么地方举办，二是展会在哪个展馆举办。

展会举办地的选择，就是要确定展会在哪个国家、哪个省或者是哪个城市里举办。从展览题材上看，展会最好选择在展览题材所在产业的生产或者是销售比较集中的地方举办，或者是在其邻近地区交通比较便利的地方举办，这样展会就有充分的产业基础或者是市场基础；从展会的性质上看，国际性的展会一般应在对外交通和海关通关比较便利的地方举办，这样可以方便海外企业参展和观众参观，全国性的展会则应在国内比较重要的经济或者是交通中心举办，这样有利于全国的企业参展和观众参观；从展会定位上看，展会举办的地方要能发挥展会的号召力和辐射力，展会的定位在该地区的区域优势中要能得到体现。

展会可以固定在一个地方举办，也可以在几个地方轮流举办，在几个地方轮流举办的展会通常被称为"巡回展"。在现实中，绝大部分的展会是固定在某一个地方举办的，巡回展在展会总数量中所占的比例很小。

展会选择在哪个展馆举办，就是要选择展会举办的具体地点。目前，大部分的展会都是在展览馆内举办的。举办展会的展览馆有室内场馆和室外场馆之分，室内场馆多用于举办一般的展览题材的展会；室外场馆多用于举办那些展品超大、超重和其他特殊题材的展会，如航空展等。在一些大城市里，一般有多个展览馆，具体选择在哪个展馆举办展会，要结合展会的展览题材和展会定位而定。有些展览题材对展馆的高度、展馆的地面承重等有特殊的要求，如果展馆选择错误，展会的效果将会大受影响。如果展会的定位是高档次的展会，则展会对展馆各方面的要求都很高，不能选择设施一般的展馆举办。另外，在具体选择展馆时，还要综合考虑使用该展馆的成本的大小如何、展期安排是否符合自己的要求以及展馆本身的设施和服务如何等因素。

延伸阅读：

我国几个著名的展览馆

有关资料显示，到 2013 年，我国共有大小展览馆 316 个，可租用展览面积达 910 万平方米。在这些展览馆中，位于上海虹桥的国家会展中心（上海）、广州的广交会展览馆、上海浦东的上海新国际博览中心、深圳的深圳会展中心、北京的中国国际展览中心等比较知名。

上海虹桥的国家会展中心（上海）：2014 年投入使用，是我国最大、世界第二大展览馆，拥有 50 万平方米的展示空间，包括 40 万平方米的室内展厅和 10 万平方米室外展场。室内展厅由 13 个单位面积为 2.88 万平方米的大展厅和 3 个单位面积为 1 万平方米的小展厅组成，可全方位满足大中小型展会对展览面积的需求。整个展览馆由展览场馆、配套商业中心、办公楼和酒店四大部分构成，通过标高为 8 米的会展大道连成一体。

广州的广交会展览馆：2008 年 A、B、C 三期投入使用，是我国第二大展览馆，分为 A、B、C 三个区，共 37 个展厅，室内展览面积 33.8 万平方米，室外展览面积 4.36 万平方米。其中，展馆 A 区室内展厅面积 13 万平方米，室外展场面积 3 万平方米；B 区室内展厅面积 12.8 万平方米，室外展场面积 1.36 万平方米；C 区室内展厅面积 8 万平方米。

上海新国际博览中心：于 2001 年投入使用，拥有 17 个单层无柱式展厅，总展览面积包括室内约 20 万平方米，室外 10 万平方米。有 3 个附属入口大厅，兼备观众注册、信息咨询、开幕式、商务中心、咖啡厅、餐厅以及衣帽间等多功能；51 个规模不等、风格各异的附属会议室，可用于举办中小型会议、论坛以及鸡尾酒会等；20个宽敞的卸货区分布于各展厅间，运输车辆可直接通入展厅。

深圳会展中心：于2004年正式投入使用，室内展览面积达10.5万平方米，可容纳5000国际标准展位大型展览。展览、会议和服务功能分层布局，既相对独立又密切配合。会议中心悬浮在展馆之上，拥有会议室共35间，功能卓越，大小不一，同时可用作中高档餐饮场地。二层服务区域主通道长达480米，贯穿东西，上通下达，集中提供各种展会配套服务。

北京的中国国际展览中心：分为位于郊区的新馆和位于市中心的老馆。新馆一期主展区包含8个展厅，室内展览面积10.68万平方米，8个展厅分为4组，每组两个展厅为U形连接，参观者从展区中部的十字中轴路通行并到达各个展馆，各展馆还可实现环形连接，满足跳跃式参观及减少步行距离的要求；展品和车辆主要通过两侧城市道路进入卸货通道，再进入U形连接体中央卸货区完成卸货，实现"人、车、货各行其道"。老馆的室内展览面积为6万平方米，14个展厅，室外展览面积0.7万平方米。

上海、广州、北京、深圳是我国最重要的会展中心城市，上述展览馆也是我国举办较多展览会的展览馆。

目前，世界上有三种典型的选择展会场地的模式，或者说有三种主要的展会聚集模式。

（1）在展会展览题材所在产业的生产集中地举办展会。这类展会主要依托展览题材所在产业的聚集而产生，当一个地区某一产业高度集中和发达时，一旦该地区有符合上述要求的城市存在，该地区就可能有条件举办该题材的展会。例如，我国广东的东莞市，其许多展会就是这样产生的。

（2）是在展会展览题材所在产业的产品消费地举办展会。或者说，在该类产品的消费市场集中地举办展会，这类展会依托市场而存在。一旦该市场集中的地区有符合上述要求的城市存在，展会常常应运而生。例如，在新加坡和在中国香港举办的许多展会就是这种类型的展会。

（3）是在著名的休闲度假地举办展会。这类展会往往利用该著名休闲度假地完善的服务设施，将休闲度假和展会结合在一起进行。这类展会最典型的例子是在美国拉斯维加斯和在中国澳门举办的一些展会。

三、办展单位的确定

办展单位是指负责展会的策划、组织、招展、招商和管理等事宜的有关单位。办展单位可以是企业、行业协会、政府部门和新闻媒体等。根据各单位在举办展会中的不同作用，展会的办展单位一般有以下几种：主办单位、承办单位、协办单位、支持单位。在策划举办展会时，必须事先确定这些办展单位是哪些具体单位。

主办单位：拥有展会并对展会承担主要法律责任的办展单位。在实际操作中，主办单位有三种形式：一是拥有展会并对展会承担主要法律责任，并负责展会的实际策划、组织、操作与管理；二是拥有展会并对展会承担主要法律责任，但不参与展会的实际策划、组织、操作与管理；三是名义主办单位，即既不参与展会的实际策划、组织、操作与管理，也不对展会承担法律责任。之所以有上述第二和第三种形式的主办单位，主要是因为展会要利用这些"主办单位"强大的行业号召力为展会服务，而不在乎它们的实际操作能力有多大。究竟展会需要哪种形式的主办单位，或者是三种都需要，在策划举办展会时，要根据实际需要对它们作出安排。

承办单位：直接负责展会的策划、组织、招展、招商、操作与管理，并对展会承担主要财务责任的办展单位。承办单位对举办展会的各个方面都会产生重大影响，是办展单位中较为核心的单位。除了上述职能外，大部分承办单位还要负责展会的招展、招商和宣传推广工作。在实际操作中，有的承办单位可能要承担上述所有职能，有的可能只需要承担上述部分职能。在策划举办展会时，要根据各单位的优势和劣势，并结合展会的实际需要，对它们作出妥善安排。

协办单位：协助主办或承办单位负责展会的策划、组织、招展、招商操作与管理，或部分地承担展会的招展、招商和宣传推广工作的办展单位。协办单位对展会一般不承担财务责任，只是对主办或承办单位的工作起协助作用。在实际操作中，协办单位承担的工作最为常见的是部分的招展、招商和宣传推广工作。因此，展会最为常见的协办单位也就是那些有一定的招展、招商和宣传推广能力、但又不愿或不能对展会承担财务责任的单位。协办单位所起的作用往往是主办或承办单位所缺乏的，但又是展会所必需的。因此，在策划举办展会时，对协办单位的选定也要认真对待。

支持单位：对展会主办或承办单位的展会策划、组织、操作与管理，或者是招展、招商和宣传推广等工作起支持作用的办展单位。支持单位有时候也承担一些展会的招商和宣传推广工作，但基本不参与展会的招展工作，也不对展会承担任何财务责任。

对于展会而言，主办单位和承办单位是最为核心和最为重要的办展单位，也是举办展会所必不可少的办展单位；协办单位和支持单位对展会来说不是必不可少的，它们往往是结合主办单位和承办单位的实际能力，并视展会的实际需要，来决定是否需要的。选择好展会的主办单位、承办单位、协办单位和支持单位等办展单位，对于展会的成功举办和长远发展有十分重要的意义。

四、办展时间和办展频率的确定

（一）办展时间

办展时间是指展会计划在什么时候举办。办展时间有三个方面的含义：一是指举办展会的具体开展日期，即展会从何日开幕到何日闭幕。二是指展会的筹展和撤展日期。筹展日期是提供给参展商在展会开幕前布置好展位的时间，撤展日期是在展会结束后供参展商拆除展位和撤除展品的时间。三是指展会对观众开放的日期。有些展会只对专业观众开放；有些展会对专业观众和一般观众都开放，但开放的时间不同；还有些展会同时对专业观众和一般观众开放并且开放的时间也相同。

办展时间三个方面的内容密切相关，互相影响，因此，对办展时间三方面的安排必须统筹兼顾，不能顾此失彼。例如，如果筹展时间过短，参展企业进行展位搭装和布置的时间就很少，可能会使企业投入较少的精力进行展位搭装和布置，进而影响到展会的档次；如果展览时间太长，就会增加企业的参展成本，不利于吸引企业参展。

展会的办展时间与展会展览题材所在的产业特征密切相关。有些产业的生产和销售的季节性很强，在确定展会的办展时间时，要充分考虑展会所在的产业有无季节性特征，如果有，就要尽量让展会的办展时间能符合这种特征；否则，举办展会就会遇到极大的困难。

在确定展会的办展时间时，还要充分考虑相关展会的办展时间。由于相关展会与本展会或多或少地存在一些这样或那样的竞争关系，所以在策划展会的办展时间时，要根据本展会的定位、办展单位的优劣势和展会的竞争策略，充分考虑相关展会对本展会可能产生的影响，合理地安排本展会的办展时间。原则上，要尽量避开国内外有重大影响的同类题材的展会的举办时间，要避免彼此在时间上产生冲突，特别是要尽量避开国内外该类题材的品牌展会的举办时间。

从目前展览业的实际来看，每年的3—6月和9—10月间气候适宜，且企业正在执行每年上半年或下半年的采购、销售和生产计划，参展意愿强烈，是举办各种展会的旺季；每年的7—8月和12月—翌年1月间气候稍差，且企业的采购、销售和生产计划已经执行或正在编制，参展意愿较弱，是举办各种展会的淡季。另外，展览时间的确定还受企业的财务预算和国家法定的节假日的影响。

展会的办展时间可以每年固定在某一个日期，也可以年年视情况作出调整。但该时间一旦确定下来了，如果没有特殊情况就不要随便变动，这样有利于目标参展商和观众提前作参加展会的计划、预算和其他准备。

在确定办展时间时，对各个方面的具体时间，都要尽量精确到"小时"和"分"，这样才有利于参展商和观众作参展和参观的计划和准备。尤其是对展会筹展和撤展时间的安排，既要充分考虑参展商的需要，也要考虑到展馆的实际条件是否允许。

（二）办展频率

办展频率是指展会是一年举办几次还是几年举办一次，或者是不定期举行。从目前会展业的实际情况看，一年举办一次的展会最多，约占全部展会数量的80％，一年举办两次和两年举办一次的展会也不少，不定期举办的展会已经是越来越少了。

办展频率的确定受展览题材所在产业的特征的制约。我们知道，几乎每个产业的产品都有一个生命周期，产品的生命周期对展会的办展频率有重大影响。所谓产品生命周期，是指某种产品从投入市场到最终被市场所淘汰的这一段时间。产品生命周期有长有短，如果某种产品的生命周期较长，那么在该产业里举办展会的频率就不能过密；如果某种产品的生命周期较短，展会的办展频率就可以密一些。

除了周期长短外，产品生命周期的不同阶段也对办展频率产生影响。一般地，一项新产品从投入市场开始，都要经历投入、成长、成熟和衰退四个阶段。在产品的投入期，新产品刚投入市场，销量较少，为了让顾客尽快熟悉和接受这种新产品，企业需要大量的宣传推广工作，此时企业的参展意愿非常强烈；在产品的成长期，顾客已经熟悉和接受了这种新产品，产品的销量大增，但由于有利可图，其他企业也开始仿效而大量生产这种产品，市场竞争激烈，如果企业不加强营销努力，市场将很快被其他企业占领。因此，在此阶段，企业的参展意愿也很强烈；在产品的成熟期，生产厂家越来越多，市场已趋于饱和，市场容量趋于稳定，利润率开始下降，企业的营销投入开始减少，企业的参展意愿也开始减弱；在产品的衰退期，新的替代产品也已经进入市场，原产品的销量大幅下降，企业利润下降很快直至无利可图，产品即将被市场淘汰，此时，企业基本没有参展的意愿。从上可见，产品的投入期和成长期是企业参展的黄金时期，展会的办展频率的设计要牢牢抓住这两个时期。

五、展品范围和展会规模的确定

(一) 展品范围

展品范围是指计划在展会上展出的展览题材的范围。展品范围直接决定着展会将要展出什么商品、设备和技术，间接地决定着展会的参展企业和观众范围，也影响着展会的长远发展。

展会的展品范围并不是包含得越多越好。展会的展品范围要根据展会的产业和题材选择、展会定位、办展单位的优劣势和其他多种因素来确定。

根据展会的定位，展品范围可以包括一个或者是几个产业，或者是一个产业中的一个或几个产品大类。例如，"博览会"和"交易会"的展品范围往往很广，如"广交会"的展品范围就超过 10 万种；而德国"法兰克福国际汽车展览会"的展品范围涉及的产业就很少，就只有汽车产业一个，如图 2—1 所示。

第117届广交会

第一期(2015年4月15日—19日)
电子及家电　　照明　　车辆及配件　　化工产品
五金及工具　　机械　　建材　　能源　　进口展区

第二期(2015年4月23日—27日)
日用消费品　　礼品　　家居装饰品

第三期(2015年5月1日—5日)
办公、箱包及休闲用品　　食品　　医药及医疗保健
鞋　　纺织服装　　进口展区

图 2—1　第 117 届广交会的展品范围

办展单位的优劣势也是选择和确定展品范围时需要考虑的一个重要因素。每一个办展单位都有一些它熟悉和擅长的产业，在这些产业里，它们游刃有余；但每一个办展单位也都有一些它所不熟悉和擅长的产业，在这些产业里，它们经营颇为费力。大家都希望在自己所擅长的产业里从事经营活动，因为那样成功的可能性更大。选择和确定展品范围也一样，办展单位的优势间接地决定着它能成功举办哪种题材的展会。

需要强调的是，选择和确定展品范围是一项非常专业的工作，它往往涉及产业和产品分类的问题，这对于那些对某一产业缺乏了解的非专业人士来说是一项非常困难的工作，也是一件很难办得好的工作。因此，在选择和确定展品范围时最好是请对该产业相当了解的专业人士帮助，或向他们咨询。

（二）展会规模

展会规模包括三个方面的含义：一是展会的展览面积是多少，二是参展商的数量是多少，三是参观展会的观众数量有多少。在策划举办展会时，对这三个方面都要作出预测和规划。

展会的展览面积：展览面积有净面积和毛面积之分。净面积是展会所有展位所实际占用的面积的总和，毛面积是净面积加上展位间的通道、空地等面积的总和。净面积最能真实地反映展会的规模。对于有些展会，展览面积还有室内展览面积和室外展览面积之分。

参展商的数量：就是占用一定的展位面积的参展单位的数量。参展的单位可能是企业、行业协会、媒体、研究机构和其他单位等，在这些参展单位中，有些单位所占用的展位是不用向展会交租金的。因此，那些向展会交付租金的参展单位的数量才最有价值。

参观展会观众数量：就是到展会参观的观众的数量。到会参观展会的观众有专业观众和一般观众之分。专业观众是指那些与展会的展览题材有关的来自企事业单位的有一定商业和经营目的的人士，一般观众是指那些基本是为个人和家庭目的而参观展会的普通大众。专业观众往往能为参展商带来大量的订单，一般观众只是零星采购和参观。因此，对于绝大多数展会来说，保证专业观众的数量和质量是其努力追求的目标。而专业展览会，专业观众更是决定展会成果的重要因素之一。

展会规模：上述三方面彼此之间互相影响、互相制约。例如，展会的展览面积和参展商数量的规模的规划必须与可能到会参观的观众的数量和质量相适应，否则，展会就会出现"有人搭台唱戏而无人看戏"的尴尬局面；反之，就会出现"有人看戏而无人唱戏"的局面。

另外，在规划展会规模时，要充分考虑到展会规模的大小受展会展览题材所在产业的产业规模、市场容量和发展程度的制约。对于一个产业规模或市场容量有限的产业来说，在该产业里举办展会，该展会的规模就不会很大；而一个发展程度尚十分有限的产业，要想在其中办一个大规模的展会基本是不可能的。所以，一个展会的规模，并不是办展单位想办多大就能将其办多大。

六、展会价格的制定

展会价格最主要的是展位价格，即展会向参展商出租的展会展位的价格。展位价格往往有室内展场价格和室外展场价格之分，前者是展会将展览馆室内的场地向参展商出租的价格；后者是展会将展览馆室外的场地向参展商出租的价格。从另一个角度看，展位价格又可以分为空地价格和标准展位价格，前者是指展会向参展商出租的没有经过任何搭建和装饰的空白场地的价格；后者是指展会向参展商出租的每一个标准展位的价格。在制定展会价格时，一般遵循"优地优价"的原则，即那些便于展示和观众流量大的展位的价格往往要高一些。

有时候，如果展会出售门票，制定展会价格还要包括制定展会门票的价格。另外，制定展会的价格往往还包括企业在与展会有关的各种媒介上做广告的价格。一般来讲，展会有三种定价办法可以选择。

（一）成本导向定价法

就是以办展成本作为展会定价的基础。办展成本包括固定成本和变动成本两个部分，单位展位的成本需要根据项目财务分析预测的展位销售量来推算。成本导向定价法最为常见的有三种。

（1）成本加成定价法。就是在单位展位成本的基础上附加一定的加成金额作为办展单位盈利的一种定价方法。成本加成定价法有两种计算方式：一种是在成本上附加一个对成本而言的百分数作为单位展位的出售价格；另一种是在展位售价中包含一定的加成率作为办展单位的收益。

（2）边际成本定价法。边际成本是指展会增加一个展位时所增加的成本。边际成本定价法是在展会增加展位所引起的追加支出成本的基础上来制定价格的定价方法。

（3）目标利润率定价法。即在制定展会价格时，使展位的售价能保证办展单位达到预期的目标利润率。目标利润率定价法着眼于举办展会的总成本来定价，而前面提到的成本加成定价法则是着眼于单位展位的成本来定价的。

（二）需求导向定价法

主要是从参展商的角度出发，着重考虑参展商对展会价格的期望和接受程度，并根据参展商对展会的反应和接受能力来制定展会价格。最为常见的也有三种。

（1）市场认可价值定价法。就是以参展商对展会的认可程度和认可价值而不是以举办展会的成本为定价基础的一种定价方法。办展单位首先通过市场调查来研究该展会在参展商心目中所形成的价值，然后结合展会的规模，来确定单位展位的价值，以此价值为基础来制定价格。

（2）需求差别定价法。就是根据市场需求强度的不同而定出不同的价格，所定出来的价格的差别与展会展位成本之间没有直接的关系。这种定价法在具体执行时有多种形式:其一,以顾客为基础的差别定价,如对大的参展商,由于他们要的展位面积大,其价格就可以比小的参展商的展位价格低一些;其二,以展位区域为基础的差别定价,如会展业普遍实行的"优地优价"就是一例;其三,以时间为基础的差别定价,如展位订得越早价格优惠就越大就是一种典型的办法。

(3)需求心理定价法。就是根据消费者的消费心理特点来确定展会价格的一种办法。在长期的消费实践中,由于价格与质量、价格与支付能力之间存在着密切的关系,消费者形成了多种与价格有关的消费心理,这些消费心理可以成为定价的基础。例如,根据消费者的"从众"心理,展会价格可以随大流,与其他同类展会的价格相同;根据消费者的"按质论价"心理,办展单位可以根据自己的良好声誉提高展会的价格。

(三)竞争导向定价法

是根据竞争的需要,以与本展会有竞争关系的展会的价格作为本展会定价基础的一种定价办法。值得一提的是,办展单位在采取竞争导向定价法来给展会定价时,必须根据自己在竞争中的地位,以确保该价格是在加强而不是在削弱自己在市场竞争中的地位。常见的有三种具体方法。

(1)随行就市定价法。就是办展单位依照本题材展会或者是本地区展会的一般价格水准来制定本展会价格的一种方法。需要指出的是,采用随行就市定价法来制定展会的价格时,流行价格水平只是一个参照系数,并不是用此方法定价,价格就要定得和流行价格水平一样。如果办展单位坚信顾客会信赖本展会的质量,那么,展会的价格也可以定得比流行价格要高;反之,就可以定得稍低一些。

(2)渗透定价法。是以打进新市场或者是扩大市场占有率、加强市场地位为目标的一种定价方法。这种定价方法的特点,是在制定价格时完全根据市场竞争形势的需要,不考虑办展的成本利润等问题。采用这种定价方法,办展成本往往需要较长的时间才能收回。

(3)投标定价法。就是办展单位根据竞争者可能的报价为基础,兼顾自己应有的利润所采用的一种定价办法。投标定价法在有些展会的主办权需要通过投标的方式来取得的时候被广泛使用。

根据市场情况给展会确定一个合适的价格对吸引目标参展商参加展会十分重要。展会价格是展会竞争力的主要载体之一，该价格制定得合理与否，将直接影响到展会的招展工作，也直接影响到展会的收益。

案例：

展览会的价格

展览会的价格一般是指一个展览会的展位价格。根据不同的情况和定价策略，有些展览会不区分展览馆内各展厅的位置，所有展厅的展位都实行统一的价格；也有一些展览会区分不同展厅，根据位置的不同制定不同的价格。

下面是在上海浦东的上海新国际博览中心举办的中国（上海）国际厨房、卫浴设施展览会2015年的价格：

展厅	标准展位（元/m²）	光地（元/m²）
E1	1760	1360
E2	1560	1160
E3	1460	1060
E4	1360	960
E5	1360	960
E6	1260	860
E7	1260	860
N1	1560	1160
N2	1460	1060
N3	1360	960
N4	1360	960
N5	1360	960
W1	2010	1610
W2	1760	1360
W3	1460	1060
W4	1460	1060
W5	1560	1160
帐篷	1090	960

资料来源：中国（上海）国际厨房、卫浴设施展览会官网。

第二节 规划专业展览会的发展战略

俗话说"不谋全局者不足以谋一域，不谋万世者不足以谋一时"。策划举办一个展会，不能只策划其眼前的事情，还要规划其长远发展。展会定位和展会发展战略是对展会总体发展方向和实现这一发展方向的途径的规划。发展方向不对，即使费尽千辛万苦也永远到达不了目的地；战略规划错误，即使有强有力的执行也最终实现不了策划的内容。

一、专业展览会的定位分析

即将举办的展会将是一个什么样的展会？或者说，办展单位期望即将举办的展会应办成一个什么规格、多大规模、什么性质的专业展览会？在策划展会各项具体内容之前，这是所有展会策划者首先必须明确的一点。要明确这一点，就必须给即将举办的展会以准确的定位。

所谓展会定位，通俗地讲，就是要清晰地告诉参展企业和观众本展会"是什么"和"有什么"。具体地说，就是办展单位根据自身的资源条件和市场竞争状况，通过建立和发展展会的差异化竞争优势，使自己举办的展会在参展企业和观众的心目中形成的一个鲜明而独特的印象。

给展会定位关键是要在定位前找到最适合本展会发展的细分市场，并立足于这个细分市场，赋予本展会以区别于同题材其他展会的差异化和个性化特征。如何实现这一点？

第一，办展单位要客观准确地分析自己的优劣势，使自己在进入某类题材的展会市场时，能充分发挥自己的优势，避开自己的劣势。

第二，要使本展会所具有的特征，是同题材的其他展会所不能提供和无法模仿的；或者，即使同题材的其他展会能够提供和模仿，本展会也能以与众不同的方式向广大参展商和观众提供。

第三，本展会的定位能提供给足够数量的参展商和观众以高度的价值，并且，这些参展商和观众通过参加本展会获取这些价值，比通过其他方式获得相同的价值要来得优越。

第四，在赋予本展会以个性化特征后，举办该展会对主办者来说应是有利可图的，对参展商和观众来说，应是他们能够而且愿意支付参加这种富有个性化特征的展会而引起的各种费用。

第五，展会定位要具有沟通性，展会的个性化特征应能通过某种形式准确地传递给参展商和观众，而参展商和观众在展会现场应可以感觉和体验到展会的这种个性化特征。

展会定位具有目标性、前瞻性、可行性和阶段性等四大特征。定位的目标性，是指展会定位要能包含展会所要达到的主要目标，不能泛泛而谈；定位的前瞻性，是指展会定位要适度超前，不能只局限于眼前；定位的可行性，是指展会定位要是通过努力能实现的，不能脱离实际；定位的阶段性，是指展会定位要紧跟市场形势的变化而有所调整，不能一成不变。具有以上四大特征的展会定位，不仅能明确本展会在市场上现有的位置，也能明确本展会在未来市场上希望占有的位置和努力的方向，还能创造并使展会形成自己的个性化特征和竞争优势，使展会在激烈的竞争中获胜。

案例：

展会定位促进展会差异化发展

汽车产业是一个生产高度集中的行业，全世界的整车生产企业数量屈指可数，要吸引它们参加展会非常不易。为此，世界五大汽车展就用不同的展会定位来分割市场：德国法兰克福车展打造世界"汽车的奥运会"、法国巴黎车展倾情"新概念、新技术"、瑞士日内瓦车展追求"汽车时尚、汽车潮流"、美国底特律车展注重"娱乐和舒适"、日本东京车展提倡"环保、节能"，这五大汽车展将世界汽车类展览会人为地分割成五大块，各自特色鲜明，相互之间的冲突很小，企业参展意图明确，各个展会也因此长盛不衰。

二、制定专业展览会的总体发展战略

展会总体发展战略是办展单位对展会的发展期望，是为该展会拟定的总

的发展目标，展会以后的发展就是要向这个目标努力。根据不同的条件，展会总体发展战略一般有四种：市场主导型发展战略、市场挑战型发展战略、市场跟随型发展战略和市场补缺型发展战略。

（一）市场主导型发展战略

市场主导型发展战略就是办展单位根据各种因素分析，将该展会的发展目标定位为该行业的主导展会。所谓行业主导展会，是指该展会是同类展会中的领袖型展会，它在办展模式、引领行业发展、展出效果、展览规模、观众数量和质量以及展会服务等方面在同行中处于主导地位，这种主导地位为同行所公认。行业主导展会是该题材展览市场的主导者，是其他同类展会所效仿、回避或挑战的主要对象。

（二）市场挑战型发展战略

市场挑战型发展战略是指一些在市场上暂时还处于次要地位的展会，因为该题材的展览市场上已经存在一个市场主导型展会，自己又不满意目前这种市场结构而意图改变该市场结构的一种发展战略。展会制定市场挑战型发展战略，需要通过仔细地市场竞争分析，并在认真分析了竞争双方优劣势的基础上才能痛下决心。因为，这种发展战略有一定的风险：如果挑战失败，自己可能会败得一败涂地。

在市场挑战型发展战略中，尽管市场主导展会往往会成为挑战的主要目标，但它不是唯一的挑战目标。除市场主导者外，与挑战者实力相当的一些展会也可能成为被攻击的目标。对象不同，挑战者进攻的目的也不一样。例如，当挑战者选择向小展会进攻时，其目标往往是将它们逐出该题材的展览市场；而当挑战者向与自己实力相当者进攻时，其目标常常是夺取它们的市场份额。

（三）市场跟随型发展战略

市场跟随型发展战略是指一些在市场上处于次要地位的展会，不对该题材展览市场上的主导展会发动进攻，而是主动地跟随在它后面并与它和平共处的一种策略。这种策略是承认市场主导展会的市场地位，而自己的展会很多是对它进行模仿。

市场跟随者一般会避免与市场主导者发生直接的冲突。在与市场主导展会的"和平共存"中，市场跟随者要做的不是向市场主导展会发起挑战，而是要充分利用自己的局部优势，分享市场主导展会的某些资源，保住一定数量的客户，降低成本，提高展会质量，并给自己的客户提供一些特有的利益。市场跟随者有两个可以利用的优势：一是地理环境因素。例如，距离市场主导展会所在地较近，就可以利用市场主导展会已经营造起来的展会市场平台；如果距离较远，就可以利用它的办展模式；二是能分享市场主导展会的某些资源。例如，分享其观众资源，分享其已经营造起来的交易平台等。市场跟随者在跟随市场主导展会时不是简单地跟随，它必须找到一种不至于引起市场主导展会报复性竞争的策略，否则，一旦市场主导展会对其采取报复性竞争行动，市场跟随者将很难招架。

市场跟随型发展战略对于那些实力较弱的中小型展会比较实用，不过，如果离市场主导展会的办展时间和地理位置太近，这些中小型展会常常会被认为是在"重复办展"。所以，在对展会制定这种发展战略时，要注意避免出现这样的指责。

（四）市场补缺型发展战略

市场补缺型发展战略是指一些展会只专心服务于某类题材展览市场的某些细小部分，通过专业化经营来营造一种差别化竞争优势的发展策略。这种展会往往是服务于那些市场主导展会所没有精力顾及的、或者是被它忽视的领域，通过在这些领域里经营来寻求生存和发展。

主导展会一般都是一些规模较大的展会，这些展会在经营中往往很难面面俱到，往往会有这样或那样的"遗漏"。例如，由于展览场地的不足，使一些参展商申请不到展位；由于展览题材的限制，使一些边缘题材不能进入展会等。这些"遗漏"就是市场补缺型发展展会的"补缺基点"，也是它们的生存空间。

制定市场补缺型发展战略，找准"补缺基点"是关键。没有一个好的补缺基点，这种策略就很难执行。一般地，一个好的补缺基点应该具有以下一些特征：第一，是市场主导展会所无力顾及或遗漏的，或者是对它不具有吸引力的；第二，有一定的市场潜力；第三，是有利可图的；第四，市场补缺型发展的展会具有占领该"补缺基点"所必备的资源和能力，并能抵抗其他补缺者。

执行市场补缺发展战略时，在发现"补缺基点"并开发了该补缺市场以后，还要善于扩大和保护该补缺市场。扩大该补缺市场，就是要努力拓展该细分市场以满足更多具有该特殊需求的客户的需要；保护该补缺市场，就是补缺者不仅要注意市场主导展会的新动向，还要注意是否还有其他补缺者企图进入该市场。有时候，市场主导展会可能会重新"发现"并"拣回"该补缺基点，将它重新纳入展会范围，如果这样，补缺基点就会消失，补缺者就会失去经营的基础。另外，新的补缺者进入该市场可能会使本已狭小的市场更加狭小，激烈的竞争将不可避免地发生。所以，发现补缺基点、扩大并保住该市场，是市场补缺型发展战略能否成功的关键。

很多时候，市场主导展会所"遗漏"的补缺基点都不止一个，如果补缺者能够同时找到和占领几个补缺基点，那么，进行多重补缺往往比单一补缺更有利于展会的发展。

案例：

广交会期间其周围的"馆外馆"展会

在我国，执行市场补缺型发展战略展会的一个极端例子，是每届广交会期间在广交会展馆周围举办的一些"馆外馆"展会。在流花展馆时期，由于广交会的场地严重不足，每届广交会都会有很多企业申请不到展位；又由于广交会展览题材的不断优化和调整，一些产业和展品的展览场地被缩小或取消；并且，为保证效果，广交会对参展企业的资格也有一定的要求；加上我国对外贸易事业的飞速发展，经营出口业务的企业越来越多，这使很多企业参加广交会的参展意愿得不到满足。于是，在广交会展馆周围，每届广交会期间就有很多"补缺者"，大量的"馆外馆"展会就应运而生。由于地理位置临近，这些补缺型展会，模仿广交会的展期，分享广交会的买家资源，大量吸收那些无法进入广交会的企业参展，无不办得一片红火。

然而，当广交会整体搬迁到琶洲展馆并改为三期以后，因场地面积扩大，一些补缺基点被广交会重新收回，基于这些补缺基点而举办的一些馆外馆展览便立即消失了。

三、制定专业展览会的阶段发展战略

展会的发展一般会经历培育、成长、成熟和衰退等发展阶段。处于不同的发展阶段，展会的发展战略也应有所不同（见表2—1）。

表2—1　不同发展阶段的展会常用发展策略一览表

发展阶段	常用发展策略规划
培育期展会	（1）不以盈利为目的，努力把展会办强。 （2）努力扩大展会规模。 （3）明确展会的发展定位。 （4）使用多种营销手段提高展会的知名度。 （5）提供优质的服务并让客户感知到这种服务。
成长期展会	（1）像重视招展一样重视招商。 （2）重视客户关系管理。 （3）改进展会的服务。 （4）加强对市场和竞争对手的研究并制定相应对策。 （5）完善展会的功能。
成熟期展会	（1）加强展会的形象建设。 （2）扩大展会的市场。 （3）稳定展会的客户群。 （4）增加客户的价值。
衰退期展会	（1）转型。通过展会转型来为展会找到新的发展空间，为展会赢来新一轮的成长。 （2）坚守。就是坚持展会的原来定位和展览题材等，但减少展会的宣传推广等成本投入，使展会能够继续办下去，直到展会无利可图为止。 （3）放弃。就是在展会进入成熟期后半期或者衰退期时，在展会还没有到无利可图之前就主动地停办该展会。

（一）培育期展会

展会在培育期，其规模往往还不是很大，市场影响力也很弱，行业知名度还不是很高，客户对其效果还不了解，企业参展的意愿和观众参观的欲望都不强。

当然，如果在培育期，展会的策划、招展、招商和服务等都非常到位，展会也是在一个合适的产业里举办，那么，展会可能一创立就盈利并发展得非常顺利，这样，展会就基本没有培育期而很快进入了成长期。

（二）成长期展会

进入成长期以后，展会的规模迅速扩大，参展商数量增长很快，到会观众的数量和质量也在不断提高，展会在行业内的影响力和知名度不断上升，展会开始进入快速发展时期。展会能否发展壮大，完全有赖于展会在这个时期的成长表现。如果成长顺利，展会就会健康快速发展；如果成长不顺，展会的成长历程就会磕磕绊绊。

在成长期，很多展会还会遇到一个两难的问题：是以扩大市场占有率为主还是以立即获取高利润为主？这一问题其实涉及展会长远发展和短期利益的问题。因为，一方面，展会要长期稳定健康发展，逐步扩大并保持一定的市场占有率是必不可少的；另一方面，展会也需要有一定的利润，否则，展会的发展将无以为继。所以，在展会的成长期，办展单位必须在扩大市场占有率和立即获取高利润之间寻找到一个平衡点。

由于产业不同和办展策略有异，不同的展会其成长期的长短也不一样，有的可能很长，有的可能很短。如果成长期很短，那么展会很快就会进入成熟期甚至衰退。延长展会的成长期，不论是从扩大市场占有率还是从获取利润来看，都是有很大好处的。

（三）成熟期展会

进入成熟期以后，展会的增长速度就会慢下来，展会的规模、参展商和观众也基本稳定下来，展会进入了一个相对平稳的发展时期。成熟期的展会在行业内的地位已经基本稳定，展会的特点已经被行业认同，展会的规模增减变化较小，展会有一批比较稳定的参展商和观众。

展会的成熟期一般被分为两个部分：在成熟期的前半期，展会比较稳定，规模变化小，利润稳定；在成熟期的后半期，展会的规模开始缩小，利润开始下降。在这一阶段，重点是要帮助展会尽量延长成熟期的前半期，延迟成熟期后半期的到来。在成熟期的后半期，随着展会规模的继续萎缩，展会利润不断下降，当展会规模下降到一定程度时，展会就会处于一种微利甚至无利的状态，这时，展会就已经进入衰退期了。

（四）衰退期展会

展览业是一个很特殊的行业，一个展会从创立到培育、成长、壮大可能需要很长的时间，但一个展会如果陷入衰退，它可能在一夜之间就突然垮掉。所以，一旦展会真正进入衰退期，很少有办展单位还愿意继续举办它。一般地，在展会进入成熟期的后半期时就应该采取行动，如果等到展会进入衰退期，采取行动往往为时已晚。

第三节　分析专业展览会立项的可行性

当展会项目立项策划和发展战略规划完成后，应对展会项目立项进行可行性分析，以确认其实现的可能。对展会项目立项进行可行性分析，不仅要站在办展单位的角度，对展会本身"微观"的可行性分析，还要站在社会的角度，对举办该展会项目的社会效益进行宏观评估，最后综合两者，才能最后得出该展会项目立项是否可行。

一、办展风险评估

从展会立项可行性分析的角度看，风险就是在举办展会的过程中，由于一些难以预料和无法控制的因素的影响，使举办展会的计划和举办展会的实际收益与预期发生背离，从而使举办展会的计划落空；或者是即使展会如期举办，但办展单位有蒙受一定的经济损失的可能性。举办展会前，要对举办展会可能遇到的各种风险进行预测和评估，并采取相应对策，尽量回避和降低可能遇到的各种风险。举办展会面临的风险一般有四种：市场风险、经营风险、财务风险和合作风险。

（一）市场风险

市场风险是指那些对所有展会都产生影响的风险，如战争、自然灾害、瘟疫、经济衰退、通货膨胀、恐怖袭击、出现新的竞争者等。这类风险涉及所有展会，又称为"不可分散风险"或"系统风险"。对于这类风险，展会仅靠自身的力量很难克服，也很难抵挡它们给展会带来的不利影响。展会只能采取一些措施对它们进行预防和规避，或者将它们对展会的不利影响降低到最低限度。为了回避和降低市场风险，在举办展会前，办展单位要对相关的政治、经济环境等进行研究，对有关风险进行预测和评估，慎重选择办展地点和办展时间，尽量减少上述"不可抗力"对展会造成的不利影响。

（二）经营风险

经营风险是指因办展单位经营方面的原因给举办展会带来的不确定性，如展会定位不当、招展不力、招商不顺、宣传推广效果不佳、人力资源及人员结构不适合、管理不善、展会现场的饮食卫生出现问题、与会人员的健康保障问题、参展商因对展会不满而出现"闹展"和"罢展"的现象等。所谓参展商"闹展"和"罢展"，是指由于展会效果和展会当初对外宣称的严重不符，参展商因严重不满而在展会现场"闹事"或干脆中途停止展览。参展商"闹展"和"罢展"是一个展会的严重经营突发事件。经营风险不像市场风险那样不可抗拒，如果提前预防，很多经营风险是可以克服的，也是可以控制和消除的。但经营风险一旦出现，就很容易给相关展会和办展单位的市场声誉造成伤害，并严重影响它们的形象。

（三）财务风险

并不是所有的展会都能带来利润的。财务风险包括举债筹措资金给展会财务成果带来的不确定性和展会资金投入所带来的不确定性。如果办展单位举债筹措办展资金，由于种种原因，办展单位息税前资金利润率和借入资金利息率之间具有很大的不确定性，这种不确定性会使办展单位自有资金的利润率变化无常。如果办展单位息税前利润还不够支付利息，展会就有发生亏损的风险。另外，办展单位投入筹办展会的各种资金能否按期如数收回，也有一定的风险。对于财务风险，展会可以通过维持一个合理的资金结构，或者慎重选择展会投资项目等措施来规避和降低该风险。

（四）合作风险

合作风险是指办展单位的各单位之间、办展单位与展馆之间、办展单位与展会各服务商和各营销中介之间，在合作条件、合作目标和合作事务各环节上可能出现的不协调、不一致和其他不确定性。合作风险的出现，不仅会影响到办展各有关单位、各展会服务商和各展会营销中介之间的合作，还会给展会本身、展会服务以及展会的展出效果等多方面造成不良的影响。展会可以通过细化合作条件、明确各办展单位和合作单位的责利、与各单位进行积极的沟通和协调等多种方式来消除和降低合作风险。

对于以上各种风险，展会首先要评估它们存在的可能性有多大，并评估一旦它们发生，对即将举办的展会可能会造成哪些影响，展会是否可以规避或者克服这些风险以及它们所造成的影响。

另外，对于上述各种风险，有些风险展会无法控制，只能规避；有些可以通过有效措施来进行积极预防和消除。至于如何预防、规避和消除上述各种风险，请参见本书第五章的相关论述。

二、财务可行性评估

（一）评估展会的盈利模式

展会的盈利模式是否合理？展会的盈利模式与展会的现金流量、资金筹措和使用以及展会盈利能力密切相关。盈利模式不同，展会现金流入和流出的时间和数额都不一样，展会需要筹措的资金的数量和使用资金的时间也不相同。如果盈利模式策划不合理，不但展会的筹备将深受影响，展会的举办效果也将难有保证。

一般地，展会主要有以下五种盈利模式。

（1）展位费盈利模式。以销售展会的展位所取得的收益为展会主要的利润来源。在这种模式中，展位费收入及其所产生的利润是展会最重要的收入和利润来源，展会门票和展会服务等其他收入只是补充。

（2）门票盈利模式。以销售展会门票所取得的收益为展会主要的利润来源。在这种模式中，门票的收入及其所产生的利润最重要，展位费等其他收入所产生的利润所占比例很小或根本没有利润。

（3）赞助盈利模式。展会的利润来源主要是有关赞助，展会门票和展位费等其他收入都退居次要位置。

（4）剩余盈利模式。展会的收入和利润来源主要来自有关单位的拨款，利润产生于拨款金额大于展会成本费用支出的余额。

（5）综合盈利模式。展会的收入和利润来源由上述四种模式中的两种或两种以上的方式所共同构成。

上述赢利模式中，前两种和最后一种模式多见于商业性的展会，第三和第四种多见于非商业性的展会。其中，展位费盈利模式多适用于专业贸易展会，门票盈利模式多适用于公众性的展会。

（二）分析展会盈亏平衡点

一个展会的展览规模要有多大才能保证不出现亏损？或者，如果展会的展览规模已经确定，那么，展会价格应该处于怎样的水平展会才不会出现亏损？要解决这样的问题，就必须对展会进行盈亏平衡分析。

所谓盈亏平衡，就是展会的所有收入恰好能弥补展会的所有支出和成本费用，也就是总收入正好等于总成本。能够使展会达到盈亏平衡的展会规模就是展会盈亏平衡规模，能够使展会达到盈亏平衡的展会价格就是展会盈亏平衡价格。除一些特殊情况，举办展会最起码的要求，应该是能够达到盈亏平衡的状态，否则就是亏损。

进行盈亏平衡分析，最重要的是要找到能够使展会达到盈亏平衡的"盈亏平衡点"。所谓盈亏平衡点，就是能够使展会达到盈亏平衡的展会规模或展会价格。找到了盈亏平衡点，就可以为展会制定更加合理的价格，或为展会规划更为合理的展览规模。

第一，确定展会盈亏平衡价格的方法。

如果展会是以单位标准展位来定价的，那么，展会的盈亏平衡价格可以按以下公式求得：

$$\frac{\text{盈亏平衡价格}}{\text{（单位展位）}} = \frac{\text{展会总成本}}{\text{展会总展位数}}$$

如果展会是以单位展览面积来定价的，那么，展会的盈亏平衡价格就应该是单位展览面积的价格，这时，展会的盈亏平衡价格可以按以下公式求得：

$$\frac{\text{盈亏平衡价格}}{\text{（单位展览面积）}} = \frac{\text{展会总成本}}{\text{展会展览总面积}}$$

按上述公式求得的盈亏平衡价格，就是能够确保展会不出现亏损的单位展位价格。如果单位展位的价格低于这个价格，展会就会出现亏损。

第二，确定展会盈亏平衡规模的方法。

展会的规模，通常是通过该展会拥有的标准展位数量或者是该展会的展览面积（平方米）来衡量的。相应的，展会的盈亏平衡规模就有两种表示办法：一是通过计算能够使展会达到盈亏平衡的标准展位数量来表示；另一种是通过计算能够使展会达到盈亏平衡的展览面积来表示。

能够使展会达到盈亏平衡的标准展位数量可以用以下公式求得：

$$\frac{盈亏平衡规模}{（标准展位数量）} = \frac{展会总成本}{单位标准展位价格}$$

能够使展会达到盈亏平衡的展览面积可以用以下公式求得：

$$\frac{盈亏平衡规模}{（展览面积）} = \frac{展会总成本}{单位展览面积价格}$$

展会盈亏平衡点对展会预算管理有重大价值，它不仅对评估展会项目是否可行具有极大的参考价值，还对改进展会的各种执行方案具有积极的意义。反过来，展会的各种执行方案的费用直接构成展会的总成本，改变展会总成本，也可以影响到展会各执行方案的费用分配情况。有了展会盈亏平衡点，对展会的资金安排和盈亏状况就可以做到心里有数。

展会最重要的预算有：招展预算、招商和宣传推广预算、场地使用预算、后勤服务预算、管理费用预算、展会总预算等，有了展会盈亏平衡点，就可以以它为参考值来制订上述各种预算了。

（三）预测展会的成本和收入

了解了展会的盈亏平衡价格和盈亏平衡规模，还要进一步从财务的角度对举办展会的成本收入进行预测，这样，才能更好地研究举办展会在财务上是否可行。

举办一个展会的成本费用和收入大致由表2—2中各项所构成，在对下述各项进行逐个测定并加以汇总后，就可以为即将举办的展会作出一个初步的成本收入预算。

表2—2　展会成本收入预算表

	项　目	金　额	占总收入的比例（％）
收入	展位费收入		
	门票收入		
	广告和企业赞助		
	其他相关收入		
	总收入		

项 目		金 额	占总收入的比例（%）
成本费用	展览场地及相关费用		
	展会宣传推广费		
	招商的费用		
	招展的费用		
	相关活动的费用		
	办公费用和人员费用		
	其他不可预测的费用		
	税		
	总成本费用		
利 润			

表2—2中，展览场地及相关费用，包括租用展览场馆以及由此而产生的各种费用，如展览场地租金、展馆空调费、展位特装费、标准展位搭建费、展馆地毯及铺设地毯的费用、展位搭装加班费等。展会宣传推广费，包括广告宣传费、展会资料设计和印刷费、资料邮寄费、新闻发布会的费用等。相关活动的费用，包括技术交流会、研讨会、其他活动、展会开幕式、嘉宾接待、酒会、展会现场布置、礼品、纪念品和外请展会临时工作人员的费用等。门票收入，包括展会、技术交流会、研讨会、表演等门票的收入。

完成上述"展会成本收入预算表"，就可以初步了解举办该展会的成本费用、收入和利润大约是多少，可以初步判断举办该展会是否可行。

（四）预测投资利润率和投资回收期

对于新举办的展会，我们还可以通过表2—2计算两个指标，并通过这两个指标来进一步判断该展会是否经济可行。

（1）投资利润率。指正常年度办展所获利润占投资总额的比例。投资利润率越高越好，且不能低于无风险投资利润率。

（2）投资回收期。指收回办展总投资所需要的时间。投资回收期越短越好，但不能短于基准投资回收期。

三、办展方案可行性评估

办展方案主要包括以下内容：展会基本内容方案、招展方案、招商方案、宣传推广方案、相关活动方案、筹备进度方案、展务与服务方案、预算和结算方案、开幕和现场工作方案、突发事件管理方案等。在研究举办展会的可行性时，要对上述各种方案的可行性进行评估。

（一）展会基本内容评估

对展会基本内容方案进行评估，就是结合展会定位和发展战略规划，对展会基本内容从总体上进行评估，看它们彼此是否协调，从总体上分析展会的基本框架是否可行。

对展会基本内容进行的评估包括：展会名称和展会的展品范围、展会定位之间是否有冲突；办展时间、办展频率是否符合展品范围所在产业的特征；展会的举办地点是否适合举办该展品范围所在产业的展会；在展会展品范围所在产业里能否举办如此规模和定位的展会；展会的办展单位在计划的办展时间内能否举办如此规模和定位的展会；办展单位对展会展品范围所在的产业是否熟悉；展会定位与展会规模之间是否有冲突；展会定位与展会发展战略规划是否协调等。

对展会基本内容进行评估，不仅要分析构成展会基本内容的某一个因素的策划安排是否合理和可行，而且要从总体上分析展会基本框架是否合理和可行。因为，尽管对构成展会基本内容的每一个因素的策划安排可能是合理和可行的，但由这些因素所构成的展会基本框架从总体上看却可能是不合理和不可行的。所以，要避免这种"个体合理，群体冲突"现象的出现，对展会基本框架进行评估就十分重要。

（二）招展、招商和宣传推广方案评估

招展方案、招商方案和宣传推广方案互相影响、互相依赖、互相制约。这三个执行方案执行的结果直接关系到展会将会有多少参展商参展、有多少观众到会参观，关系到展会在参展商、观众以及公众心目中的形象如何。

这三个方案要做到具体、可行。所谓具体，就是这三个方案要尽量详细，不空泛，不泛泛而谈。所谓可行，就是这三个方案要尽量符合展会展览题材所在产业的实际，要能抓住该产业的特征，又不脱离展会定位，能发挥实际作用，达到实施的目标。

这三个方案还要相互配套、彼此配合。招展计划、招商计划和宣传推广计划三个执行方案在实际实施时会互相影响，很难截然分开。例如，招揽企业参加展会的过程，实际上也部分地起到了邀请观众到展会参观的作用，客观上也是在为展会在本行业内作宣传；邀请观众到展会参观的过程，实际上也部分地起到了招揽企业参加展会的作用，客观上也是在为展会在本行业以及相关行业内作宣传；至于宣传推广方案，在实际实施时，不仅仅是在为展会作宣传，它同时也起到招揽企业参加展会和邀请观众到展会参观的作用。

这三个方案还要重点突出、目的明确。尽管招展方案、招商方案和宣传推广方案三个执行方案在具体实施时不能截然分开，但它们并不是浑然一体的，而是各有侧重点，各有具体目标。对于招展方案来说，如何有效地招揽企业参加展会是其重点，也是其首要目标，邀请观众到展会参观和宣传展会只是其"副产品"。对于招商方案而言，如何有效地邀请观众到展会参观才是其根本目标和重点，招揽企业参展和宣传展会只是其"副产品"。对于宣传推广方案来说，尽管其根本目的是招揽企业参展和邀请观众到展会参观，但在不同的时期，其实施的重点和目标是不一样的。在展会筹备的早期，宣传推广的目的是要让市场知道本展会，宣传推广的重点是展会本身；在展会筹备的中期，宣传推广的目的和重点是如何有效地招揽企业参展；在展会筹备的后期，宣传推广的目的和重点是如何有效地邀请观众到展会参观。理解了这一点，可以使我们在制订这三个方案时做到重点突出、目的明确，不会出现彼此功能不清、喧宾夺主的现象。

（三）展会筹备进度方案评估

展会筹备进度方案是对展会筹备以及展览期间的各项工作进行统筹安排的计划，它明确规划了各办展单位在什么时候应该干什么事情，到什么时候应该完成什么任务，达到什么目标。展会筹备进度方案的主要目的，是要让各办展单位以及工作人员明确展会各时期的工作和任务，让展会筹备以及展览期间的各项工作能有条不紊地进行，并能保质保量地完成。

对展会筹备进度方案进行评估，主要从以下几个方面着手。

各项工作进程安排的合理性。就是从展会自身的办展规律出发，看展会进度计划所安排的各项工作是否符合展会筹备和展览期间的实际需要，是否符合展会的一般办展规律。

各阶段工作目标的准确性。在展会的筹备期间，到一定的时期就必须要完成某些工作，否则，整个办展计划就会受到影响；在执行某些工作时，到一定的时期，该工作就应推进到什么程度，这些安排和规划必须准确，不然，展会的筹备工作就会出现混乱。

各项工作安排的配套性。举办展会是一项涉及方方面面的系统工程，它需要各方面的配合，如果展会的各项筹备工作安排不配套，展会的筹备工作就可能顾此失彼，自乱阵脚。

各项工作安排的可行性。展会进度计划所规划的各项工作必须是切实可行的，不能脱离实际；展会进度计划所规划的在某一时期所应达到的目标，必须是经过努力可以达到的，而不能是天马行空，遥不可及。

各阶段工作安排的统一性。尽管展会筹备工作可以分成若干阶段，每一个阶段的工作及其重点各不相同，但展会筹备各阶段的工作必须互相衔接，前后照应，整个工作保持前后统一基调和进程。

（四）现场工作和相关活动方案评估

现场管理方案是对展会开幕现场和展会展览现场进行管理的计划安排。展会相关活动方案是对在展会同期举办的各种会议、表演和比赛等进行的计划安排。这两项方案的具体执行时间都是在展会的展览期间，地点常常也都是在展会现场内，执行时会彼此影响。

对这两项方案进行评估，主要是要考察。

周密性。工作计划的制订必须详尽，每一项现场工作都必须指定由专人负责、专人跟进；现场工作计划必须要照顾到展会现场的方方面面，不能有所遗漏。

可控性。展会现场人多事杂，现场不能出现混乱局势和其他严重影响展会召开的现象；展会现场的一切局面都必须在办展单位可以控制的范围之内，不能出现办展单位经过努力还不能将其控制的事情和现象。

必要性。与展会同期举办的一些相关活动，不论是会议，还是表演和比赛，都必须是对展会的整体形象和对展会功能的实现有所帮助的，是必要的，各种相关活动必须要与展会本身融为一体；不能将举办相关活动和举办展会两者割裂开来，为举办活动而举办活动。

可行性。与展会同期举办的一些相关活动，尤其是各种表演和比赛活动，必须是安全的、可行的。

协调性。由于相关活动和现场工作计划在具体执行时会彼此影响，两者因此必须相互协调。与展会同期举办的任何活动，不能对展会本身产生不良的影响，不能因为相关活动而影响到展会本身；同样，也不能因为现场管理的混乱而影响到相关活动的举行。

四、社会效益评估

所谓展会项目的社会效益，就是举办该展会对当地社会各方面可能产生的影响。评估展会项目的社会效益，可以从展会具有的经济功能和社会功能两方面来进行。

展会的经济功能：是指通过举办展会而使整个社会直接取得的经济效益以及因此而带动一个地区相关产业发展的功能。会展经济是以会议和展览为基础的一种跨行业的经济行为，举办大型会议和展览，不仅需要酒店业、餐饮业、交通业、通信业、商业、旅游业、展馆业、城市建设等行业的积极参与，而且还能通过乘数效应，带动这些行业加快发展。按通行说法，会展经济对相关产业的带动效益大约为 1：9，会展经济因此也博得了"城市的面包"的美名。评估展会的社会效益，首先要评估它的社会经济功能如何。

展会的社会功能：是指通过举办展会而达到一定的社会、政治和文化目标。除经济目标外，举办大型会议和展览往往会给举办地的社会、政治和文化带来影响。首先，不仅可以增强一个地区或城市的综合服务功能和服务意识，提高当地居民的综合素质，还可以重塑和提升该地区或城市的整体形象，从而达到一定的社会目标；其次，能够促进国内和国际交往，增强国际合作和交流，解决某些争端，从而达到一定的政治目标；最后，可以促进科技文化的交流与合作，进而促进科技文化的发展。由于会展经济的社会功能强大，有人因此而将它比喻为"城市的名片"。评估展会的社会效益，也应评估它的社会功能。

为确保举办展会各项目标的实现，在对举办展会的可行性进行宏观评估时，除要对展会的经济功能和社会功能进行分别单项评估以外，还要将二者进行综合评估。

从综合的角度看，展会的上述双重功能是不能截然分开的，它们是相互促进、相辅相成的。一方面，通过成功举办展会取得良好的经济效益，不仅能使相关展会发展壮大，并带动相关产业的发展，从而为实现一定的社会功能提供经济基础；另一方面，通过成功举办展会实现了良好的社会功能，又能很好地支持相关展会的可持续发展。

认识和评估展会双重功能及其相互关系，有助于清除在策划展会时可能出现的"近视"行为，即片面追求举办展会的经济功能而不考虑其社会功能，从而人为地割断了展会与其他相关产业的内在联系，削弱了展会可持续发展的基础；或片面追求举办展会的社会功能而不考虑其经济功能，从而人为地封堵了进行展会产业市场化的一个有效途径，削弱了展会对相关产业的带动作用。

可见，举办一个展会，不仅要满足其自身的一些微观要求，还必须考虑社会的一些宏观要求，任何一方面有缺陷，该展会的举行方案都可能要重新策划。

第四节　创立专业展览会的品牌形象

创立展会品牌形象是在展会定位的基础上的，是解决如何在目标市场上建立一个符合展会定位的展会品牌形象的问题。展会品牌形象树立的主要目标，是创立一个展会品牌形象并通过一定的传播手段将这个符合展会定位的展会品牌形象深植于参展商和观众的心目中。

一、创立专业展览会品牌形象的含义和目标

（一）创立专业展览会品牌形象的含义

展会品牌是能使一个展会与其他展会相区别的某种特定的标志，它通常是由某种名称、图案、记号、其他识别符号或设计及其组合所构成。展会品牌是给展会贴上的一个竞争标签。展会品牌形象是参展商和观众所得到和理解的有关展会品牌的全部信息的总和，它存在于参展商和观众的心目中。

创立展会的品牌形象，首先是要设计出能代表展会品牌的符号、设计、名称和图案以及它们的组合。这些代表展会品牌的符号、设计、名称和图案以及它们的组合，要能承担起四种功能。

一是将本展会与其他同类展会区别开来的标志。一方面，品牌要有自己独特的命名、设计、符号等富有个性的表现形式；另一方面，品牌要有自己的核心价值，这些都使得本展会与其他同类展会区别开来。

二是展会与参展商和观众进行有效沟通的代码。品牌将有关本展会的各种信息浓缩在一起，作为与其他同类展会相区别的标识，参展商和观众则将品牌作为一种对展会的速记符号储存在大脑中，作为他们理解和选择特定展会的对象。

三是展会对参展商和观众的一种承诺。参展商和观众知道，通过选择特定的品牌，他们的需求和欲望就基本能得到满足，他们的利益就基本能得到保证。

四是展会价值的集中代表。展会的价值浓缩在展会品牌之中并通过品牌号召力体现出来，品牌浓缩了展会的无形资产。

展会品牌形象是一个以参展商和观众为中心的概念，品牌的价值体现在品牌与参展商和观众的关系之中。品牌要能传达展会的价值和发展方向，能表明展会的核心价值和灵魂，展会品牌应在展会与参展商和观众之间架起一座沟通的桥梁。只有被参展商和观众认知了的品牌才是有价值的品牌。

（二）创立专业展览会品牌形象的目标

创立展会品牌形象最主要的目标是为展会提供差异化和个性化特征并通过它们来获取竞争优势。创立展会品牌形象的目标有短期目标和长期目标、办展单位内部目标和对外目标之分。

一是创立展会品牌形象的短期目标。这是创立展会品牌形象的基本目标，也就是展会通过细分展会市场来发现符合自己的目标市场。细分展会市场是展会根据一种或几种要素，把某个题材的展会市场分割成为若干个有相似需求和特征的子市场的市场分类过程。通过细分市场，使每一个细分市场内部的市场需求和特征比较相似，不同的细分市场之间的需求和特征的差别比较明显。办展单位要想在某一特定的细分市场里办展成功，就必须在该展会上刻下符合这一细分市场的标记。也就是说，办展单位在创立展会的品牌形象时要明白应该赋予它怎样的属性，要让它有什么样的吸引力，能提供何种利益，能表现展会怎样的优势。

二是创立展会品牌形象的长期目标。就是获取长久的差异化竞争优势。创立展会品牌形象应有为展会长期发展服务的准备和规划，且应能适应展会长期发展的需要。为此，创立展会品牌形象就不仅仅是为某个展会设计 LOGO 或某些装饰性的符号，也不仅仅是为某个展会设计宣传口号，它是要在参展商和观众的心目中开立一个特殊的"账户"，然后经过长期努力，不断地在这个账户中存入有关本展会的优势和特征，在参展商和观众的心目中形成一种"心理专有权"，最终形成一种让参展商和观众普遍认同的品牌资产，由此获取参展商和观众对本展会的认可和忠诚，获取竞争优势，使本展会长盛不衰。

品牌的竞争优势是通过提高品牌的竞争力来实现的。一般地，品牌的竞争力表现为五个层次（见表 2—3）。

表 2—3　展会品牌竞争力层次一览表

层　　次	参展商或观众与品牌的关系	品牌竞争力
品牌无知	大多数不知道该展会或该展会品牌	较差
品牌认知	有一定程度的了解，但不一定选择参加该展会	一般
品牌接受	大多数不拒绝该品牌而选择参加该展会	较强
品牌偏好	大多数认准该品牌而选择参加该展会	更强
品牌忠诚	大多数只认该品牌而只参加该展会，对其他同类展会基本上不考虑	强大

当展会品牌竞争力上升到上述第四层次时，展会的竞争优势开始形成；当展会品牌竞争力上升到第五层次时，展会的竞争优势已经确立并不可动摇。

三是创立展会品牌形象的外部目标。是对参展商和观众参加本展会作出某种承诺。这种承诺可以是有形的，也可以是无形的；可以是明示的，也可以是暗示的。品牌通过创造参展商和观众的"满意"来换取他们对展会的"忠诚"，展会通过品牌与参展商和观众建立起一种带有承诺的沟通，使得参展商和观众通过这个品牌，获知他们将能得到怎样的利益保障和服务保证。

品牌对参展商和观众的这种承诺是心理上的，不是法律上的契约关系。参展商和观众之所以信赖这个承诺，是因为他们认知了这个品牌；展会之所以保证实现这样的承诺，是因为办展单位对展会品牌的珍惜。展会品牌就是展会与参展商和观众之间的这种承诺与信赖关系的有效标签或证书。

四是创立展会品牌形象的内部目标。这是对展会本身形成一种约束，让展会时刻注意按照展会品牌形象的要求去办事，去服务参展商和观众，去为参展商和观众提供价值。品牌在对外部顾客提供一种承诺的同时也是给办展单位内部形成一种强有力的约束，它要求办展单位必须努力创造条件去实现展会品牌对参展商和观众的一贯承诺，去满足参展商和观众基于对展会品牌的信赖而对展会产生的各种期望。如果做不到这一点，就会毁坏展会的品牌形象和品牌声誉。所以，从某种意义上说，为展会创立了什么样的品牌形象，就是为展会设立了什么样的质量标准。

展会品牌形象通过自己拥有的含义以及参展商与观众对展会的记忆的累积来达到上述目标。展会品牌不能是空洞的符号、名称或口号，也不能是脱离产业热点和时代方向的空洞的说教，它必须拥有具体的含义，它必须能告诉参展商与观众关于本展会的价值、内容和发展方向，或者是能引起他们关于上述内容的某些联想。品牌给参展商和观众以想象的翅膀，给展会让人称道的生命。参展商和观众通过参加展会，来获得对展会品牌所包含的含义的体验和感受，从而增加对品牌意义的完整理解和记忆，所以，从某种意义上讲，品牌是参展商和观众对展会的记忆的集中表现。正是有了对品牌的记忆的不断累积，展会才会深入人心，才会获得参展商和观众的认同和忠诚。

二、创立专业展览会品牌形象的基本原理

品牌要拥有丰富的含义、有独特的识别标识、有明确的品牌个性和一套紧贴顾客需求的价值体系。这些特点增强了它们在市场上的竞争优势。因此，创立展会品牌形象要遵循下述基本原理。

首先，要赋予展会品牌实质性的、紧贴顾客需求的价值体系，也就是说，要使展会的品牌不仅仅是用来做广告的展会名称或口号，而且能体现出展会的核心内涵和价值。创立展会品牌，就是要让品牌为展会说话，让品牌成为

展会形象的代表。展会品牌为此必须要有特定而丰富的含义，不能空洞和流于形式。没有特定而丰富的含义，展会品牌就退化成为一个普通的标签，不能向参展商和观众传达任何有价值的内涵。

其次，要明确界定展会品牌的识别标识。创立展会品牌决不仅仅是为展会设计一个 LOGO，提出一个宣传口号，而且要在为展会界定一些基本问题。为此，展会必须要在弄清楚展会的目标市场，结合展会的定位，了解目标参展商和观众的期望的基础上，明确这个展会为什么要存在、展会的核心价值是什么、展会要带给参展商和观众怎样的利益、被品牌折射的客户有哪些关切等。

最后，要基本确定展会品牌传播的策略。展会品牌形象是展会品牌在参展商和观众心目中的反映，是展会品牌在参展商和观众头脑中的折射，展会品牌必须通过各种传播手段才能到达参展商和观众，使参展商和观众对展会产生认知。所以，创立展会品牌形象，要对适合展会品牌传播的广告策略有所规划，要明确品牌的标志语言和沟通的范畴。

三、创立专业展览会品牌形象的策略

品牌的性质是创立展会品牌形象策略的出发点。一般地，展会品牌具有依附性、异化性和延伸性。品牌的依附性，就是品牌要依附于特定的展会而存在，品牌的声誉和价值是依靠其所依附的展会来形成的，参展商和观众对某个展会品牌的认知是要通过对该品牌所代表的展会的体验来检验的；品牌的异化性，是指品牌一旦被参展商和观众接受，品牌所代表的展会的声誉就转化为品牌的声誉，品牌成为展会的品质、价值或文化的象征；品牌的延伸性，就是当某一品牌用于某一新展会时，品牌所代表的某种品质、价值或文化就会延伸到新的展会上，参展商和观众有时会像对待原展会一样对待新展会，形成所谓的品牌效应。

从品牌性质出发，创立展会品牌形象的策略主要有六种。

（1）个别名称品牌策略。就是给每一个展会创立一个独有的品牌名称，并给予它们各自不同市场定位，期望它们去占领各自不同的特定细分市场。个别名称品牌策略使办展单位能在新的市场上进行冒险，由于各展会彼此互

不关联，即使新展会举办失败也不会影响到其他展会。另外，个别名称品牌策略也有利于办展单位开拓那些成长性很好的市场。

（2）产品线品牌策略。就是给同一类题材中密切相关的一些展会以相同或相似的市场定位，采用相同或相似的营销策略，服务于一些彼此有密切联系的目标市场。产品线品牌策略有利于扩大展会规模和维持展会品牌的持久形象，有利于降低新展会的举办风险和减少推广费用。

（3）分类品牌策略。就是给一些处于相同水平和层次的展会以同一个品牌，使所有的展会都使用不同类别的家族品牌，是一种不同类别的家族品牌策略。分类品牌策略能使所有的展会都享受到该品牌的声誉，减低举办新展会的成本和风险，有利于统一和规范展会的营销模式。

（4）伞状品牌策略。就是在不同题材的展会上冠以同一个品牌，是一种统一类别的家族品牌策略。伞状品牌策略适用于那些与原展会有较高关联度的新展会，有利于集中办展单位的资源来培育展会品牌，消除参展商和观众对新展会的不信任感。

（5）双重品牌策略。就是将所有展会置于同一个母品牌下，再给每一个展会一个子品牌，形成每一个展会都同时拥有两个品牌的双重品牌结构。双重品牌策略利用子品牌去占领细分市场，可以通过各子品牌的贡献来强化母品牌的价值，子品牌和母品牌共同作用，相互促进，共同稳定和占领某一个细分市场。

（6）担保品牌策略。担保品牌策略与双重品牌策略原理相似，只不过在担保品牌策略下，在市场上起主要作用的是子品牌，母品牌只是对所有子品牌起担保作用。担保品牌策略既给各子品牌以自有调度的权利，也使各子品牌可以共享母品牌的价值。

对于处于不同发展阶段的专业展览会，往往会采用不同的品牌形象策略。例如，在培育期和发展期的展会，常常会采用个别名称品牌策略、担保品牌策略和伞状品牌策略；对于成熟期的展会，更倾向于采取产品线品牌策略或分类品牌策略。

四、专业展览会的品牌形象设计

展会的品牌形象设计不能脱离展会品牌形象定位而独立进行，也不能偏离展会品牌形象定位的主旨而存在，它要遵循展会品牌形象定位的基本方向来进行。

一般来说，有形的事物总是能比无形的东西带给人们更深刻的印象，人们总是容易记住有形的事物而比较容易忘记无形的东西。在创立展会品牌形象时，展会品牌的含义、价值和个性都是通过一些无形的理念或者概念存在于办展单位、参展商和观众的心目中。要想使这些无形的东西更容易被参展商和观众所理解和接受，展会就要想方设法使它们有形化，将它们"化无形为有形"，通过对展会品牌的有形展示来使参展商和观众增加对展会品牌的记忆和理解，促进他们接受展会品牌。

在创立展会形象时，对展会品牌的有形展示最主要还是集中在四个方面：品牌名称、展会 LOGO、标识语和主题色。

（一）品牌名称

在创立展会品牌形象时，确定展会品牌名称非常重要。好的展会品牌名称，就好比给展会品牌形象插上了腾飞的翅膀，使展会信息和品牌形象能更好地飞进参展商和观众的心扉。展会都希望自己的品牌名字不仅能准确传达展会的信息，还能使人朗朗上口，过目不忘。要做到这一点，就必须遵循品牌命名在语言、法律和营销三个方面的基本要求。

（1）在语言方面，要使品牌名称符合语音、语义和语形等各方面的要求。在语音上，品牌名称要容易发音，并且读起来或者是听起来要让人感到愉快。当品牌跨出国门时，在其他主要语言中最好是以单一的方式来发音，在不同的语言中不会引起发音的困难。在语义上，品牌名称要有时代感，容易理解和记忆，不因时间的推移而产生歧义，不会由品牌名称引起某些不悦、消极甚至淫秽的感觉和联想。在语形上，品牌名称要简洁、简单，并且易于传播。

（2）在法律方面，要使品牌的名称在使用时具有法律的有效性，并且相对于竞争者来说是独一无二的。品牌名称具有法律的有效性，就可以保证展会使用该品牌不侵犯他人的知识产权，他人也不能侵权而使用本品牌，展会品牌就成为本展会专有的；品牌名称相对于竞争者来说是独一无二的，就可以使展会品牌富有个性，更容易被人们接受。

（3）在营销方面，要使品牌的名称具有促销、广告和说服的作用，能对展会价值有所明示或暗示，能与办展单位的形象和展会本身的形象相匹配，并且要能支持展会的 LOGO 及其标识物。

（二）展会 LOGO

展会 LOGO 是经过艺术设计的品牌标志。LOGO 往往是由一些艺术化的图案、符号和文字等构成，并以艺术化的符号的形式向参展商和观众传递展会的形象、特征和信息。LOGO 是展会品牌形象有形化的重要手段，和展会品牌的名称一样，好的展会 LOGO 本身也有助于获取参展商和观众对展会品牌的认知，引起他们对展会品牌的联想。所以，展会 LOGO 的设计创意除了要遵循平面设计的基本原则外，还要注意考虑展会营销的需要和参展商与观众的心理需求。因此，不管是用古典主义手法，还是用现代主义或者是后现代主义的思路来设计展会 LOGO，都要遵循以下五个基本要求。

（1）创意要求。要对品牌的理念和价值有很好的明确表达或暗示作用，不仅设计要新颖独特，对视觉有较强的冲击力，而且要直观醒目，适合于各种媒体，并且在法律上不会引起纠纷，有国际化的潜力和准备。没有创意的 LOGO 是很难吸引参展商和观众的目光的。

（2）设计要求。设计要清晰简洁、布局合理、整体平衡，色彩搭配要协调，图案线条要和谐，注意整体形式的美感。如果在设计的图案中包含有期望传达给参展商和观众的隐喻或象征意义，则隐喻或象征要恰当，不能产生歧义。

（3）营销要求。要能体现展会的品牌价值和经营理念，能准确地传达展会的信息，体现展会的特征和品质，展现办展单位的实力，用容易理解的图案将展会的优势明确化，使 LOGO 成为展会的象征。

（4）认知要求。要遵循参展商和观众的心理认知规律，符合他们的文化背景，通俗易懂，容易记忆，能很容易地吸引公众的注意，让人对其产生深刻的印象，不脱离时代。

（5）情感要求。要有较强的感染力，容易被大家接受，令人愉悦，有美的享受，并能使人产生丰富的积极的联想。

案例：

广交会的新 LOGO

第 101 届广交会更名为"中国进出口商品交易会"后，为了适应广交会更名的需要，加强对广交会品牌的宣传，第 102 届广交会启用以盛开的"宝相花"和"顺风轮"为创意原型的广交会新 LOGO，如下图：

广交会新 LOGO 的图案采用"中国红"标准色，体现了光明、喜庆、祥和与尊贵，具有浓厚的中国风格和民族特点；花瓣的设计采用旋转、对外无限延伸的手法，形象地体现了广交会是中国对外开放的窗口；花瓣的数目蕴含"六六和顺"之意，图形呈中国民间的风车形，既有"中国风"的特色及顺风向前之势，还预示了广交会协调与平衡的发展。新 LOGO 名称的中文字体继续沿用郭沫若先生手书的"中国进出口商品交易会"，英文名称全称为：China Import and Export Fair，简称为"CIEF"。

（三）标识语

品牌名称和 LOGO 构成了展会品牌资产表象的核心，然而，仅仅一个名称和一个图案还是难以很好地表达展会的价值、特征和优势等要素，要想参展商和观众对展会的品牌形象有更快、更好、更准确地理解，我们往往还是要借助于品牌标识语的帮助。品牌标识语能更直观地提供品牌名称和 LOGO 所不能提供的信息，能引起参展商和观众对展会更多的联想，它与品牌名称和 LOGO 一起，能更好更全面地传播展会的品牌形象。

标识语一般都很简洁，通常是以"口号"式的语句来表达的。标识语在使用时主要承担了两项职能：品牌识别和沟通，其中，沟通是标识语最主要的使命。由于品牌名称的主要使命是品牌识别，它往往在沟通性上有所欠缺，LOGO 尽管有一定的沟通作用，但它依赖于参展商和观众对它的理解程度。只有标识语，才能最直接、最准确地将展会的有关信息传达给参展商和观众。这样，标识语就超越了广告传播本身的作用，成了展会品牌形象的重要组成部分。

由于标识语的作用超越了广告传播本身，所以对标识语的创意十分重要。由于标识语具有"口号"式的外形，简洁明了的特性，它不可能很长。往往是寥寥数语甚至是仅仅几个字，所以它不可能包含展会的全部信息，它只能反映展会最本质的特征，或是反映办展单位最希望参展商和观众了解的展会的特质。那种"包含一切"的标识语往往流于形式、内容笼统而空洞，起不到很好的沟通和识别作用。所以，标识语的创意要紧密联系展会的定位和主题，抓住展会的本质特征，既要独特显著，有较强的差别化效果，又要生动有趣，容易理解和记忆，还要注意语言修辞上的技巧，具有一定的心理导向和大众流行语的特质。

案例：

创立准确的展会标识语

标识语一般都很简洁，通常是以"口号"式的语句来表达的。例如，中国出口商品交易会（广交会）创办于 1957 年，目前每届分三期举办，三期总展览面积达 116 万平方米，一年举办春秋两届，每届到会参观采购的境外客商达 20 万人，是目前我国历史最长、效果最好、规模和成交量都最大、到会外商最多的展会，其标识语是"中国第一展"，既简洁明了，又充分体现出广交会在我国会展业中的强势地位，十分准确。

尽管标识语通常以"口号"的形式出现，但它的含义要比"口号"丰富得多。在会展行业，展会的标识语常常是与展会的定位和展会的主题紧密相连，并努力通过展会的标识语来传达展会的优势和特征，以增强展会和参展商与观众之间的沟通，上面广交会的例子很好地说明了这一点。

展会的品牌名称、LOGO和标识语通常是一起使用的，它们是一个有机整体。例如，在平面媒体上使用时，通常是展会的品牌名称和LOGO在上，标识语在LOGO之下。所以，在设计展会的品牌名称、LOGO和标识语时，也要考虑它们三者在布局上的可搭配性和布局美观性。

（四）主题色

展会品牌形象一般有一种主要使用或承载的颜色，这就是主题色。除了品牌名称、LOGO和标识语，在创立展会品牌形象时，还要特别注意展会品牌形象主题色的选择、与主题色搭配的辅助颜色的选择和运用。有些色彩能使人精神愉悦，给人丰富的联想，给人美的享受；有些却能使人伤感，让人沉闷；有些颜色人们乐于使用，有些颜色人们却忌讳使用（见表2—4）。

表2—4　几种主要色彩给人的心理和感觉效应

色彩	给人的心理和感觉效应
红色	热情、活泼、生动、喜庆、欢乐；不安，冲动
橙色	温馨、明快、柔和、活力、活泼；兴奋
黄色	辉煌、明亮、高贵、醒目；淫秽
绿色	和平、宁静、安全、自然；无力
蓝色	崇高、深邃、沉静、凉爽、希望；苍凉
紫色	神秘、高贵、庄重；奢华
白色	纯洁、和平、单纯、澄清；死亡
黑色	肃穆、深沉、庄重、坚毅；绝望
银色	神圣、清洁、光明、纯真；奢侈

色彩的选择和运用会直接影响到展会品牌形象的设计效果。在设计展会的品牌形象时，要注意对主题色的选择和使用。

第三章　展会营销

展会营销是综合利用展会营销的各种要素，结合展会工作人员的努力和展会相关内容的有形展示，用适当的过程传播展会的服务承诺，将展会的展位销售出去和观众招揽来并建立展会品牌声誉的活动。成功的展会营销是展会能成功举办的重要保证。

第一节　整体营销

展会营销是一种整合各种营销手段的有计划、有步骤的整体营销。招展、招商和宣传推广都是展会营销的重要组成部分。展会营销的主要任务不仅仅是促进展会招展和招商，还要着眼于立足长远，建立展会的良好形象和创造展会竞争优势，协助展会进行客户关系管理。

一、特点

展会营销是以有形的展位为媒介来销售一种无形的服务。参展商参加展会而租用展会的展位，其目的不在展位本身，也不在于要拥有该展位，而是为了能更好地享受展会带给他的各种服务。比如，如果办展单位邀请观众不力，使得参观的观众数量很少，对参展商的参展目标实现将带来极大的影响。展会营销的这种特点，使它具有有形的产品营销和无形的服务营销的双重特性。

展会营销工作是展会的"导航器"，很多客户都是通过展会营销活动才开始认识和了解展会的。很多展会都指定专门的人员来负责展会营销工作。展会营销是一项复杂的工作，肩负的任务多，工作量大，如果不了解它的特点，通常较难把握并容易出差错。

展会营销通常具有以下一些特点。

（一）任务的多重性

展会营销的任务是多重的，它服务于整个展会，它要兼顾促进展会招展、促进展会招商、建立展会的良好形象和创造展会竞争优势、协助业务代表和代理们顺利展开工作、指导内部员工如何对待客户等五大任务，要处处注意展会的整体利益，不能因为要实现其中的某一个目标而妨碍其他目标的实现。

（二）阶段性

展会营销的五个任务不是同时实现的，它们是随着展会筹备工作的进展和展会的实际需要而分步骤和分阶段逐步实现的。展会营销的阶段性很强，展会发展到什么阶段就进行什么样的展会营销工作，必须十分清晰和明显。

（三）计划性

展会营销的任务多，阶段性强，这就要求在展会一开始筹备时就必须认真规划好展会营销工作，照顾到展会筹备工作各方面对展会营销的需要，给展会筹备工作以强有力的全方位的支持。

（四）本质上是对服务的营销

展会只是各种展会服务的一个有形载体，参展商和观众之所以要参加展会，是因为他们想得到展会提供的各种服务，如果他们享受不到这些服务，展会对参展商和观众来说就形同虚设。所以，从本质上看，展会营销是在营销展会的各种服务。

（五）多媒体和多渠道的组合营销

各媒体和渠道的宣传推广安排，要求时间上协调，口径上统一，内容上各有侧重，效果上互相补充。如此，展会营销对展会发展的促进作用才最为明显。

（六）整体的营销

所谓整体，从内容上讲，是指展会营销要包含展会筹备的全过程，既包括展前，也包括展中，还包括展后；从执行人员上讲，不仅包括专门从事展会营销部门的工作人员，还包括展会所有与客户接触的人员，是一种全员的营销。

二、步骤

一般来说，制订展会营销计划有六个步骤：目标、投入、信息、资料、渠道和评估。

（一）目标

就是要确定展会营销所希望达到的目标，如前面提到的招展、招商、建立展会形象等五大任务。制订展会营销计划首先要明确营销的任务是什么，这样才能有目的地去实施各种营销工作。否则，展会营销工作就会变得无的放矢。展会营销目标具有一定的阶段性，在展会筹备的不同阶段其主要任务也有所差别，如前期偏重于招展，后期偏重于招商等。

（二）投入

就是要确定为了达到上述展会营销目标所需要的资金投入，一般以"展会营销预算"来体现。展会营销预算可以先按营销渠道的不同来分别制定，如专业媒体宣传投入预算、大众媒体宣传投入预算等，然后再将各渠道的预算汇总成展会营销的总预算。从国际普遍的做法来看，办展单位一般会将展会收入的 5%～15% 拿出来作为展会营销的资金投入。

（三）信息

就是要确定展会营销需要向外界传递的信息，如展会的办展理念、展会的优势和特点、展会的 VI 形象等。不管要向外界传递的是怎样的信息，这些信息都必须是真实可靠且具有较高的可信度的。另外，传递的信息要具有自己的特色，具有差别性和排他性，这样才能起到更好的营销效果，才不会被其他信息所淹没。

（四）资料

就是要确定制作什么样的营销资料来承载上述信息。在制作营销资料时要注意遵循以下几个原则：第一，针对性。每一种营销资料都必须有自己具体的目标客户。第二，系统性。各种营销资料既有自己的特色，又互相配合，互相补充。第三，专业性。资料在制作上要符合展览业的要求，在内容上要能反映行业的特点和展会的特色，要在具备国际化的同时又兼顾到各国的不同文化差异。第四，统一性。各种营销资料在宣传口径上要统一，在各种数据、理念和 VI 形象上要一致，并要继承上届展会的信息。

（五）渠道

就是要确定展会营销的渠道，或者说要确定采用哪种渠道将展会信息传递出去。展会营销的渠道很多，如专业媒体、大众媒体、同类展会、电子商务、直接邮寄、事件推广、公共关系等。这些渠道各有特色，要善于选择和利用，特别要注重新媒体、新技术的使用。

（六）评估

就是测量展会营销的质量与效果，评估展会营销目标完成的状况如何。展会营销的效果可以分为即时效果、近期效果和远期效果。对这些效果的评估可以从观众、参展商和展会功能定位三个方面来进行，也可以从展会营销的传播效果、营销的促销效果和营销的形象效果三个方面来评估。展会营销效果具有滞后性、交融性和隐含性等特征，有时候较难测定，对此我们必须采取科学的方法。

三、方式

展会营销的具体方式主要有以下几种。

（1）广告。包括在专业报刊杂志、大众媒体、网站、广播电视、户外媒介（如户外广告牌、交通工具等）、包装媒介等上面做的各种广告。

（2）软性文章和图片。包括在专业报刊杂志、大众媒体、网站、广播电视等媒体上刊登的各种对展会的评论、报道、特写和消息以及相关图片等。这是一种隐形的广告，其可信度较高，也容易被受众接受。

（3）直接邮寄。包括向客户直接邮寄的各种展会宣传资料如展会宣传单张、展会说明、观众邀请函等。直接邮寄针对性强，有效率高，效果明显。

（4）新闻发布会。包括在展会筹备期间以及展会开幕前后就展会的有关情况举行新闻发布会。举行新闻发布会的前提是即将发布的内容一定要有新闻价值，否则，就可以改为以邀请记者进行现场采访的方式来代替新闻发布会。

（5）人员推广。包括展会有关工作人员对各机构和客户的直接拜访，电话和传真联络等。人员推广能最直接地和客户进行一对一的沟通，能很好地联络客户的感情，倾听客户的声音。

（6）展会推广。包括在国内外各种同类展会上宣传推广活动。

（7）机构推广。包括与各行业协会和商会、国内外的办展单位、国际组织、外国驻华机构和政府主管部门合作进行的各种推广活动。

（8）公共关系。举办展览会既是一项经济活动，也是一项社会活动，公共关系在展览会营销中的作用非常重要。

（9）事件营销。在展会筹备期间、开幕前或展览期间举办的各种活动如路演、会议、表演和比赛等。

（10）网络。建立展会官方网站，或借助其他网站上宣传推广，或通过微博、微信营销，或建立展会的二维码以及 APP，以及通过电子邮件进行营销等。

案例：

广交会的网络营销

"中国第一展"广交会十分重视网络对展会的营销作用，承办广交会的中国对外贸易中心（集团）专门有一个"电子商务处"负责有关网络的事宜，承担广交会网络营销主要任务的广交会网站也建设得很具特色。

多达 12 种语言版本：广交会是我国外贸的晴雨表，每届的国际采购商有 20 万左右，这些采购商来自世界各地。为发挥网络的营销效果，让世界主要地区的客商能通过网络了解广交会，广交会网站有中（简体和繁体字两种）、英、法、德、意、俄、韩、日、西班牙、葡萄牙和阿拉伯语等 12 种语言的版本，方便各种语言的客户上网浏览。

栏目设置符合展览业要求：为让新老客户、媒体和其他有关方面便利地使用网站，广交会网站设置了了解广交会、采购商指引、参展商指引、新闻中心、服务宝典、网上广交会等主要栏目，有需要的各方可以很方便地找到自己想要了解的内容。

网站首页十分友好：在网站首页，除设置上述主要栏目外，还从满足客户的需求出发，设置了展商展品查询、企业视频推介、网上服务大厅、广交会电子商务、现场服务导航、最新采购信息和产品搜索等栏目，功能很强大。

在策划展会的展会营销计划时，为优势互补和发挥各种营销方式的最大效用，常将上述各种营销方式分别融入各种具体实施计划之中，这些计划主要有五种，包括：新闻发布会计划、专业媒体营销计划、同类展会推广计划、大众媒体营销计划和专项营销计划等。

除以上内容，展会营销计划还包括"展会营销预算"、"展会营销目标"、"展会营销策略"和"展会营销进度计划"等内容。

四、内容

按照上述步骤，我们就可以编制展会营销计划了。一个完整的展会营销计划一般会包含以下八项内容：执行概要和目录表、环境分析、机会与问题分析、营销目标和任务、营销策略、行动方案、营销预算和营销控制（见表 3—1）。

表 3—1　展会营销计划的内容一览表

包含的内容	描　述
执行概要和目录表	本营销计划的主要目标、策略及预算等的简要说明
环境分析	对展会面临的宏观和微观环境及竞争态势等进行背景分析
机会与问题分析	概述展会面临的主要机会与威胁、优势和劣势，并对营销中必须重点关注和处理的问题加以说明
营销目标和任务	提出营销要达到的目标和要努力完成的任务
营销策略	描述为实现上述目标和完成上述任务而计划采取的主要营销方法、渠道、模式等
行动方案	规划好营销工作应该做什么、由谁来做、什么时候做和如何去做等，并列明一些具有里程碑式的重要行动的时间安排表
营销预算	描述营销所需要的费用支出
营销控制	说明将如何监控、协调、调整和管理营销计划的执行和实施

五、要求

展会营销计划制订出来并被认可以后，展会就要通过一定的途径，确保该计划能得到贯彻执行。要确保被认可的展会营销计划能有效地实施，展会必须做到以下几点。

（一）建立必要的营销组织

营销计划的实施要有具体负责的部门、个人或行动小组，否则，营销计划的实施就会出现这样或那样的问题以及偏差。

（二）明确部门和营销人员的职责分工

负责具体实施营销计划的部门、个人或行动小组，与展会其他部门之间的职责分工必须明确；同时，负责具体实施营销计划的部门和行动小组内部的人员之间的职责也必须明确。这样，才能权责分明。

（三）建立必要的流程和控制系统

在负责具体实施营销计划的部门、个人或行动小组与展会其他部门之间，以及在负责具体实施营销计划的部门、个人或行动小组的内部，都要建立起必要的流程和控制系统，这样，才能减少内部环节，提高效率。

（四）保持营销计划执行的连续性

不要随意更改或中断营销计划，也不要临时仓促决策，要在保持营销计划有一定的弹性的同时尽量不破坏营销计划的连续性。

（五）注意营销计划执行各方的协调性

要使营销计划得到有效执行，不仅仅是负责具体实施营销计划的部门、个人或行动小组的事，往往还需要展会其他部门的大力配合与支持。因此，加强负责具体实施营销计划的部门、个人或行动小组的内部沟通和协调，以及与展会其他部门的沟通与协调，对确保营销计划的顺利实施非常重要。

第二节　招展

展会要有一定数量和质量的参展商才能成为展会，如果参展商的数量不多或者质量不好，展会的档次就难以提高，展会的发展前景也难以保证。招展就是办展单位招揽参展商参加展会的展出活动的行为。招展是展会整体筹备工作中最为基础的工作。

一、建立目标参展商数据库

招展的第一步是通过广泛地收集目标参展商的信息，建立起一个完整而实用的目标参展商数据库，为展会招展做好基础性准备工作。如果没有一个完整实用的目标参展商数据库，招展工作的展开就像是缘木求鱼，或者像是在做无米之炊。一个好的目标参展商数据库不仅是展会招展的基础，也是进行展会规模预测和制订展会招展方案的基础。

所谓目标参展商数据库，是指将所有目标参展商的有关信息按照一定的规则而建立的数据库。所谓目标参展商，是指办展单位认为可能会来参加展展会的企业和相关单位。目标参展商是展会招揽展出者的目标范围。

在建立这个数据库时就必须遵循以下基本原则。

（1）数据库要有一定的数据量。这是对目标参展商数据库最基本的要求。我们将有关一家目标参展商的所有信息称为一条数据，一个目标参展商数据库所包含的数据量要尽量地多，以便在以后招展时有取之不竭的目标客户来源。否则，在以后招展时就可能会出现目标客户来源枯竭的现象，这将对招展非常不利。

（2）分类科学合理。对数据库各条数据进行科学和符合招展分类要求的分类十分重要，这是进行数据检索和招展工作的基础。如果分类不当，数据检索的结果一定也不好，检索不好就会影响到招展工作的顺利进行。例如，产品范围分类错误可能会导致大量的企业检索不到，就有可能漏过了对它们的招展工作。

（3）数据真实可靠。在建立数据库时，不仅要尽量使数据库的数据量足够多，而且还要尽量使各条数据所包含的基本信息真实、准确和完整，只有这样的数据库才更实用。否则，就会出现当我们按照数据库的数据去对某一家企业进行招展时，现实中该企业却不存在！这不仅浪费人力物力，还会打击招展人员的积极性。

（4）便于查找和检索。数据库建立起来以后，由于招展工作的需要，我们会在不同的时间对数据库所包含的企业信息进行多方检索和查找。例如，查找某一地区的所有目标参展商的数量以及每一个企业的具体信息，查找生产某一类产品的所有目标参展商的数量以及每一个企业的具体信息等。如果数据库不支持这样的检索，我们到时就会一筹莫展。

（5）便于及时修改。随着以后招展工作的推进，我们可能会对数据库的信息进行各种必要的删减增补，或者进行局部的分类调整等。如剔除一些已经倒闭破产的企业的信息、增加一些新成立的企业的信息、完善一些原来暂时无法完善的信息等。对于类似这样对数据的一些修改要十分方便，并且不会损害数据库其他数据的安全。

（6）数据库的用户界面要简洁、一目了然；数据库要适合在局域网上使用，支持多用户同时使用；对数据库基本的修改要设定权限限制。

根据上述原则，可以按以下步骤建立目标参展商数据库：首先，提出数据分类标准并按标准对数据进行分类；其次，确定数据库基本字段；再次，选择合适的软件；最后，输入目标参展商信息，建立数据库。

目标参展商的有关信息可以通过以下途径来收集。

（1）行业企业名录。很多行业都有一些资料齐全的行业企业名录或者企业大全，办展单位可以从这里找到大量的目标参展商信息。

（2）商会和行业协会。各行业的商会或者协会一般与本行业内的企业联系密切，掌握了大量的企业信息，有一定的会员单位，办展单位可以通过与商会和行业协会的合作得到这些有用的资料。

（3）政府主管部门。政府主管部门对自己主管的行业的企业一般比较了解，与企业也有一定的联系，是一个重要的信息来源。

（4）专业报刊。各行业的专业报纸和杂志与行业内企业的往来密切，掌握了一定数量企业的信息。另外，通过收集专业报刊上企业的广告也可以掌握一定数量的企业信息。

（5）同类展会。同类展会是收集目标参展商资料的一个理想场所，在展会上，我们可以到各展位直接收集每一个参展商的信息，也可以通过购买展会会刊或参展商名录来收集。

（6）外国驻华机构。各国驻外机构每年都会向本国企业推荐一批著名的展会供它们作参展选择。因此，通过外国驻华机构收集该国企业信息也是一种不错的选择。

（7）专业网站。专业网站上有大量的企业注册用户，也有很多企业在上面做广告，是收集企业信息的一种快捷途径。

（8）电话黄页。电话黄页与行业企业名录类似，里面也有大量的本地企业的信息。电话黄页对于那些收集某一特定地区范围内的企业的信息尤其实用。

目标参展商的信息，除了要收集它们的名称、地址、联系电话、传真、E－mail和网址、联系人等基本信息外，还要收集关于它们生产的产品的种类、目标市场、企业规模等信息。在收集目标参展商信息时，除了要掌握每一个具体企业的基本信息外，还要从总体上把握这些信息。所谓从总体上把握，是指要从宏观上对这些信息加以分析和把握，如分析该行业企业的结构状况，分析该行业企业的地区分布状况，了解行业的市场特点等，这些信息对于我们进行招展策划大有帮助。

二、制订招展方案

招展方案是为展位营销而制订的具体执行方案，它是对展会招展工作的整体规划和总体部署。招展方案的内容涉及展会招展工作的方方面面，十分繁杂，总的来看主要有以下几个方面。

（1）产业分布特点。从宏观上介绍和指出展览题材所在行业在全国的分布特点，指出各地区的产业发展状况，介绍该产业的企业结构状况及分布情况，这些内容是制定具体招展策略的重要依据。

（2）展区和展位划分。介绍展会对展区和展位的划分和安排情况，并附上展区和展位划分平面图。

（3）招展价格。列明展会的招展价格及制定该价格的依据。

（4）招展函的编制与发送。介绍招展函的内容、印制数量、编制办法和发送范围与发送方法等。

（5）招展分工。对展会的招展工作分工作出安排，包括招展单位分工安排、本单位内招展人员及分工安排、招展地区分工安排等。

（6）招展代理。对展会招展代理的选择、指定和管理等作出安排，对代理佣金水平及代理招展的地区范围与权限等作出规定。

（7）招展宣传推广。对配合展会招展所做的各种招展宣传推广活动作出规划和安排。

（8）展位营销模式或办法。提出适合本展会展位营销的各种渠道、具体办法及实施措施，对招展人员的具体招展工作作出指引。

（9）招展预算。对各项招展工作的费用支出做出初步预算，以便展会能及时、合理地安排各种所需要的费用支出。

（10）招展总体进度安排与控制。对展会的各项招展工作进度作出总体规划和安排，以便控制展会招展工作的进程，确保展会招展成功。

三、划分展区和展位

展区和展位划分是展会招展策划的另一项重要的基础性准备工作。展会一般都要划分展区，在每个展区里，还要根据场馆的场地特征划分展位，决定哪些地方将搭建特装展位，哪些地方将搭建标准展位，两种展位各自需要多大的面积等。合理地划分展区和展位，对于展会招展和更好地吸引目标观众到会参观、提高参展商的展出效果、进行展会现场服务与管理等有着十分重要的作用。

展位一般分为标准展位和特装展位。

标准展位：是一种由展会统一设计、使用统一的标准、用标准的展架、配备基本展具的展位，它的面积一般是 9 平方米，有些特殊题材的展览也有 12 平方米或者 15 平方米的。标准展位的最低配置是有 3 面围板，展位楣板和常规照明，一般配置是除了上述配置外，还有谈判桌、椅子、普通电源，有的还有地毯。标准展位的搭建工作对技术方面的要求相对较低，一般的承建商可以承担这项工作，如图 3—1 所示。

特装展位：是在展览场地里划出远大于标准展位面积的场地，展会不负责提供任何展具和展架，租用该场地的参展商需要自己设计和搭建展台。特装展位一般被一些大的参展商或者是集体展出者所租用。这些参展商中，有的自己设计和搭建展台，也有一些将搭建展台的工作交给展会指定承建商来完成。特装展位的搭建工作对承建商的设计和承建能力要求较高，如果没有相当的经验和技术力量，展会承建商就难以胜任这项工作，如图 3—1 所示。

图 3—1　展区和展位划分（摄于广州建博会）

在展会招展时，同类展品的参展商常被安排在同一展区里，在该展区里，参展商一般可以根据自己的要求选择自己需要的具体展位。在划分展区和展位时，要注意遵循以下基本原则。

（1）按专业题材划分展区。就是在满足展品对场地要求的基础上，将同类展品安排在同一个区域里展出。在展会招展前，要对展会所有的展览场地进行统一规划，筹划各种展览题材适合安排在什么样的位置，按专业题材划分展区，各展区需要多大的面积。有时，如果展会的国际参展商很多，也可以不按专业题材分馆的要求而将他们单独安排在一个展区里，这时，我们一般称这个展区为"国际馆"。按专业题材划分展区，可以使展会条理清楚，秩序井然。

（2）要有利于提高展会的档次。展区和展位的划分直接影响到参展商和观众对展会的印象。如果一个展会里的标准展位和特装展位的分布杂乱无章，各种展品的展位互相混杂，即使这个展会的规模很大，我们也会认为它档次不高，非常不专业，对它的印象也一定不会很好。

（3）要有利于观众的参观。展区和展位的划分，要使对某类展品感兴趣的目标观众能很方便地找到展出该类展品的所有展位，与该展品有关联的产品也能在相邻的展区里找到。给观众方便有利于提高展会的影响力，有利于促进展会贸易成交量的提高，有利于提高展会在观众心目中的地位。

（4）要有利于提高参展商的展出效果。展区和展位的划分对参展商的展出效果有直接的影响。例如，如果一个标准展位夹在一些特装展位之中，标准展位将变得非常不醒目；如果将一些次要的题材放在展馆最好的位置，展会的整体效果将大打折扣。因此，展区和展位的划分既要符合展品的特点，也要考虑到展位的搭装效果，还要考虑到方便观众参观和集聚，这样，参展商的展出效果才不会受到太大的影响。

（5）要有利于展会现场管理和现场服务。例如，在划分展区和展位时，要注意对展览场地的充分利用，最好不要有闲置的展览死角；要注意展馆消防安全，要便于遇到紧急情况时及时疏散人群；要方便展位的搭装和拆卸，方便展品的进馆和出馆。

划分好展区和展位以后，要按一定的比例将它绘制成展会展位平面图，并在图上标明各展区和展位的具体位置，标明展馆各出入口、楼梯、现场服务点等，以便参展商在选择展位时能更好地作出选择。展位平面图是展会招展时需要经常使用的主要资料之一，在绘制时一定要准确、细致，图标和线条要清楚，使人一目了然。

展区和展位的划分不仅会影响展会的整体效果，还会影响到办展单位、参展商、观众以及展会服务商在展会期间的活动，如办展单位对展会现场的管理、各参展商对具体展位的挑选、观众参观展会是否便利、展会服务商为参展商服务是否便利等。展区和展位的划分对展会来说真可谓"牵一发而动全局"。因此，在划分展区和展位时，要注意以下问题。

（1）要注意统筹兼顾。在划分展区和展位时，要在以办好展会和符合展会需要的前提下，对展会所有的展位作统一规划，在安排时最大限度地兼顾到办展单位、参展商、观众以及展会服务商各方面的利益和便利性，如果忽视了某一方面的需要，就会给相关方面带来不利的影响，并由此造成连锁反应，进而影响到整个展会的效果。

（2）要因地制宜。展区和展位的划分，要充分考虑到展馆的场地条件，因地制宜。例如，如果展馆里有柱子，就要考虑柱子对展位的影响。又比如，不同参展商对自己展位的具体形状的要求各不相同，有的希望展位是岛形的，有的希望是通道形的，有的希望是道边形的，展位划分时要充分考虑到这些需要。在划分展位时，如果只是注意满足某些参展商的需要而不注意展会整体，场地就会出现一些"死角"。

（3）不能遮挡展馆的安全设施。展馆里的一些服务设施是展会安全的重要保证之一，要保证任何展位都不能遮挡展馆里的一些重要安全设施，如不能遮挡消防栓、不能堵塞消防和安全通道、不能遮挡电箱等。安全通道要保证意外发生时人流的疏散。

（4）要注意适应参观人流的规律。展会参观人流的形成和流动有其自己的规律，参观人流是展区和展位划分时要充分考虑的重要因素之一。在展馆的入口处、主通道、服务区和大的展位前的人流比较多，容易形成大量的人群围观某一个展位或展品，在这些地方留出一定的区域供参观人流聚散，展场的各种通道要达到一定的宽度以便参观人流通过。

（5）要合理地安排展会的功能服务区域。一个展会除了最主要的展示区域以外，还需要安排一些功能服务区域，如登记处、咨询处、洽谈区、休息区、新闻中心等。这些区域尽管一般面积都不大，但对展会整体而言还是十分必要的，在划分展区和展位时，不能只考虑展会展示区域的划分而忽视了对这些功能服务区域的统筹安排。

四、招展价格

招展价格就是展位的出售价格。招展价格对参展商的参展决策有重要影响，如果价格过高，参展商可能不堪承受而放弃参加展览，展会的招展工作就会出现困难；但如果价格过低，展会的收入又会减少，展会就可能出现亏损。按展位不同，可以分为标准展位的价格和空地的价格；按场地不同，可以分为室内展位价格和室外展位价格。

为能制定最合理的招展价格，除第二章里已经讲述的三种定价办法和展会"盈亏平衡价格"等内容外，还应考虑以下几点。

（1）要充分考虑竞争的需要来定价。制定展会的招展价格时，要充分考虑那些与本展会有竞争关系的同类展会的价格状况，它们的价格往往是我们制定招展价格时重要的参考。要充分评估本展会在市场上处于什么样的地位，如果是处于市场领先地位，就可以将价格稍微定得高一些；如果是处于市场跟随地位，就必须将价格定得低一些。

（2）要结合展会的发展阶段来定价。每个展会都会有一个从培育、成长到成熟和衰退的发展阶段，展会的发展阶段对展会的招展价格有着十分重要的影响，在制定展会的招展价格时必须充分考虑这一点。在展会的培育阶段，招展价格不宜太高；在展会的成长阶段，招展价格可以适当提高；在展会的成熟阶段，招展价格基本固定，不宜变动；在展会的衰退阶段，招展价格应该较低。

（3）要结合展会的价格目标来定价。出于不同的价格目标，展会的招展价格也不尽相同。展会一般有五种定价目标，即利润目标、市场份额目标、撇取目标、质量领先目标和生存目标。在制定展会的招展价格时，这些目标是我们需要考虑的重要因素。例如，如果展会价格目标是以展会生存为主，那么，展会的"盈亏平衡价格"就是其最后的底线。

（4）要考虑展会的价格弹性来定价。所谓价格弹性，是指当价格每变动1％时展会展位销售量变动的大小，它是用来表示招展价格的变动对展位销售量影响的大小的参数。如果展会的价格弹性较大，展会招展价格的降低就会引起展会展位销售量的大增；如果展会的价格弹性较小，展会招展价格的降低对展会展位的销售就不会产生什么影响；如果展会的价格弹性为负数，那么，展会的价格的降低不仅不会促进展会展位的销售，反而会使展会展位销售量大幅下降。因此，展会招展价格的高低，不是随意确定的，我们还必须考虑展会价格弹性的大小如何。

（5）要考虑展会展览题材所在行业的状况。主要是要考虑该行业平均利润率的大小和该行业的市场发展状况。行业平均利润率的大小决定了该行业企业可能的盈利水平和支付能力。如果行业平均利润率较小而展会的招展价格又过高，企业将无法承受；反之，展会的招展价格就可以相应地定得高一些。行业的市场发展状况也是制定展会招展价格时需要考虑的另一个重要因素，例如，如果行业处于买方市场状态，企业参展的积极性就较高，展会的招展价格可以定得高一些；如果行业处于卖方市场状态，企业参展的积极性就较低，展会的招展价格就应该定得低一些。

招展价格混乱，不论对本届展会的展位营销还是对展会的长远发展，都是一个十分严重的问题。引起招展价格混乱的原因很多，它可能是因价格折扣而起，也可能因展位促销策略而起，还可能是因为展会的招展代理而起。我们应尽量避免出现价格混乱，为此应做到以下几点。

（1）严格执行价格及价格折扣标准。价格及价格折扣标准一旦确定，就要求所有的招展人员严格执行，对于不符合折扣标准的参展商坚决不能给予过多的价格折扣。对于某些如果不给予多一些的价格折扣就不参展的企业，我们要有勇气放弃。

（2）加强对招展代理的招展价格管理。由于招展代理的佣金一般都是按他们所招企业的参展面积的多少来确定的，招展面积越多，他们所得到的佣金也就越多。所以，为了获取更多的佣金，招展代理往往会有一种低价销售展位的冲动，这使他们的招展价格往往不符合展会的价格及折扣标准，从而引起整个展会招展价格的混乱。为了避免出现这种情况，我们要对招展代理的招展价格进行严格管理和监督，不容许他们破坏展会价格标准而低价销售，一旦发现应予严肃处理。

（3）避免在招展末期低价倾销展位。在展会招展末期，对一些后期参展企业的价格特别优惠是对早期已经决定参展的企业的一种价格惩罚，这对鼓励企业及早预订展位非常不利。因为，这种做法不仅严重挫伤了那些在降价前参展的企业的积极性，还使所有知道在展会招展末期能获得特别价格优惠的企业对下一届展会招展采取观望的态度。如果这种企业数量较多，在它们的压力下展会到时将不得不降价出售展位，展会的经济效益也难以保证。

（4）严格控制差别折扣和特别折扣的适用范围。差别折扣和特别折扣的适用范围有时候较难把握，而一旦把握不稳就会引起价格混乱。在执行差别折扣时，折扣的标准不宜太多；各种折扣的标准划分要非常明确，不能含糊。在执行特别折扣时，可以将适用该标准的企业的名单一一列出，并明确他们达到多大参展面积时能给予的折扣范围。

五、招展函

招展函是办展单位用来说明展会以招揽目标参展商参展的小册子。招展函的主要作用是向目标参展商说明展会的有关情况，并引起他们对参加展会展出的兴趣。招展函是展会进行展位营销时的核心资料之一，也是目标参展商最初了解展会情况的主要信息来源。

在很多时候，目标参展商对展会的第一印象可能就是来自展会招展函，招展函是目标参展商用来了解展会的第一份正式文件。为能使目标参展商对展会有足够的了解并对展会作出基本的判断，招展函一般要包括以下五个方面的内容。

（一）展会的基本内容

展会名称和LOGO。展会名称和LOGO一般被放在招展函封面最醒目的位置，展会名称一般用较大的字体。如果展会是国际性的，展会名称还包括其英文名称。另外，为了使用方便，展会名称常常有一个简称，如"中国出口商品交易会"的中文简称为"广交会",英文简称是"CECF"。

展会的举办时间和地点。一般被放在展会招展函的封面。其中,举办时间也会放在招展函的内页,只不过封面的"举办时间"通常是展会的正式展览时间;内页的"举办时间"往往还包括展会的布展、撤展和对专业及普通观众的开放时间等。

办展单位。包括展会的主办单位、承办单位、协办单位和支持单位等,有时候还包括展会的批准机构。它们一般被放在展会招展函的封面。

办展起因和办展目标。简要说明为什么要举办该展会以及计划将该展会办成什么样的一个展会,如展会计划有多大规模,预计有多少观众等。如果是已经连续举办多次的展会,那么对往届展会的回顾也是一项必不可少的内容。

展会特色。常常是用非常简洁的言语来高度概括展会的特色,如展会的宣传口号、展会的主题等,要易记易懂,易于传播。

展品范围。详细地列明展会的展品范围,有时候还包括展会的展区划分,供参展商做参展决策时参考。

价格。列明展会的各种价格,包括空地价格、标准展位价格、室外场地价格等。对于标准展位,一般还要对其基本配置作出详细说明。

(二) 市场状况介绍

行业状况。结合展位的定位,对展会展览题材所在行业的状况作简要介绍,如行业生产、销售、进出口及发展趋势等。

地区的市场状况。简要介绍办展所在地区的市场状况,如果展会是国际展,那么介绍的"地区"范围就不仅仅是展会所在的城市和省份,它可能还包括整个国家及其周边国家。上述介绍的"地区"范围究竟该包括哪些地区,主要取决于展会的定位和市场辐射范围的大小。

(三) 展会招商和宣传推广计划

招商计划。简要介绍展会计划邀请专业观众的办法、范围和渠道。如果展会是已经连续多次举办的展会,那么,对往届展会到会观众的回顾分析将是十分有用的资料。

宣传推广计划。简要介绍展会宣传推广的手段、办法、范围和渠道以及展会计划如何扩大其影响的措施等。展会宣传推广计划是参展商较关注的项目，需要详细列明。

相关活动。简要介绍展会期间将要举办哪些相关活动、各种活动的举办时间和地点以及参展商参加活动的联系办法等。展会相关活动的作用是双重的，它既有对展会的宣传和辅助作用，也有对参展商的宣传和展示作用，有些参展商因此也乐意参加。

服务项目。搞好服务是展会提高竞争力和吸引力的重要手段之一。招展函要告诉目标参展商，如果他们参展，他们将能从展会获得怎样的服务，这些服务包括展会为他们提供的各种有偿服务和免费服务。

（四）参展办法

如何办理参展手续。告诉目标参展商，如果他们计划参展，他们将怎样办理参展手续。

付款方式。列明展会的开户银行、开户名称和账号、收款单位名称、参展商参展的付款办法、应付定金的数量和付款时间等。

参展申请表。预留参展商参展申请表，一旦目标参展商计划参展，他们就可以填写该表并传真回办展单位预订展位（见表3—2）。

表3—2　参展申请表

单位名称	中文				
	英文				
联系地址	中文			邮编	
	英文				
联系人		电话		传真	
E—mail					
网址					
申请展位					
展品介绍					
申请单位（盖章）：		负责人签名：		日期：	

联系办法。列明办展单位的联系地址、电话、传真、网址和E—mail等，供目标参展商参展联系之用。

（五）各种图案

为美观或示例，招展函还会有一些图片和其他图案，如展馆图、展馆周边地区交通图、往届展会现场的图片等。如果有需要，有些招展函还对展馆做一些简要介绍。这些图片既可以对展会相关情况作进一步的说明，也可以起到美化招展函的作用。

招展函的内容较多，也较繁杂，在编制招展函时一定要对其内容、图片和版面作仔细的规划和安排，使招展函在展会招展的过程中发挥其应有的作用。一般地，在编制招展函时要遵循以下原则。

（1）内容全面准确。招展函很多时候是参展商了解展会的第一手资料，也是他们最后作出是否参展决策的重要参考资料，在展会与其目标参展商进行沟通和联系时起着重要的作用。因此，招展函所包括的内容一定要全面，要准确，不能有所遗漏，不能出现差错。

（2）简单实用。招展函的内容要全面准确，但不要拖沓和烦琐，要简洁，最好寥寥几个字让人一目了然。招展函的内容要实用，与展会招展无关的内容尽量不要上招展函。

（3）美观大方。招展函的版式安排、文字图片等的布局要美观大方，让人赏心悦目。但招展函文字的字体要适合人们的阅读习惯，不要因为追求美观而去追求美观。

（4）便于邮寄和携带。由于招展函一般要通过邮寄或者招展工作人员的携带而传到目标参展商手中，因此，招展函的制作样式要便于邮寄和携带，否则，它不但会给招展工作带来不便，还会增加展会的办展成本。

第三节　招商

展会招商又称观众邀请。参展商和观众是展会腾飞的两翼：参展商是展会存在的根基，没有参展商展会也就失去了存在的基础；观众是展会发展的翅膀，没有观众展会也就没有发展的后劲。如何确保展会有足够数量和质量的观众到会参观，是展会招商要考虑的重点问题。

一、建立目标观众数据库

所谓目标观众，主要是指"专业观众"和"有效观众"。这些观众可能是该展会展览题材所在行业的人士，也可能是与该题材所在行业有关联的行业的人士。展会招商是在了解了上述观众所在行业、观众的基本数量、需求特征和分布状况的前提下进行的。因此，建立一个完整实用的目标观众数据库，对展会招商具有十分重要的作用。

展会目标观众的范围比展会目标参展商的范围要广，其涉及的行业也要多。在进行展会招商时，不能把目标观众的范围仅仅局限在展会展览题材所在的行业，还要考虑其相关行业和其产品的各种用户所在的行业。如体育用品博览会的目标观众除了体育行业以外，还有众多的健身休闲产业、房地产行业、各种会所等。

目标观众数据库是将已经掌握的所有目标观众的有关信息按照一定的规则而建立的数据库，它是在掌握了大量目标观众的信息的基础上建立起来的。展会目标观众的信息可以通过以下渠道来收集。

（1）通过行业企业名录收集。使用时要注意不要仅仅局限于展览题材所在的行业，还要收集相关行业的信息。

（2）通过商会和行业协会收集。包括展览题材所在行业及其相关行业的商会或者协会。

（3）通过政府主管部门收集。

（4）通过专业报刊收集。包括展览题材所在行业的专业报纸和杂志以及其他相关行业的专业报纸和杂志。

（5）通过同类展会收集。

（6）通过外国驻华机构收集。

（7）通过各种专业网站收集。

（8）通过各地的电话黄页收集。

收集目标观众的信息，除了要收集他们的名称、地址、联系电话、传真、E—mail和网址等基本信息外，还要注意收集他们的产品需求倾向。收集到上述信息后，我们就可以着手建立目标观众数据库了。

建立目标观众数据库也要遵循一些基本原则：第一，数据库要有一定的数据量，这样，我们在以后招商时才会有足够的目标客户来源。第二，分类科学合理。第三，数据真实可靠。第四，便于查找和检索。第五，可以及时修改。另外，数据库的用户界面要简洁，一目了然；数据库要适合在局域网上使用，支持多用户同时使用；对数据库基本的修改要有一定的权限限制，不能人人都可以对数据库的数据加以修改。

展会目标观众的身份不是一成不变的，它有时还是展会潜在参展商的一个重要来源。有些人在这一届展会可能是展会的观众，但下一届可能就是展会的参展商，当展会越办越好时，这种转变就尤其明显。因此，目标观众数据库既是展会招商时目标观众的重要来源，也是展会招展时目标参展商的潜在来源。在建立目标观众数据库时，我们要充分考虑到这种转变，不要将目标观众数据库和目标参展商数据库截然分开，而要让它们两者之间保持某种联系，以便对它们加以充分利用。

二、制订招商方案

展会招商方案是为展会邀请观众而制订的具体执行方案，它是在充分了解展会展品的需求市场的基础上，合理地安排招商人员在适当的时间里通过合适的渠道而进行的展会招商活动，是对展会招商活动进行的总体安排和规划，目的是力求保证展会开幕时能有足够的观众到会参观。展会招商方案邀请的重点观众是那些符合展会需要的专业观众。不过，如果展会因为需要一定数量的普通观众到会参观而也对普通观众开放，这样展会招商的对象就还要包括普通观众。为此，招商方案的内容要兼顾到对这两类观众的招商。展会招商方案常要包含以下内容。

（1）制订招商方案的依据。包括：展会展品的主要消费市场的地域分布状况和需求情况、展览题材所在行业及其相关产业在全国的分布状况、相关产业在各地区的发展现状、各有关产业的企业结构及分布情况等。这部分内容一定要符合各有关产业的实际情况，否则，以此为依据制订的展会招商方案就会与实际情况严重脱节，没有可操作性。

（2）展会招商分工。包括对各办展单位之间的招商分工进行安排，对本单位内部招商人员及招商工作分工进行安排，对各招商地区的分工进行安排等。

（3）展会通讯及观众邀请函的编印和发送计划。包括这两份文件的内容规划、印制数量、编印办法和发送范围与方法等。

（4）招商渠道和措施。提出展会招商计划使用的各种渠道，以及针对各招商渠道计划采取怎样的招商措施。

（5）招商宣传推广计划。包括对配合展会招商所做的各种招商宣传推广活动作出规划和安排。

（6）招商预算。对各项招商活动的费用支出作出初步预算，以便展会及时、合理地安排各种所需费用的支出。

（7）招商进度安排。对展会的各项招商活动进度作出总体规划和安排，以便控制展会招商工作的进程，确保届时展会有足够数量和一定质量的观众到会参观。

案例：

刚创立的新展会的典型招商进度计划

展会开幕前 12 个月：展会招商方案策划完毕，招商工作开始，进行一些显露性的和提示性的招商宣传推广活动；

展会开幕前 9 个月：随着展会招展活动大规模的实施，展会招商活动也逐步展开，招商宣传推广转为对招商活动的直接支持性宣传；

展会开幕前 6 个月：与各行业协会和商会、国际组织等机构的合作招商工作正式开始，招商宣传推广活动范围缩小，目标更明确；

展会开幕前 3 个月：展会招商工作大规模地展开，对普通观众的宣传推广力度开始加强，对专业观众开始实施各种客户跟踪服务；

展会开幕前后：大众媒体成为重点宣传推广的阵地。

三、展会通讯

在展会的筹备阶段，展会的目标参展商和目标观众往往很想了解展会的筹备进展情况如何。例如，展会的目标参展商希望了解展会将会邀请什么样的专业观众到会参观，展会的目标观众则希望知道有哪些企业带着什么样的产品来参展。他们对这些信息的了解程度，将极大地影响到他们作出的是否参展或参观的最终决定。如果上述信息不能及时传递到他们手中，展会可能因此而失去大批客户。如何才能将上述信息及时准确地传递到上述客户手中呢？制作展会通讯是解决这一问题的常用手段。

展会通讯，又叫展会快报、展会特刊等，是根据展会的实际需要编写的、用来向展会的目标客户通报展会有关情况的一种宣传资料，它常常是一本小册子，或者是一份小小的报纸。展会通常以直接邮寄或 E－mail 的方式将它及时地邮寄给其目标客户（展会的目标参展商和目标观众），如图 3—2 所示。

图3—2　广州建博会厨房展特刊

展会通讯的邮寄有赖于展会目标观众数据库和目标参展商数据库的建立和完善。如果没有这两个数据库，展会通讯的邮寄就会出现困难。

展会之所以要及时编制和向目标客户直接邮寄展会通讯，是因为展会通讯有以下五个方面的重要作用。

（1）可以及时准确地向展会的目标客户传递展会的有关信息，与目标客户保持经常的联络和信息沟通。

（2）可以扩大展会宣传推广的范围和渠道，建立展会良好形象。展会通讯一般是通过直接邮寄向目标客户发送，针对性非常强，有效率极高，宣传效果明显。

（3）可以促进展会招展。展会通讯里有关当地市场和展会招商内容的通报，往往能对促进企业参展产生积极的作用，而对已经参展的行业知名企业的通报则能对其他企业参展产生积极的示范作用。

（4）可以促进展会招商。通过展会通讯，及时地告诉展会的目标观众有哪些企业已经参展，展会将展示哪些产品，有哪些新产品将在展会上首次亮相，这对吸引观众到会参观有较大的帮助。

（5）可以为展会目标客户提供良好的信息服务。展会通讯的内容往往不仅仅只包括展会的有关情况，它常常还包括展会展览题材所在行业的国内外市场信息和行业动态。

要切实地起到上述作用，展会通讯就必须要包含较为实用和较为丰富的内容，否则，展会通讯就将会流于形式，不反不会受到展会目标客户的欢迎，也起不到其应有的作用。展会通讯要包含的内容（见表3—3）。

表3—3　展会通讯包含的内容一览表

包含的内容	描述
展会基本内容	展会名称、举办时间和地点、办展单位、展会 LOGO、展会特点和优势等；上届展会的总结和展览现场的有关图片等
市场信息和行业动态	本展会展览题材所在行业国内外市场状况、行业动态和发展趋势等
招展情况通报	除了通报所有参展企业名单外，一般还会将一些行业知名的企业参展情况重点通报
招商情况通报	招商的渠道、招商宣传推广、招商措施和招商效果等
宣传推广情况通报	各种宣传推广渠道、办法和时间安排，用以增强客户参展和观众参观的信心
相关活动情况通报	告诉目标客户展会期间将举办一些什么样的相关活动
参展（参观）回执表	参展（参观）申请人的单位名称、地址、联系人、联系办法，参展（或感兴趣的）产品介绍，办展单位的联系办法和联系人等

展会通讯一般是分期编印。根据展会进展的实际需要，展会通讯的编印具有一定的阶段性，并不是每一期的展会通讯都必须包含上述内容：在展会筹备的初期，展会通讯的内容要偏重于能促进展会招展的有关信息；在展会筹备的中后期，展会通讯的内容要偏重于能促进展会招商的有关信息；在展

会已经成功举办并开始筹办下一届展会时，展会通讯里就必须包含有对上一届展会进行总结的内容。

展会通讯通过直接邮寄发送到目标客户并对他们的参展（参观）决策产生影响，为此，必须要使客户在拿到展会通讯时愿意看、能够看，否则，展会通讯即使是邮寄到客户手中，客户也会将它当作垃圾宣传物一样扔掉，这样，展会通讯就起不到任何作用。因此，在编印展会通讯时要做到。

（1）具有知识性、时尚性和趣味性。展会通讯的内容切忌死板，对于各种信息的提供不要像记流水账，让人读起来索然无味。展会通讯要富有趣味性，让人读起来不会味同嚼蜡。尽管展会通讯是为展会服务的，但展会通讯的内容不能只局限在有关展会的信息上，展会通讯还必须及时传递相关行业的动态和市场方面的信息，使客户在接受行业动态和市场信息时了解展会。

（2）外观美观大方。展会通讯的制作要符合展会的定位和档次，外观看起来要赏心悦目、美观大方，整体版式设计要便于邮寄，文字字体和编排要便于阅读。

（3）内容短小精悍，信息真实可靠。展会通讯里的各种文章不宜冗长，内容要简洁流畅，短小精悍，所传递的各种信息要经得起推敲，要做到真实可靠。

四、观众邀请函

观众邀请函是根据展会的实际情况编写的、用来进行展会招商的一种宣传单张。观众邀请函是专门针对展会的目标观众，尤其是那些专业观众而设计和发送的。观众邀请函一般也是通过直接邮寄或 E－mail 的方式发送到目标观众手中。观众邀请函的发送也有赖于目标观众数据库的建立和完善。观众邀请函的主要作用在于邀请专业观众到会参观，其发放的针对性非常强，效果往往也很好。观众邀请函主要包括以下内容。

（1）展会基本内容。包括展会的名称、举办的时间和地点、办展单位、展会的 LOGO、本展会简单介绍如展会的特点和优势等。

（2）展会招展情况。包括展出的主要展品、参加展出的新产品和展会招展情况，一般还会将一些行业知名的企业参展情况进行重点通报。

（3）展会期间计划举办的相关活动。列举展会期间举办的相关活动的时间、地点和主题，以方便观众提前安排时间与准备。

（4）参观回执表。包括参观申请的联系办法和联系人等，方便观众预先登记。

观众邀请函的内容比展会通讯更简洁、更集中，其所有的内容都在于吸引观众到会参观。因此，对展会的特点、优势、展品和参展企业的介绍就成为观众邀请函最为主要的内容。当然，如果是展会已经举办过几届，那么对上届展会简短的总结也常常是观众邀请函所包含的内容。

观众邀请函也是展会进行直复营销的有力武器，它在邀请观众到会参观的同时，也直接扩大了展会的宣传推广，间接地帮助着展会的招展工作。因此，观众邀请函也常常被用来作为进行展会宣传推广的一种有力武器。

五、招商渠道

不管展会招商是几个单位共同负责，还是由一家单位来负责，展会招商都要通过一定的渠道来进行。展会招商的常用渠道（见表3—4）。

表3—4 展会招商渠道一览表

渠　道	描　述
专业媒体	主要是针对专业观众，可以合作招商，也可以做广告
大众媒体	主要是针对普通观众，在比较临近展会开幕时进行
行业协会和商会	针对专业观众，是展会理想的合作招商伙伴
国内外同类展会	观众的范围也基本相同，是一个理想的招商场所
参展商	尽量让每一个参展商都带自己的客户群来展会参观
网络	传递信息迅速便利，联系广泛
国内外办展单位	与这些单位合作招商，能很好地优势互补
国际组织	与它们合作往往能很好地带动国外观众到会参观
招商代理	是与办展单位紧密合作专门进行展会招商的单位
外国驻华机构	与它们合作能较好地带动国外观众到会参观
政府有关部门	政府的行业主管部门对行业的影响仍然很大
举办相关活动	可以在展会开幕前或展览期间以事件营销的方式招商

根据展会的实际情况，对于上述招商渠道，可以有选择地采用其中的一个，也可以同时采用几个渠道进行展会招商。

第四节　网络营销

互联网在现代经济中的迅速崛起极大地改变了传统展览业的运作方式。进行多种方式、多层面的网络营销，将展会的有关信息在网上向外界传播，并从网上收集目标参展商和目标观众的资料和反馈的信息，促进展会和客户的信息沟通和彼此互动，对成功举办展会有很大的帮助。

一、类型

网络营销是以互联网为媒介进行展会营销的一种营销方式。网络营销是随着电子商务的发展而发展起来的一种新兴的营销方式。网络营销常用的具体办法有以下 8 种。

（1）建立展会专门网站。通过精心设计，展会建立自己的专门网站，将该展会的有关内容放在网上，并在其他营销活动中告诉客户本网站的网址，使网站在客户中知晓，以便他们根据需要可以随时上网查询相关内容，预定展位，提出建议。

（2）在行业专业网站上营销。展会也可以不组建展会专门网站，而将展会的有关内容交给行业专门网站，由他们帮助在网上推广本展会。展会负责向他们提供展会的有关资料，由他们在网上发布，或者由他们在网上开辟专门主页，供客户浏览。

（3）展会专门网站与相关网站互联。展会还可以将自己的专门网站与相关网站进行友情链接，形成互动，共同对展会进行推广。

（4）电子邮件。

（5）微博。

（6）微信、脸书（Facebook）、推特（Twitter）。

（7）展会微站、参展企业微展厅。

（8）手机终端 APP 和二维码。

在上述具体方法中，前 4 种是比较传统的网络营销方法，后 4 种是近年来基于移动互联网的发展而兴起的新的网络营销方法。本节下文将对上述各种方法分别进行详细讲述。

　　和传统的营销方式相比，网络营销的优势非常明显：第一，网络营销不受时空的限制，其营销范围具有全球性，客户只要能上网，就可以在任何地方随时查阅展会的相关信息。第二，网络营销具有交互性。客户可以通过网络及时地反映自己的参展信息，预定展位；办展单位也可以通过网络对客户的要求作出反映，及时满足客户的需求。第三，网络营销可以大幅度减少营销成本。由于有关展会的各种信息都可以在网上看到，办展单位因此可以节省大量的人员出差等费用，成本优势明显。第四，网络营销可以利用网络的互联性来增强办展单位和参展企业之间的协作关系。随着信息技术的发展，网络营销将会成为展会营销的重要方式。

二、展会专门网站

　　展会总是为了要达到某一个或几个目的才决定要建立专门网站。目的不同，网站的内容和功能的侧重点也应该有所差别。根据网站内容和功能的不同特点，为展会建立的专门网站可以分为以下几种。

　　（一）信息型网站

　　信息型网站的主要设计目的在于通过网上信息传播，引起社会公众尤其是展会的目标客户对展会及其服务的注意，并以此来增加目标客户了解展会的机会。这种网站设计的重点在于如何有效地将展会的有关信息发布在网上，如何让目标客户通过网上冲浪来获取展会信息。为了达到广泛和迅速传递展会信息的目的，网站内容的阅览便捷和及时更新对于这种网站建设显得尤为重要。

　　（二）服务型网站

　　互联网作为一种有效的沟通和协作工具，很多展会都利用它来为展会展前、展中和展后服务提供技术支持。例如，为了方便参展商参展，展会可以将《参展商手册》的所有内容放到网上，使参展商提前做好各种参展准备工作；为了方便观众参观，展会可以设计专门的"观众参观指南"栏目；展会结束后，可以将展会的总结及评估等内容在网上公布。服务型网站的设计重点在于完善展会的服务项目，更好地提高展会的服务水平。

（三）在线销售型网站

在线销售型网站的设计目的主要是通过网络来吸引更多的企业参展和观众参观。网站通过精心设计的图片和文字来描述展会的优势和特色，通过开通网上预订展位来方便参展商参展，通过开通网上参观登记功能来方便观众进行预先参观登记。一旦客户进行网上参展或参观登记，展会就会安排有关部门迅速处理相关业务；有些功能强大的网站甚至还可以自动回复客户登记和汇总客户登记信息。

（四）信息订阅型网站

信息订阅型网站的主要设计目的是利用展会这个汇集信息的大平台，通过网站有偿向提供客户所需要的行业和市场信息。有些展会在行业里联系广泛，信息灵通，对市场变化较为熟悉，这些信息可以作为展会的副产品在网上公布，供有需要的客户有偿索取。

（五）广告型网站

广告型网站的设计目的主要在于为参展企业提供一个"永不落幕"的网上展会，为参展企业做宣传更多于为展会本身做宣传。这种类型的展会网站一般都会留出大版面的空间给参展企业，有的还会为那些没有参加展会的企业留下"网上展览"的空间。

（六）综合型网站

很多展会在建立自己的专门网站时往往会追求多种功能，他们将上述五种典型网站的内容和功能进行组合，综合它们两种或多种设计目标和功能，形成较为综合的网站。这些综合网站同时具有上述五种典型网站的某几种功能。

上述六种典型的展会网站在设计目的和网站内容上各有侧重，网站也因此而各有特色。其中，综合型网站、信息型网站、服务型网站和在线销售型网站是大多数展会建立网站时的首选，这四种网站在展览业的实际操作中最为常见。

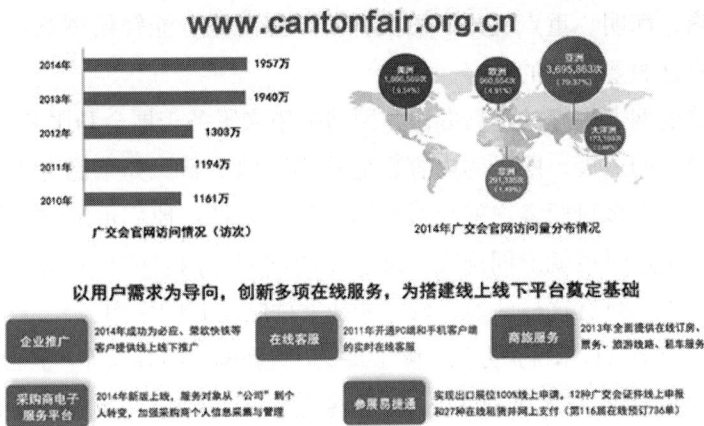

www.cantonfair.org.cn

2014年	1957万
2013年	1940万
2012年	1303万
2011年	1194万
2010年	1161万

广交会官网访问情况（访次）

2014年广交会官网访问量分布情况

以用户需求为导向，创新多项在线服务，为搭建线上线下平台奠定基础

| 企业推广 | 2014年成功为必应、荣欣快铁等客户提供线上线下推广 | 在线客服 | 2011年开通PC端和手机客户端的实时在线客服 | 商旅服务 | 2013年全面提供在线订房、票务、旅游线路、租车服务 |
| 采购商电子服务平台 | 2014年新版上线，服务对象从"公司"到个人转变，加强采购商个人信息采集与管理 | 参展易捷通 | 实现出口展位100%线上申请，12种广交会证件线上申报和27种在线租赁搬井网上支付（第116届在线预订736单） |

图3—3　广交会官网的访问量和功能

为了适应日益激烈的市场竞争的需要，现在已经很少有展会不开通自己的专门网站了。是否开通了自己的专门网站已经成为展览业评价一个展会的重要指标。如果一个展会没有自己的专门网站，它在其目标客户的心目中必然会丢失很多的市场份额。

一个展会将如何建立自己的专门网站呢？一般来说，建立展会专门网站可以按以下步骤进行。

（1）明确展会网站类型。要为展会建立一个专门网站，我们首先必须明确我们要建立的网站类型。换句话说，我们首先必须对该网站的主要功能进行定位。例如，我们希望该网站具有哪些功能，希望该网站对我们举办展会带来哪些帮助？如果建立展会专门网站一开始就没有明确的目标，那么，网站的内容必将十分混乱，这样的网站即使建立起来了也形同虚设。

（2）确定网站栏目和内容。对展会网站进行功能定位以后，应设计网站要开通的栏目以及各栏目内的内容。网站的栏目和内容是网站向展会目标客户展示的详尽信息，必须精心安排，巧妙设计，让它们既能满足展会营销和宣传推广的需要，又能为目标客户服务，还能为目标客户所喜闻乐见。

（3）设计网页的界面。网页上的内容不可杂乱无章，毫无重点，以免影响浏览者浏览。因此，在设计展会网站时，要尽量安排好网页界面的布局、各栏目的轻重缓急，按展会 VI 设计统一使用展会主色调，将网页界面尽量设计得清晰、简明、重点突出、图文并茂，使浏览者能轻松浏览，方便、快捷地找到自己想要浏览的内容。

（4）确定网上内容的更新办法。网站是用来服务于展会和服务于客户的，随着展会筹备的进展，网上的内容也应该不断地更新。如果网上内容始终一成不变，那么很多目标客户就会对该网站失去兴趣，他们可能从此不再浏览该网站，网站这时也就形同虚设。展会要明确网上内容的更新办法，并安排专人负责跟进，只有这样，展会网站才能发挥它应有的作用。

（5）制定网站技术维护办法。除了要及时更新网上内容以外，展会网站还必须有一套实际可行的技术维护办法。展会网站离不开专业技术支持和维护，不然，展会将会对各种网络病毒对网站的侵袭束手无策，对网络故障将没有办法及时排除。展会要为网站的畅通运行制定一套技术维护办法，保证展会网站的有效畅通。

三、电子邮件

电子邮件（E—mail）在展会营销中起着非常重要的作用。不论是对参展商还是针对观众，电子邮件都能起到及时传播信息和方便沟通的作用。在展会营销中，不论是招展还是招商，利用好电子邮件这种营销工具都具有很大的优势。

（1）不受时空和地域的限制。电子邮件依靠网络传播，只要能上网，不论是固定网站还是移动网络，不论是白天还是黑夜，也不论是国内还是国外，都可以接收和发送展会有关信息。

（2）信息传播及时快捷。通过电子邮件向参展商或者观众传播展会有关信息，可以非常方便快捷。

（3）成本低廉。电子邮件不需要印刷，不需要邮寄，有关展会信息通过网络向目标受众传播，成本非常低廉。

（4）内容丰富。电子邮件的内容可以根据展会的需要以及目标受众的需求而设计，可以图文并茂，可以传播视频，表现力非常丰富。

用电子邮件对展会进行营销，不论是招展还是招商，都要注意做好以下两点。

（1）计划性。何时对参展商或者观众发送电子邮件，发送什么内容的电子邮件，对什么受众发送电子邮件，诸如此类的问题，在使用电子邮件进行展会营销时，要提前做好一揽子的计划，不能想到哪里做到哪里。

（2）内容的相关性。不论是给什么受众发送电子邮件，都要非常注意策划好电子邮件的内容，做到有针对性，内容简短，方便阅读。不同时期发送的电子邮件尽量使内容有连续性，不能跳跃太大。

四、移动网络

随着智能手机和掌上电脑的普及，移动网络正日益成为展会营销新的重要平台。通过移动网络打造的"移动展会"，也正日益与网站和实体展会一起，成为展会营销新的有效组合。好的移动展会不仅有强大的营销功能，还有强大的服务功能，并有一定的客户沉淀、积累和管理功能。它能集跨平台应用、即时数据统计和分类、多媒体展示、多语言服务、产品O2O、二维码管理、微营销互动和网上支付交易等诸多优势于一身，在传播和营销展会时具有高精准度、高到达率、高曝光率、高便利性和低成本的特点，对延伸实体展会的优势和补充实体展会的不足具有十分重要的作用。

目前，展会通过移动网络进行营销常用的办法主要有：微博、微信、脸书（Facebook）、推特（Twitter）、展会微站、参展企业微展厅、手机终端（APP）、二维码等。

（一）微博

"微博是地球的脉搏"，美国《时代》周刊如此评价微博强大的信息传播功能。中国微博注册用户总数已突破6亿，每天登陆数超过4000万。展会利用微博进行营销，有时候会达到其他营销手段所不能达到的效果。

微博营销注重准确的定位、内容的互动、价值的传递和系统的布局。展会注册微博，每天更新内容就可以跟大家交流互动，或者通过发布大家感兴趣的话题，利用微博向外传播展会的信息，树立展会良好的品牌形象。

微博营销具有以下优势。

（1）高效率。微博显著的特征之一就是传播快，一条高热度的微博在互联网平台上发出后，短时间内就可以被转发到微博世界的各个角落。通过微博，展会信息可以通过"粉丝"的形式进行病毒式传播，如同时有名人效应则能使事件传播呈几何级放大。

（2）便捷。微博营销优于传统宣传推广，内容无须严格审批，能节约大量的时间和成本，方便快捷。

（3）精准。微博营销能发现目标客户，进行精准互动营销，完成目标客户向现实客户的转化。

（4）自媒体。微博是一种自媒体，能使展会营销活动按照展会自己的计划和意愿以及节奏来进行，能通过对展会的口碑进行实时监测。

（5）互动。微博与受众之间的互动性很强，可以进行无处不在的主动客服，方便了解客户的需求，服务于现实的和潜在的客户。

（二）微信

微信，是腾讯旗下的一款手机通信软件，支持发送文字、图片、视频、语音短信，可以群聊。微信一对一的互动交流方式具有良好的互动性，它能在精准推送信息的同时更能形成一种朋友关系。借助微信开展展会营销成为继微博之后的又一新兴营销渠道。

和微博相比，微信不仅是一个自媒体平台，也兼有客户管理的功能。微信与目标受众的互动不似微博是一对多，而是一对一的，针对性非常强，是一种强关系的联络工具。

微信营销具有以下优势。

（1）高到达率。微信公众账号所群发的每一条信息都能完整无误的发送到终端手机，这十分便于展会信息的传播。

（2）高曝光率。微信是由移动即时通信工具衍生而来的，信息到达时具有很强的提醒力度，如铃声、通知中心消息停驻、角标等，能随时提醒用户收到未阅读的信息。

（3）高精准度。微信公众账号的粉丝一般都是主动订阅而来的，信息也是主动获取的，基本不存在认为是垃圾信息而遭致抵触的情况。

（4）高便利性。微信是依托移动终端的即时通信工作，具有非常高的便利性。随着智能手机的普及，其便于携带、用户可以随时随地获取信息的优势十分明显，这给展会营销带来极大的方便。

（三）展会微站、企业微展厅和手机终端、二维码

展会微站将展会的主要服务和信息传播通过手机扩展到展会的观众和参

展商，让观众和参展商能随时随地地通过手机来了解展会的最新动态和服务，精确度非常高，针对性非常强，费用非常低，效率非常高。

参展企业微展厅使参展商能将自己的企业形象和产品方便地发送到展会的观众手机里，实现展前提前推送产品、展中集中展示产品和展后重点推送产品，极大地扩展了参展商的展示空间，使更多的观众能了解到自己的企业和产品。

手机终端（APP）是随着智能手机的普及而发展起来的一种营销手段，它可以是根据展会营销的需要而做成一个"展会微网站"或者"参展企业微展厅"的入口。展会微站可以将展会官方网站中的重要内容及展会需要的其他营销或服务信息集成在这个微网站上，从而建立起展会的移动网站，实现展会与参展商和专业观众的如影随行。企业微展厅帮助参展企业将企业形象和产品方便地传播到展会观众的手机里，让最大限度的专业观众知道和了解自己的企业和产品。

展会APP不仅有强大的营销功能，也有强大的服务功能，还有一定的客户沉淀和管理功能。展会可以将一些针对参展商或观众的服务事项在展会APP上推出，方便参展商或观众随时了解和知晓。参展商或观众一旦登陆浏览展会APP，展会就可以通过APP沉淀客户数据，并进行客户关系分析和管理。

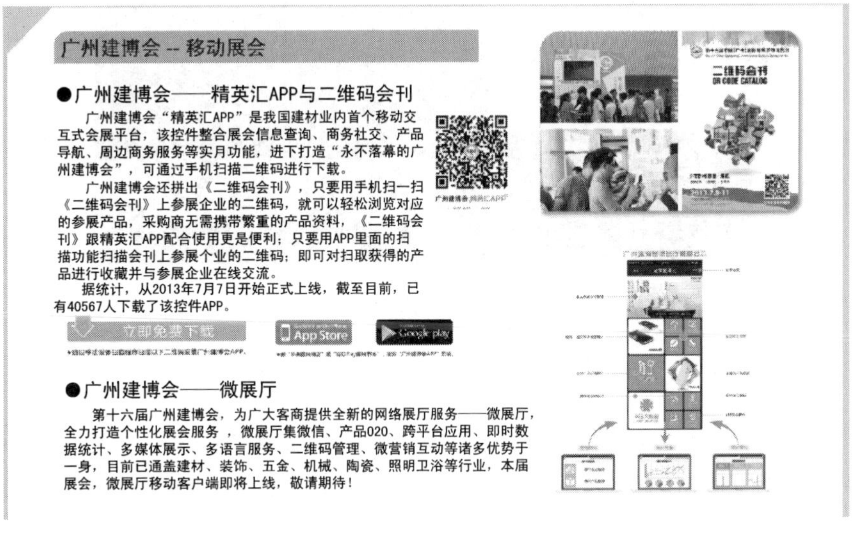

图3—4　展会微站、企业微展厅和手机终端、二维码

二维码作为移动互联网的一种重要的入口，经常和微信、APP 等一起使用。展会可以为自己制作一个二维码，并将它作为展会微信或 APP 的入口，参展商或观众只要对该二维码扫描，就可以进入展会微信或 APP，了解展会的资讯；参展商或观众在扫描二维码的时候，展会也已经记录了关于他们的数据。

二维码可以广泛地应用于展会各种宣传资料和文件中，通过它，可以建立起广泛的展会与参展商或观众之间的联系和互动渠道。

（四）脸书（Facebook）、推特（Twitter）

脸书（Facebook）：也被称为"脸谱"，是创办于美国的一个社交网络服务网站，于 2004 年 2 月 4 日上线。主要创始人为美国人马克·扎克伯格。截至 2012 年 5 月，Facebook 拥有约 9 亿用户。在 Facebook 上做宣传推广，对于增强展会在境外的影响力具有一定的作用（由于相关政策法律的原因中国大陆用户无法正常登陆 Facebook）。例如，广交会在 Facebook 上的账号粉丝数量超过了 6 万人，在 2014 年 9 月被 Facebook 授予官方"蓝 V"认证（俗称大 V），如图 3—5 所示。

Facebook页面

图 3—5　广交会在 Facebook 上的宣传

推特（Twitter）：是一个社交网络及微博客服务的网站，是全球访问量最大的十个互联网网站之一。Twitter 是微博客的典型应用，它允许用户将自己的最新动态和想法以短信形式发送给手机和个性化网站群，而不仅仅是发送给个人，所有的 Twitter 消息都被限制在 140 个字符之内。和 Facebook

一样，Twitter 对于展会的国际宣传推广有一定的作用。

第五节　展会客户关系管理

一个成功的展会，离不开行业内众多企业的长期支持和合作。展会客户关系管理计划的主要任务，是要在全面了解客户需求的基础上，通过展会内外部资源的整合和对客户提供创新服务，与客户建立互利、互信和合作双赢的关系来促进展会长期稳定发展。展会客户关系管理是发掘新客户和保留老客户的有力手段，没有良好和稳固的客户关系，展会很难取得成功和发展壮大。

一、展会客户的范围

很多展会认为自己的客户只是参展商。其实，展会的客户至少包括三个方面：参展商、观众和展会服务商。

（一）参展商

包括展会现有的参展商和潜在的目标参展商。展会现有的参展商是已经参加了展会的参展商，潜在的目标参展商是因种种原因目前还未参加展会、但展会认为他们将来有可能参加展会的那些目标客户。潜在的目标参展商尽管目前还未参展，但他们是展会扩大展览规模、提高展会档次的重要客户来源。因此，在进行展会客户关系管理时，他们是不可忽视的重要客户群体之一。参展商在展会客户群体中处于核心地位，是展会经济效益的主要来源；参展商在行业中的影响力和代表性直接关系到展会的品质和档次的高低；参展商是否连续参加展会是一个展会成功与否的重要标志。因此，参展商是展会客户关系管理的中心环节。

（二）观众

观众是展会另一个重要的客户，很难想象，一个展会只有参展商而没有观众。和参展商一样，观众也有现有观众和潜在的目标观众之分。现有观众是已经来参观展会的观众，潜在的目标观众是目前还没有到会参观、但展会认为他们将来可能来展会参观的各种业内人士。潜在的目标观众是展会扩大观众数量的基础，我们在规划展会的客户关系管理时，不能只看重展会的现有观众而对潜在的目标观众置之不理。

观众和参展商是展会相互影响的两方面，展会的参展商与观众的数量应该相匹配，任何一方的不足都会影响到展会的长远发展。例如，如果参展商较多而观众很少，参展商的参展目的就很难达到；反之，如果观众太多而参展商很少，观众到会参观的目的往往也会落空。

（三）展会服务商

展会服务商是与参展商和观众不一样的客户，参展商和观众基本都是向展会支付费用（有些展会观众参观展会是付费的），展会为他们服务。但展会服务商却相反，展会向展会服务商支付费用，展会服务商为展会服务。基于这种不同，很多展会在考虑展会客户时往往会忽视展会服务商，其实，展会服务商也是展会客户的重要组成部分，原因如下。

第一，展会一旦将一些服务事务交给展会服务商去完成，展会服务商即与展会融为一体。展会服务商这时是代表展会而去与参展商、观众以及其他有关方面打交道的，展会服务商的形象直接影响到展会的形象，展会服务商的办事效率和办事结果直接影响到展会的声誉。

第二，参展商和观众会将展会服务商提供的各种服务视为展会本身提供的服务，将展会服务商的服务失误直接视为展会的服务失误。这样一来，展会服务商服务的好坏和服务质量的优劣直接影响到参展商和观众对展会的整体评价。因此，展会必须与展会服务商加强沟通与协调，统一行动。

二、展会客户关系管理的含义

展会客户关系管理，是指展会通过收集客户信息，在分析客户需求和行为偏好的基础上积累和共享客户知识，并有针对性地对不同客户提供个性化的展会专业服务，以此来培养客户对展会的忠诚度和实现展会与客户的合作和共赢。应从以下几点来理解展会的客户关系管理的含义。

（1）从展会整体的战略高度上看，展会客户关系管理是一种现代展会经营管理战略。这种战略强调"以客户为中心"，将客户视为企业的重要资产之一，企业通过各种营销渠道和沟通手段来增加与客户的互动，了解客户的需求，理解、分析、预测和管理展会的现有客户和潜在客户，为客户提供高品质的个性化的服务，提高客户对展会的满意度和忠诚度。作为一种企业经营管理的宏观战略，它需要各部门的一致行动。因此，展会客户关系管理不仅是市场和销售部门的事，也是技术支持和后勤服务部门的事。

（2）从展会营销策略上看，展会客户关系管理是一种"以客户为中心"的展会营销策略。展会客户关系管理借助于数据分析技术，将纷杂的客户基本数据转变为有用的客户信息，根据这些信息，展会对客户进行追踪和分析，发现不同客户的不同需求和偏好，对不同的客户采取符合其个性需求的不同应对方案或营销策略，最大限度地赢取客户。通过对客户的有效识别，发展与特定客户之间的良性、长期和有利的关系。

（3）从展会的技术支持微观层次上看，展会客户关系管理意味着一套CRM应用软件管理系统。基于数据库、互联网、计算机联机数据分析处理、数据挖掘和聚类分组算法等信息技术而形成的CRM应用软件系统，将展会内外部客户的资料数据集成在同一个系统里，在展会客户关系管理理念的指导下，让展会所有与客户接触的营销、服务和销售人员都能够按照授权，适时地更新和共享这些客户资源，使有关人员能紧密协作，快速而妥善地处理客户需求，从而提升客户的满意度和展会的办展水平，增强展会的市场竞争力，如图3—6所示。

截至2014年年底，联络中心受理电话近近35万通、邮件12万封、网上客服6万通；受理业务40万宗、投诉报障1.3万宗；发送短信360万条；外呼营销及客商关怀超20万条。

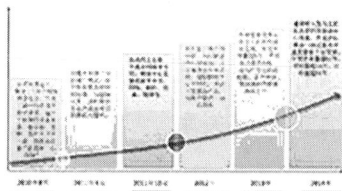

广交会客户联络中心简要发展历程。

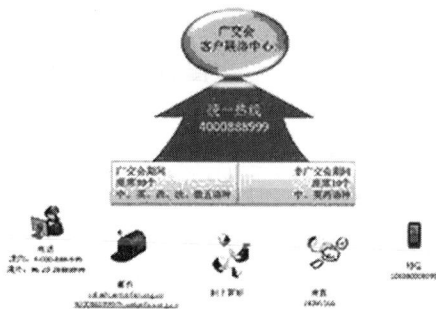

广交会客户联络中心渠道和座席示意图。

图3—6　广交会客户联络中心服务于客户

三、展会客户关系管理的目标

展会实施客户关系管理的目标，是实现展会与客户之间的合作和共赢。对展会来说，实施客户关系管理，不仅可以为展会赢取新客户、赢返流失的客户和识别出新的客户细分群体，从而增加展会拥有的客户数量，而且还可以通过培育客户对展会的忠诚度、挽留和发展有价值的客户以及减少客户流失，发展与客户的长期合作关系，为展会赢得更多的长期稳定客户；可以通过有针对性的个性化服务来提高现有客户的购买数量，扩大展会的展位销售和增加观众参观。对客户来说，展会的各种个性化服务手段可以满足自己的特殊需求，增加自己的参展（参观）效果，实现自己贸易成交、收集信息、产品发布或产品展示等具体目标。只有实现展会与客户的合作、共赢和共荣，展会与客户的关系才会牢固，展会才能长盛不衰，图 3—7 显示了展会与客户双赢的合作模式。

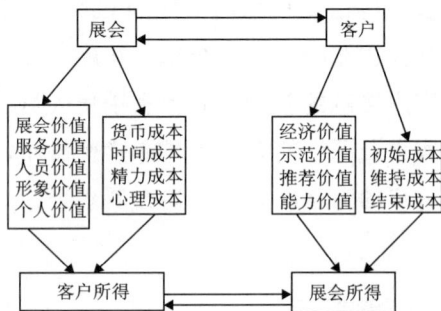

图 3—7　展会与客户合作双赢模式图

（一）展会与客户结成合作伙伴

成功的展会客户关系管理，是通过各种客户工作，使客户自愿与展会结成合作伙伴关系。一旦展会与客户形成了一种合作伙伴关系，这个客户就将成为展会最为忠实的客户。与客户建立起某种合作伙伴关系，展会至少可以从客户那里获得以下四种收益。

（1）经济价值。即客户能直接带给展会的经济效益，主要表现为其经济盈利性。经济盈利性是所有商业性展会在考虑客户关系时首先考虑的因素。因为，如果客户不能给展会带来利润，展会将失去其根本。

（2）示范价值。即某一特定客户参加展会后给行业带来的示范效应。在每一个行业里都有一些大的知名企业，这些企业的一举一动深受行业同行关注，如果这些企业参加展会，可以带动一大批企业跟进。如果这些企业不参加展会，将极大地影响其他企业参加展会的积极性。

（3）推荐价值。即某一特定企业参加展会后向行业同行进行的口碑传播作用。有些客户在参加展会后会充当推荐人的作用，积极向同行推荐该展会；有些客户则相反，他们会积极劝告同行不要参加该展会。

（4）能力价值。即展会通过维持与该客户的关系而从他们那里学到和吸收自身缺乏的知识的价值。例如，有些客户经常参加世界各地的展会，他们会将别的展会好的做法告诉本展会，帮助本展会改进办展思路和方式；有些客户对行业了解很深，他们能给展会提供很多改进的好建议等。

展会可以通过客户需求分析，确定不同客户的重点关系管理方向，促进与客户合作伙伴关系的最终形成。当然，展会并不一定要与所有的客户都建立起合作伙伴关系，也难以与所有的客户都建立起合作伙伴关系。但是，与那些影响较大或者对展会非常重要的客户建立起这种关系，对展会来说绝对是有百利而无一害的。

（二）展会与客户实现双赢

客户与展会结成合作伙伴，客户也可以从展会那里获得五个方面的收益（见表3—5）。

表3—5　客户希望从展会获取的价值一览表

价值构成	描　述
展会价值	展会的功能、特点、品质等展会自身的效果，是客户总价值的第一构成要素，对客户有核心吸引力
服务价值	参加展会的过程也是客户享受展会服务的过程，展会服务是与展会密切相关但又可以独立评价的一项展会附加价值
人员价值	展会工作人员和服务人员的语言、行为、服饰、服务态度、专业知识、服务技能等影响客户对展会价值的评价
形象价值	以展会品牌为基础的展会形象价值
个人价值	客户参加展会时在增加个人知识和阅历、广泛开拓社会关系网络等方面的受益

展会与客户建立合作伙伴关系的目标是各有所获，实现展会与客户的双赢。展会为客户所做的一切都应该是向这个方向努力。展会只有在自身利益与客户利益之间找到平衡点，提高展会的品质，健全展会的功能，充分为客户着想，满足客户的需求，才能最终实现展会与客户的精诚合作，实现展会与客户的双赢。

（三）展会与客户共同成长

不论是参展商还是观众，对许多客户来说，参加展会都是一件浩大的工程。他们为参加展会的耗费往往不仅仅是货币方面的支出。例如，参展商参加展会时，参展费往往只占他们参展耗费的一部分，他们花费在参展方面的时间和精力往往巨大，有的甚至还要专门为此而调整公司的有关日程安排。可见，客户参加展会的成本也不是唯一的，它有以下四个方面（见表3—6）。

表3—6　客户参加展会的成本构成一览表

客户总成本构成	描　述
货币成本	客户参加一个会展所产生的所有货币支出
时间成本	客户在参加一个会展所花费的时间的机会成本
精力成本	客户在参加会展时在精神和体力等方面的支出
心理成本	客户参加会展时的各种心理担忧和风险预期

上面这四方面的成本构成客户参加展会的总成本。对于这些成本，客户基于自己以往的经验或者别人的经历，在参加展会前往往有一个心理预期或心理准备。如果展会事先感知到这一点并作好准备，采取相应的措施尽量减少客户总成本，那么，客户对展会的满意度必定会大大地提高，客户参加展会的总收益也必将大大地增加。所以，办展机构减少客户参展成本并不仅仅是减少他们参展的货币支出，还必须减少他们的时间成本、精力成本和心理成本。

相应地，展会发展和维护客户关系也是要付出成本的。从客户关系生命周期发展阶段的角度上看，这些成本主要包括以下三种。

（1）关系的初始投入成本。即展会与客户建立起最初关系所耗费的成本，它主要花费在客户关系的培育阶段。

（2）关系的维持成本。即客户关系建立后，展会为持续维护和培育该关系所花费的成本，它主要花费在关系的确认阶段、信任阶段和弱化阶段。

（3）关系的结束成本。展会与客户的关系结束时，展会并不就对客户置之不理，而是要对客户施加积极的影响以免客户给展会散布负面的影响，展会为此而花费的成本是关系的结束成本，它主要发生在客户关系的消失阶段。

进行客户关系管理，是要在大数据分析和挖掘的基础上，尽量减少客户参加展会的成本，增加客户参加展会的总价值，这样，客户才能成为展会的忠实客户；同时，展会在维护客户关系时，也要在大数据分析和挖掘的基础上，尽量减少展会为此付出的成本，增加展会的总收益。只有这样，展会才能与客户形成合作、共赢和共荣的合作伙伴关系，才能实现展会和客户的共同成长，展会才能实现长远的可持续发展。

案例：

广交会与客户共成长

国内企业为什么对参加"中国第一展"广交会趋之若鹜？为什么广交会的展位长期以来一直"一位难求"？研究其中的原因，广交会长期坚持为客户服务、与客户合作双赢是一个重要原因。

广交会作为我国第一展，负有特殊的社会使命：即为中国的经济发展服务、为中国外贸发展服务。为达到这一目标，广交会的重要任务之一就是大力扶植一些有发展潜力的中国企业和中国品牌产品走向国际市场。从1957年创立到现在50多年来，成百上千的企业从广交会走向国际市场，在广交会上找到国外的客户和国外市场，通过参加广交会而发展壮大。一直以来，广交会也为推动中国企业和品牌产品的成长和走向国际市场而不懈努力，每年大力对外邀请国际买家到会参观、采购和洽谈。广交会的成功，是它与客户合作双赢和共同成长的成功。

第四章　会议与活动

现代展览业越来越呈现两个鲜明的发展趋势：一是展览与会议相随，为了种种目标，现代的展会越来越讲究在展览期间举办一系列的会议；另一个是展览与娱乐休闲交融，在展览期间举办各种活动已经越来越成为展会的一部分。会议、活动已经成为很多展会不可分割的重要组成部分。

第一节　展会期间的会议和活动策划

成功的专业展会各有各的成功之处，不过，很多成功的专业展会都有一个共同的成功点：它们往往不但有着著名的企业参展，有相当多的观众参观，还有组织得很好的各种会议和相关活动。展览期间精彩的会议和活动，使专业展会的成功更加流光溢彩。

一、展会期间会议与活动策划的目的

之所以要在专业展会期间策划举办各种会议和活动，是因为会议与活动不仅能进一步丰富和完善专业展会的基本功能，还能活跃专业展会现场气氛，拓展专业展会的市场范围，为专业展会吸引更多的潜在参展企业和潜在观众。具体表现在以下几个方面。

（1）丰富展会的信息功能。专业展会是行业和市场信息的重要集散地，许多观众参观专业展会的主要目的是为了收集各种有用的信息，一些参展商在展示自己的产品和技术设备之余，也会在展览会上大力收集各种重要的信息。专业展会期间举办各种会议和活动能极大地丰富专业展会的信息功能，特别是围绕专业展会主题所安排的会议或论坛。例如，在专业展会期间举办一些专业研讨会、技术交流会和行业会议，与会的专家、学者和行业专业人士能将大量的信息带给会场听众，信息积聚和传播的作用非常明显。

案例：

CES 期间的会议

美国拉斯维加斯国际消费电子展览会（CES）是全球最顶级的消费电子类展览会，每年 1 月份该展会举办，世界消费电子产业的著名企业几乎都必定参加。这个展会，除了琳琅满目的展品之外，众多研讨会也是吸引全世界企业的一个重要原因。

例如，2007 年 1 月举办的该展会，就专门面向与会者开设了数百场产业主题演讲，举办了 175 场专题研讨会，邀请了包括思科 CEO 钱伯斯、诺基亚 CEO 奥利、微软创始人比尔·盖茨、摩托罗拉 CEO 詹德、迪斯尼 CEO 罗伯特·艾格和戴尔公司 CEO 戴尔等做主题演讲。这些富有前瞻性视野的行业精英以其敏锐的思维和富有感染力的演讲，使广大听众了解到了消费电子产业未来的发展趋势和预期，极大地丰富了展会的信息功能。

（2）扩展展会的展示功能。展会是企业产品的重要展示平台，许多参展企业精心设计展位，精挑细选展品，目的主要是为了在展会上充分展示企业和企业产品的良好形象，树立和强化企业和有关产品的品牌。展会期间举办各种会议和活动能很好地扩展展会的这一功能。例如，在展会期间举办的产品或项目推介会、有关表演和比赛等能使企业和产品的形象能更好地展现，使观众对其产生更加深刻的印象。

（3）强化展会的发布功能。由于展会行业人士空前聚集，信息传播很快，在此发布新产品影响更大，有许多企业都选择展会作为发布新产品的场所，展会因此也成为企业发布新产品的一个重要场所。有些展会专门组织产品发布会供企业选择，还有些展会将新产品发布与表演和比赛等活动结合起来举办，以此来强化展会的发布功能。

（4）延伸展会的贸易功能。许多企业参展的主要目的是贸易成交，很多观众参观的主要目的是为了寻找合适的供应商，展会因此也成为一个重要的贸易平台。展会期间举办各种会议和活动能延伸展会的贸易功能，如产品订货会、产品推介会、项目招标活动等。

（5）吸引更多的潜在参展企业和潜在观众。策划得当、组织完善、丰富多彩的展会相关活动对展会观众有很大的吸引力，行业会议、项目招标、技术交流会等对吸引企业参展也有较大的帮助。

（6）提升展会档次、扩大展会影响。现代展会是一个信息高度集中和丰富的商业平台，如果展会期间各种会议和活动策划得好，不仅能进一步扩大展会的影响，还能极大地提升展会的档次。例如，行业会议、高水平的专业研讨会和技术交流会等就能极大地提升展会的号召力。

（7）活跃展会现场气氛。一些富于观赏性的相关活动以及一些大众参与性较强的相关活动能极大地调动现场观众的积极性，使展会现场气氛活跃，为参展企业创造良好现场氛围。

案例：

香港书展及其活动

"渣打书节"是香港最大的室外书展。2005 年"渣打书节"以"悦读"为主题，在香港维多利亚公园隆重举行，80 多个展位展出 5000 多种中外书籍。为倡导在自由愉悦的气氛中一起享受读书的乐趣，展会分别以绿、蓝、白色为基调，将整个展会分为三个部分：一是"书节"，即书籍展销和专题展览；二是"悦读花园"，为各种工作坊和研讨会以及茶餐厅；三是"悦读大道"，展出一系列艺术品为展会增加更多的文化气息。展会在 9 天的展期里每天都设一个专题并配以相关活动，例如：关注青少年成长的"悦读新一代"，倡导健康环保生活理念的"悦读自然生活"，针对妇女及性别研究的"悦读女性"，与长者分享阅读乐趣的"悦读经验"，推介各种文化新感念的"悦读创意"等。这些活动极大地引起了广大市民的兴趣，在 9 天的展期里，展会吸引的观众超过了 20 万人，取得了极大的成功。

当然，并不是所有在展会期间举办的会议和活动都能对展会起促进作用，如果策划和组织不当，它们不仅起不到上述积极作用，还会对展会起到不利的影响。所以，在展会期间举办各种会议和活动一定要遵循一些基本原则。

二、展会期间会议与活动策划的原则

在展会期间举办各种会议和活动与展会之间应存在某种内在的联系，不能脱离展会而存在，更不能为举办活动而举办活动。如果策划不当，或者与展会毫不相干，那么，在展会期间举办各种会议和活动不仅不能促进展会顺利成功，它反而会对展会产生这样或那样的不良干扰，这时，举办展会相关活动不但浪费人力财力，还会"画蛇添足"。一般地，在展会期间举办各种会议和活动要遵循以下基本原则。

（1）主题与形式要符合展会的需要。会议和活动的策划不能天马行空，漫无边际，不能脱离展会的主题，形式不能脱离展会的实际，否则，会议和活动不但会与展会脱节，还会与展览形成"争抢观众"的内部竞争，扰乱展会现场秩序，甚至还会给展会带来安全隐患及副作用。

（2）能进一步丰富和完善展会的基本功能。即使是在同一个展会里，不同的参展企业和观众对展会的功能的需求程度也会各不相同，有的可能对贸易功能的需求要强一些，有的可能注重信息功能。一个展会有时难以同时兼顾贸易、展示、信息和发布这四项基本功能，这时，会议和活动就要能丰富和完善展会的一项或者几项基本功能。另外，即使展会能同时提供这些功能，但往往有强有弱，这时，会议和活动就要能针对弱项而策划，强化和完善该功能。

（3）有助于展会吸引更多的潜在企业参展和观众参观。展会须有一定数量的参展企业和观众，这是一个展会赖以存在的基础，也是一个展会进一步发展的根本。展会期间举办会议和丰富多彩的辅助活动，会对一些企业参展或观众参观形成一定的吸引力，进而促进他们来参展和参观。

（4）有助于活跃展会现场气氛但不影响企业展出和观众参观。表演、比赛等活动往往能产生十分热闹的气氛，能吸引大量的人群围观和参与，这对活跃展会现场气氛有一定的帮助。但是，如果展会现场气氛过分热烈，到会的无效观众太多，就会对企业的展出效果产生不利影响，对观众参观产生干扰。例如，活动现场噪声过大影响到企业谈生意，围观的人群太多使观众进出展位发生困难等。

（5）会议和活动本身要能产生较好的效果。会议和活动本身要策划得当，组织有力，秩序井然，是人们所喜闻乐见的，并能产生良好的效果。例如，专业研讨会要能紧紧抓住行业的热点和难点问题，群英聚集，智慧激荡，要有助于拓宽视野，更新知识，开拓思路。表演要富有观赏性等。如果会议和活动本身都不能产生较好的效果，则它们本身的存在就是一个问题，更不用说借助于它们来促进展会的进一步发展了。

案例：

ISPO 与行业会议相得益彰

在每年的德国慕尼黑举办的冬季和夏季体育用品博览会（ISPO）期间，世界体育用品联合会（SGI）每年都会聚其全世界的会员，在该博览会的举办期间召开年会，这使得该博览会成为世界体育用品行业巨头聚会的大舞台，展览现场展品琳琅满目，引导世界潮流；与展会同期举办的有关会议现场智慧荡漾，在世界上产生的影响十分深远。ISPO 也成为世界上规模最大和最具影响力的体育用品博览会之一。

三、常见的会议和活动形式

展会期间的会议及活动和展会已经融为一体，成为整个展会的重要组成部分。它们可以和展会在同一个地方举办，也可以在不同的地方举办，但一般说来，如果展会现场场地允许，它们多是和展会在同一个地方举办的，这样更有利于它们与展会之间的互动，有利于彼此资源共享。

展会期间举办的会议和活动，既有展会主办方主办的，也有参展商或者是观众举办的，还有一些是行业组织、新闻媒体或者是政府主办的。这些会议和活动，不论是谁主办的，都是在遵循上两节所论述的目的和原则下才和展会一起举办的，否则，就应该是宁缺毋滥。

尽管展会期间举办会议和活动的主体很多，但基本形式上大致相同（见表4—1）。

表 4—1　展会期间常见的会议和活动

项目	详细分类	功能/作用
会议	行业会议	是帮助展会加强行业信息交流、增进友谊、架设桥梁的有益纽带，可提高展会形象，进一步丰富、扩展和完善展会的基本功能，对提升展会档次、增进展会品质和扩大展会的影响力有重要的促进作用
	专业研讨会	
	技术交流会	
	产品发布会	
	投资洽谈会	
	经销商会议	
活动	表演	策划得当，对活跃气氛和吸引潜在观众有较大帮助，否则，反而会干扰展会并产生不好的影响
	比赛	活跃会场气氛、吸引潜在观众、吸引企业参展
	招投标	能提高展会的成交功能，吸引企业参展
	买卖家配对	能提高展会的成交和信息功能，吸引企业参展和买家到会参观
	明星/公众人物见面	活跃会场气氛，吸引潜在观众
	成果展示	借助展会平台展示某一方面取得的成果
	群众性参与活动	活跃会场气氛，具有互动性，吸引潜在观众

第二节　会议的一般流程

展会期间的会议可以有行业会议、专业研讨会和技术交流会等。各种会议在策划上尽管有一些差异，但还是有很多相似之处。本节重点讨论共性之处，对于差别化的地方，我们将在下一节里陈述。举办会议的一般流程包括：确定会议主题、会议经费和赞助办法、准备会议方案、制订会议突发事件管理方案、邀请主讲嘉宾、会议召开和会后总结等。

一、确定会议主题和议题

举办会议的第一步是要为会议确定一个明确的主题。会议主题是会议的灵魂，会议的各种议题是紧紧围绕会议的主题来进行的。没有主题，会议就会成为一个无所依归的幽灵，各种会议议题将会变成一盘散沙，整个会议就会变得杂乱不堪。

会议主题的确定是一件耗费心机的艰苦的工作。一个好的会议主题往往是经过千锤百炼和千挑万选才从众多的选项中脱颖而出的。会议主题的"脱颖而出"不是凭空得来的，而是经过对相关信息的广泛收集和深入分析的基础上才得来的。因此，主题和议题的确定通常遵循如下基本步骤。

（一）收集相关信息

为了使会议的内容有的放矢，切合当前行业的热门话题和广大听众所关心的话题，在准备召开有关会议以前，会议的主办机构要多方收集相关信息，并对有关信息做深入地研究，努力捕捉行业热点，分析听众的诉求，为确定会议主题提供翔实的背景资料和参考依据。

（二）确定会议主题

会议一定要有能紧紧把握时代脉搏，能切实反映某一领域发展动态的鲜明的主题。会议的主题是会议的灵魂，一个好的主题能对会议的目标听众产生强大的号召力。如果会议主题不能被会议的目标听众所接受，会议将会名存实亡。失败的会议的原因可能很多，但主题确定不当一直是众多会议失败原因中最致命的一个。

会议的主题要有创意，并且要具备以下特征：前瞻性、总结性和时尚性。所谓有创意，是指会议主题要能高度浓缩、精练并对会议的内容高屋建瓴；所谓前瞻性，是指会议的主题要高瞻远瞩，要针对某一领域的发展现状和发展趋势适度超前，对该领域的热点问题要看得更远、更深，不能只局限于眼前情况；所谓总结性，是指会议主题要能对该领域的发展有所总结，不仅能系统地反映该领域的过去，还能体现该领域发展的特点和趋势，不能脱离该领域的发展，泛泛而谈；所谓时尚性，是指会议的主题要能有的放矢，紧扣该领域的热点和难点问题，不能远离现实。会议主题可以不同时具备上述三个特征，但它至少应该具备其中的一个，否则，会议的主题将会失去号召力。

案例：

博鳌亚洲论坛的主题

博鳌亚洲论坛是第一个将永久会址设在中国的国际性论坛，这个论坛每年4月在海南博鳌召开。每年在这个论坛召开的时候，来自世界各地尤其是亚洲各国的政要、学者、著名企业家以及众多媒体都济济一堂，共同探讨各自关心的问题。

如此多的知名人士会集博鳌，其中一个重要的原因是博鳌亚洲论坛的主题选择适当和富有吸引力。作为一个国际的、民间的和以经济话题为中心的常年定期举办的会议，博鳌亚洲论坛有一个永恒的主题："亚洲寻求共赢"，在这一主题的指引下，论坛每年根据当年的实际情况设立年度主题。论坛历年主体如下：

2003 年是"合作促进发展"；

2004 年是"一个对世界开放的亚洲"；

2005 年是"亚洲的新角色"；

2006 年是"亚洲的新机会"；

2007 年是"亚洲制胜全球经济：创新和可持续发展"；

2008 年是"绿色亚洲：在变革中实现共赢"；

2009 年是"经济突发事件与亚洲：挑战与展望"；

2010 年是"绿色复苏：亚洲可持续发展的现实选择"；

2011 年是"包容性发展：共同议程与全新挑战"；

2012 年是"变革世界中的亚洲：迈向健康与可持续发展"；

2013 年是"革新、责任、合作：亚洲寻求共同发展"；

2014 年是"亚洲的新未来：寻找和释放新的发展动力"。

这些富有吸引力的主题使博鳌亚洲论坛年年有新意，届届有活力，并吸引各国重要人士前往参加，论坛也取得了极大的成功。

为了更好地确定会议的主题，会议主办机构可以征询相关科研机构、大专院校有关专家的意见，也可以对该领域中的各有关方面展开调查，让它们提出一些建议。在此基础上，会议主办机构再综合各方面的意见，并结合当前的实际情况，确定会议的主题。

（三）确定会议的议题

上面确定的会议的主题不仅要明确地写进会议的方案中，还要根据该主题来确定会议的议题。会议的议题是会议将要讨论的具体内容，它是根据会议的主题而确定的。会议的议题要务实并富有吸引力。一个会议只有一个主题，但可以有多个议题。会议的议题确定以后，可以就该议题向社会广泛征集会议论文以扩大会议的内涵和影响。

二、落实会议经费与赞助

召开会议往往需要邀请一些国内外著名的专家、学者、著名企业领导人或者是行业主管部门的官员到会演讲，还要租用会议场地，进行适当的会议现场布置，这都需要一定的费用。对于会议所需要的各项费用，会议主办机构在召开会议前就要事先做好预算，对会议的各项费用开支要心里有底，并安排必要的资金以确保会议成功召开。

召开会议所需经费有三种主要解决办法：第一，可以设立专门的会议筹备资金用以满足会议的需要；第二，可以向与会人员收取一定的会务费用；第三，可以寻求企业赞助。不管经费以何种方式筹集，为确保会议成功，在会议召开前，都应该为会议编制详细的会议预算，为会议的各项开支和收入做出预算，合理安排会议的各项费用（见表4—2）。

表4—2　会议预算示例表

	项　目	金　额	占总收入的比例（%）
收入	赞助费		
	冠名权费		
	门票或参会费		
	广告收入		
	发言费		
	其他相关收入		
	总收入		
成本费用	场地租金		
	会场设备及布置费用		
	宣传推广费		
	主讲人和嘉宾演讲及接待费		
	翻译费用		
	各种资料的费用		
	办公和人员费用		
	税		
	其他不可预测的费用		
	总成本费用		
	利　润		

赞助是会议的一项重要资金来源。赞助有垄断性赞助、平摊性赞助和等级性赞助等多种形式。垄断性赞助是会议所需要的各种费用由某个赞助企业承担，平摊性赞助是指所有与会企业都要对会议提供赞助，等级性赞助是将会议的各种赞助分等级，如主要赞助者、一般赞助者和有针对性的内定赞助者等。

如果会议办得出色，影响较大，很多企业会愿意对会议进行赞助。如果会议接受企业赞助，就要考虑给予企业怎样的回报，企业对会议的赞助可以有很多种回报的形式，如转让会议的冠名权、允许企业在会议的某些特定地方做广告、允许赞助企业在会议期间做简短发言介绍自己的企业、让企业赞助会议现场使用设备、给予企业会议相关服务的行使权等。

三、准备会议方案

会议方案是有关会议召开的具体实施计划，要组织一个高水平的会议，会议实施计划一定要做到详尽周密、高效协作。除了前面讲到的会议主题和会议预算以外，会议方案一般包括以下几方面的内容。

（一）会议的名称、时间、地点和规模

会议要确定一个名称才好对外宣传和发布，会议的名称要有一定的概括性和导向性。会议举办的时间要符合该领域的习惯，要注意结合会议各嘉宾和各主讲人到会的时间，编制好会议各议题的场次和日程安排。会议的地点应尽量安排一些设施较好、环境较好、有关与会人员容易到达的地方。会议的规模是指会议计划有多少场演讲或讨论，有多少听众，会议主办机构要事先对会议听众数量做出预测以便安排会议的场地，如果场地容量有限，就要对听众数量有所限制，避免会议现场有出现混乱。

（二）编制会议议程

会议议程是会议实施计划的进度安排，是对会议的进程进行总体调控和安排。其中包括主持人的确定、致开幕词嘉宾人选、出席会议的有关部门和企业的领导确定、境外或国外的嘉宾、嘉宾介绍、会议的各项议题及分论坛安排、会议中的活动设置，如嘉宾对会议的启动仪式、签约仪式等。会议议程的编制要科学合理，并适当安排中途休息时间。

案例：

亚洲 CEO 峰会议程

以下是节选自 2005 年在韩国首尔举办的会展业"亚洲 CEO 峰会"其中一天的会议议程（为保持示例的原始性，在这里仍用原议程语言英语示例）：

07：00—07：10　　Assemble at lobby of XXX hotel

07：10—08：00　　Proceed to Conference by shuttle bus

08：00—18：00　　Registration (venue：yyy hotel)

08：05—08：10　　Opening Address (by the Organizer)

08：10—08：15　　Welcoming Message (by Mr. A)

08：15—09：00　　Breakfast (Sponsored by SSS company)

09：00—09：35　　Introduction of participants

09：35—09：40　　Move to Conference Hall

09：40—10：10　　Keynote Address (by Mr. B)

10：10—10：50　　Session I：How to optimize the return of investment

10：50—12：00　　Panel and Case Study

12：05—12：55　　Business Luncheon (Sponsored by kkk company)

13：00—13：40　　Session II：Business Matchmaking

13：40—14：50　　Panel and Case Study

14：50—15：05　　Coffee Break

15：05—15：45　　Session III：How to launch new exhibiton

15：45—16：55　　Panel and Case Study

17：00—19：00　　Gala Dinner (Venue：yyy hotel)

19：00—21：20　　See traditional fashion show

21：20—22：00　　Proceed back to XXX hotel by shuttle bus

（三）会议的主讲人和听众

会议的主讲人对会议的成功举办有着举足轻重的作用。知名的专家、学者或者是企业家的演讲将会使会议光芒四射；政府主管部门的权威人士的演讲将更加提升会议的权威性。会议的主题和议题确定以后，要针对该议题邀请一些对该议题有深入研究的人士作为会议的主讲人，并及时向他们发出邀请。向会议主讲人发送的邀请函要明确会议的主题和该主讲人将分担的具体议题、会议日期和地点、演讲的时间安排和要求等，这样会更方便主讲人准备演讲材料。

会议不能没有听众，会议的听众也是会议的一个重要组成部分。会议方案要对会议的目标听众做出分析和预测，要确定听众的来源和范围，会议现场可以容纳的听众的数量等。

（四）会议的召开方式

会议的召开方式对会议的成功举办也有较大的影响，会议要根据其主题和议题、会议的主讲人以及听众的特点来确定究竟要采用何种具体方式召开。从听众的参与程度上看，会议的方式一般有开放式、半开放式和封闭式三种。开放式的会议是指那些不设置主讲人、只有会议主持人、听众能和所有的与会人员就某一议题展开自由讨论的会议形式；半开放式的会议是指有会议主讲人和主持人、会议主要由会议主讲人演讲，但听众在主讲人演讲完毕后有一定机会和时间提问的会议形式；封闭式的会议是指会议全部由主讲人演讲，不安排主讲人演讲完毕与听众的互动交流的会议形式。这三种会议的组织形式各有利弊，开放式的会议比较自由，但往往议题难以集中；半开放式的会议研讨的问题能够深入，但听众发言的机会较少；封闭式的会议能集中议题，但没有听众参与的机会。由于半开放式的会议能很好地发挥主讲人和听众两方面的积极性和智慧，因此它也较受欢迎。选择何种形式应视大会的具体情况和主办者的诉求而定。

（五）会议资料的准备

会议有大量的资料需要事先准备，重点是会议会刊。其中应有会议的背景资料介绍、会议须知、会议主讲人的简历、业绩以及本次会议演讲文稿或其摘要、会议议程安排及其他有需要告知与会者的信息。要制作会议入场证件和门票、会议的会标和引导标识等。会议资料的印制要美观大方，内容简洁明了，并尽可能减少成本。

案例：

×××会议须知

1. 请按大会日程安排，带好代表证及大会资料准时出席各项会议和活动。未领取证件的代表请至×××处领取。

2. 请注意大会交通车辆安排（见附件），提前至集合点上车。需要使用出租车的与会代表请提前20分钟与组委会联系。

3. 大会期间，除酒店住宿和规定餐饮由大会统一结账外，其他消费自理。与会代表如需使用长途电话请自行到酒店前台开通并结算，使用其他服务或房间内的附加消费品的费用自理。

4. 用餐时间和地点为：早餐：每天7：30于YYY酒店三楼；午餐和晚餐：请按《会议议程》安排准时到达相应地点。

5. 酒店退房时间：中午12：00，如果延迟退房至晚上6：00请多交付当日房租的50%；如果不方便亲自退房，可以将房卡交大会组委会代为退房。

6. 请将您返程计划（含姓名、航班号或火车车次、拟抵达地点、时间等）及时反馈大会组委会。

7. 会议期间，如出现紧急情况和突发事件，请服从大会组委会工作人员安排和指挥，迅速撤离有关现场。

8. 大会组委会联系人及联系办法：联系人：×××，联系电话：×××，传真：×××，E—mail：×××。

（六）会议接待计划

会议嘉宾、主讲人、听众等确定后，要策划周到的会议接待办法。要在会议现场适当的地方设立接待台，安排适当的人员负责接待工作；要事先制定接待程序和接待方式，以免到时措手不及；要对会场现场调度有规划，使其能及时处理现场可能出现的拥挤和混乱。如果会议要事先征集论文，则要规划好论文的征集方式；如果要对论文进行评奖，则要事先成立评奖机构。在接待计划中，要妥善规划和安排会议嘉宾、主讲人、听众等各与会者的吃、住、行等基本需要。

四、落实会议主讲人员

前面已经提到，会议的主讲人员对于会议的作用是非常重要的。因此，会议的组织者必须花费一定的精力来邀请自己所期望的主讲人员到会。对于某主讲人员负责演讲的议题，会议的组织者至少应在会议开幕前的一个半月或更早通知他们以便其早做准备。一旦主讲人员与会得到落实，要妥善安排主讲人员的吃、住、行，对于一些重要的主讲人员，要安排专人陪同；如果会议的演讲者或者听众中有讲不同语言的，会议还要注意配备翻译人员，如有可能，可以事先让翻译人员了解一些演讲的内容以便其在现场更好地翻译。

五、组织会议的听众

要按照所确定的听众来源和范围组织会议的听众，要让听众清楚进入会场的资格和方式，同样，为了让会议的目标听众能事先知道会议召开的信息，会议主办机构也要对会议的目标听众发出邀请函，或者是通过广告、直接邮寄、网上宣传等其他方式让他们知道该信息。

六、场地布置和会议召开

当会议召开日期临近，组织者要妥善安排和布置会场以迎接会议的召开。组织者要落实会议召开的场地以及场地中电源、音响、投影、录音录像等相关设备，并备有备用的电源、音响等；要安排好会议现场的工作人员和技术设备维护人员，落实服务人员以及茶水的供应；国际性会议要落实同声翻译设备及翻译人员；要保障会议现场的光电、温度和通风处于正常状态；要制定会场纪律；要组织专业人员对会议现场进行安全检查，疏通通道，开启安全门。以上各项准备工作就绪以后，就可以按照前面计划好的会议议程和会议召开方式举行会议了。

七、制订会议突发事件管理方案

为防不测，会议要有突发事件管理方案，以便万一出现突发事件时有应对办法。会议突发事件管理方案包括两部分的内容：一是针对突发事件的管理方案，这与展会期间可能出现的突发事件的管理办法基本相同；二是会议备用方案，即针对一旦原会议方案因故不能全部或部分实施而制订的替代方案。由于会议涉及面广，影响大，牵涉的人众多，一旦会议期间出现突发事件，影响将十分严重。对会议进行突发事件管理是一件值得主办机构充分重视的问题。会议的突发事件管理办法和展览十分相似，有关内容请参阅本书第五章，这里不再赘述。

八、会后总结

会议结束以后，要及时对会议筹备及举办过程中的经验和教训进行总结，以便下一次举办会议时能使会议的水平得到进一步的改善和提高。对会议进行总结，首先，要对会议主题、议题以及主讲人和听众进行评估，要检讨会议的主题和议题是否适当，会议的主讲人是否合适，演讲的内容及效果是否达到原来的预期，分析听众的来源和构成怎样。其次，要对会议的筹备和实施方案进行评估，考察会议的筹备各过程是否合理，会议的实施方案有无可以改进和调整的地方，会议的现场布置是否恰当，会议的工作人员是否称职。最后，对会议的收支情况进行评估，看看各项支出是否必要，是否可以进一步扩大收入来源及减少成本支出等。主办机构可以从以上各项评估中，找出好的经验，总结出不足之处，作为改进和提高下一次会议的参考依据。对会议进行全面的总结，对于继续开好下一次会议有着十分重要的作用。

以上是会议策划的一般流程。但在现实中，对于一些大型的或者是高标准的会议，可以专门成立会议秘书组、组织组和会务组等功能小组来分工负责会议的筹备工作，通过各小组的通力合作，相互配合，共同保证会议的顺利召开。对于一些超大规模的会议，还可以设置专门的会议筹备委员会和组织委员会等机构来促进会议的顺利召开。

第三节　各种会议

　　上节所述是在展览期间举办各种会议的一般流程。在现实中，由于侧重点不同，各种会议的形式和要求也千差万别，各种会议的流程也多多少少有些差异，这使各种会议既有一般共同点也微微有所不同。本节则简要介绍一些在展览期间常见的会议在举办上的不同之处。这些常见的会议包括：行业会议、技术交流会、专业研讨会、产品发布会和产品推介会。

一、行业会议

　　行业会议是由行业协会或者是政府主管部门组织举办、行业协会会员或者该行业有关企业参加的会议。行业会议的主办者一般在该行业都有较大的发言权和较强的号召力，会议的参加者一般都是该行业比较有影响的企业，会议的影响力一般都较大。对于专业展览会中策划行业会议尤其重要。

　　随着世界各国经济自由化和市场化程度的提高，各国政府介入经济活动越来越少。目前，几乎每个行业都有自己的行业协会，这些行业协会越来越对本行业起着重要的规范、协调和管理工作。为此，它们一般隔一段时间就会召开行业会议，对本行业的一些重要议题展开讨论。如果某些行业暂时还没有成立行业协会，政府有关主管也会暂时起到行业协会的上述作用，担负起组织召开行业会议的职能。

　　（一）行业会议的分类

　　国际会议协会（ICCA）将行业会议分为三类：科技会议、商贸会议和会员会议。科技会议是以技术推广、科技交流与合作为主要目的的行业会议；商贸会议是以传播商业和贸易信息、研讨行业贸易问题为主要目的的行业会议；会员会议是主要由行业协会会员参加的、旨在促进会员之间的相互了解和合作为主要目的的行业会议。

　　（二）行业会议主题和议题的选择

　　在很多行业，行业协会一般每年都会举办至少一次行业会议，每次行业会议一般也都有一个主题。行业会议的主题一般都紧扣行业发展的脉搏，关注行业发展中发出的时代的强音。所以，对于一些快速发展的行业和一些比较成熟的行业，其行业会议的主题几乎每年都是不一样的。

除了会议主题要具备前面提到的前瞻性、总结性和时尚性等特征外，行业会议的议题还要具备较强的行业号召力。不管是科技会议、商贸会议还是会员会议，会议的议题有号召力才能吸引行业内企业的参加，这对于会员会议尤其重要。科技会议和商贸会议由于会议议题导向明显，并且一般都很实用，对企业经营有一定的帮助，企业因此往往也乐于参加。但对于会员会议来说，如果会议议题对企业而言没有吸引力，企业可能就会因业务忙等原因而不出席会议，或者即使出席会议，也会派一些无足轻重的人员参加，会议的质量因此会大打折扣。

行业会议的议题一般极富行业特征和行业代表性，能针对行业发展中遇到的新情况和新问题展开研讨，能就某一问题组织行业大讨论。行业会议讨论的问题所得出的结论有时候不仅仅是学术上的研讨，它往往带有政策指导倾向，会被有关部门作为制定解决某些问题的政策的依据。

（三）行业会议筹备方案

很多行业会议都是每年举行的"例会"，其策划流程已经非常成熟。因此，对于很多行业会议，除了每年要仔细策划会议的主题和议题外，有关会议的其他策划一般可以因循旧例。所以，对于那些每年都要举办的行业会议，管理的中心任务就集中在三个方面：会议的主题、会议的议题和会议的筹备方案。会议的主题和议题在前面已有介绍，下面主要讨论会议的筹备方案。

除了前面讲述的一般流程以外，和一般会议相比，行业会议的筹备方案也有一些特殊的方面。

（1）时间、地点和规模。有些行业会议的举办时间每年都比较固定，如在年初和年末等，会议的会期一般是 2～5 天。但一般不超过 6 天，除非有行业或企业奖励旅游活动。行业会议召开的地点往往不固定，经常变换，有少数行业会议召开会议的地点比较固定。行业会议的规模一般在 400 人以下，所以其要求的召开会议的场所的容量一般不会超过 400 人。但也有一些大型会议的参会人数会超过千人，这就是较大规模的行业会议了。

（2）主讲人和听众。行业会议的主讲人基本来自行业协会、协会会员和政府主管部门三个方面，也有少数来自行业以外的科研机构。会议的主讲人一般由行业协会或政府主管部门确定和邀请。行业会议的听众基本都是行业内的企业尤其是协会会员单位，听众一般都具有一定的职位，有些较有影响的行业会议，其听众甚至大部分都是企业的领导人。一些比较重要的行业会议，有时候还会专门邀请有关新闻媒体的记者到会旁听并进行现场采访，如图 4—1 所示。

图 4—1 广州建博会期间举办的木门行业会议

（3）会议议程。和一般会议不同，行业会议一般都有政府主管部门和协会领导出席，会议议程因此也比一般会议多了一个领导人致辞和发言的程序，有的还要有新闻媒体对领导人的采访或者新闻发布会等。

（4）会议资料的准备。除了一般会议资料以外，行业会议一般还要准备会议纪念品和礼品，要准备新闻稿和领导发言辞等。

（5）会议召开方式。行业会议的召开方式更多，更灵活，它可以采取一般专业研讨会和技术交流会的会议方式，也可以采取联谊会、座谈会、茶话会等方式，主要看会议的主题和议题而定。

（6）会议预算。行业会议预算的资金支出和一般的会议相似，但预算的资金来源更加丰富，会员的会费、协会的基金、政府拨款和企业赞助等都是重要的来源。

当然，除上面讲的一些问题外，行业会议也要经历收集市场信息、确定会议主题、准备会议方案、邀请会议主讲人员、会议召开、会后总结等诸多阶段。各阶段的主要内容可以参考前面有关论述。

二、技术交流会

技术交流会是以技术的交流和传播为主要内容的会议。技术交流会的策划基本也遵循本章第一节所讲的会议策划流程，但由于技术交流会是一种不同的会议，所以，在流程的各具体阶段，技术交流会有一些特别之处。

（1）在确定会议主题阶段。技术交流会侧重收集其所在行业的最新技术发展状况和发展趋势，了解该行业的实用技术发展状况。会议要多与该行业内的著名的企业尤其是那些技术领先的企业联系，或者是与专业的科研机构沟通，以确定技术交流会需要哪些技术，特别是哪些前沿新技术。会议主题要与技术问题密切相连，要务实，尤其是会议的议题，既要反映技术方面的内涵，也要通俗易懂，能为一般人所理解。

（2）在准备会议方案阶段。尤其要注意会议时间的安排、会议议程的确定和会议资料的准备工作。由于技术交流会的演讲内容是关于技术的话题，因此很多演讲都需要伴有现场演示，这就要求会议的每一个具体议题的时间安排都要合理。在安排时间时要考虑到有些演示在演示中途可能会出现一些细小的失误，所以，对于某一议题演讲时间的安排要留有一定的余地，在编制会议议程时不可太紧凑。技术交流会的资料比较复杂，准备时要小心，尽量不要出错。

（3）在邀请会议主讲人员阶段。主讲人最好要有一定的技术背景和经历，要能回答听众关于该技术议题的一些问题。如果会议需要现场翻译人员，要尽量让翻译人员事先熟悉该演讲所包含的一些技术专有名词，以保证翻译人员在现场能流利翻译。

（4）在会议召开阶段。要根据技术议题的特殊要求对会议现场进行布置，要能够提供和维护会议所需要的特殊设备，要安排懂技术设备操作和维护的现场工作人员，如果会议主办机构不能提供这些人员，可以要求演讲者提供。

（5）在做会议预算和寻求会议赞助时，由于技术交流会常常是企业唱主角，因此，技术交流会往往会向有关企业收取一定的费用来作为会议经费的主要来源，企业赞助往往较少。

三、专业研讨会

专业研讨会是以研讨行业发展动态为主要内容的会议。相比较于技术交流会的"务实"，这种会议在内容上要"务虚"一些。专业研讨会的策划基本也遵循本章第一节所讲的会议策划流程，在举办这种会议时，要注意处理好以下一些问题。

（1）会议的议题。专业研讨会所讨论的议题往往是偏重理论性的话题，如行业发展的特点，行业未来的发展趋势，对行业发展进行总结，对行业热点问题进行研讨，对行业内企业的管理、营销等理念和思路做出富有前瞻性和启发性的研讨等。

（2）会议的目标。举办专业研讨会最主要的目标是给听众开拓思路，启迪思维，开拓视野，加深对行业发展现状、发展特点和发展趋势的了解。

（3）会议的主讲人。由于专业研讨会涉及的议题往往是与宏观相联系的一些话题，是一些理论性较强的问题。所以，会议的主讲人往往是一些科学研究机构、大专院校和专业杂志的有关专家，有时候也有来自企业的管理人员。

（4）会议的听众。专业研讨会听众的范围很广，他们可以是企业的管理人员、技术人员、一般工作人员，也可以是来自各种科学研究机构、大专院校和专业杂志的有关人员。

（5）会议的复杂程度。由于设计的议题不同，会议需要准备和提供的设备和会议的复杂程度也不一样。专业研讨会涉及的议题较为抽象，不需要太多的设备和演示，如图4—2所示。

图4—2　土耳其伊斯坦布尔家纺展期间举办的研讨会

四、产品发布会

产品发布会是以发布新产品或者是发布有关新产品的信息为主要内容的会议，产品发布会的真正主办者一般是企业，其新产品和信息的发布功能强大。和其他会议形式相比，产品发布会有以下一些特点。

（1）会议的标的是新产品或有关新产品的信息。产品发布会主要目的是推出新产品或者是有关新产品的信息，这些新产品可能是已经能够正式推向市场的最新产品，也可能是一些有关新产品的概念和信息，如汽车企业召开的概念车发布会，服装会议中发布的流行色等。产品发布会更多地是强调该产品"新"在哪里，有哪些技术进步，或者设计和款式上如何与众不同等。

（2）会议的最终目的是将产品推向市场。对于产品发布会来说，不管会议的标的是新产品还是有关新产品的概念和信息，其最终目的都是为了将产品更好地推向市场，只不过如果发布的是有关新产品的概念和信息，这种未完全成熟的产品还要经过市场的检验并改进成熟后才能推向市场。产品发布会有时候并不在乎产品是否能立即进入市场，但它绝对在乎新产品的新闻效应以及消费者对新产品的反映。为此，产品发布会往往会安排新闻媒体采访报道。

（3）会议的形式类似新闻发布会。由于产品发布会标的具有新颖性和新闻价值，故一般采用类似新闻发布会的形式举行，或者干脆就是一次新闻发布会。产品发布会一般是发布新产品以引起市场对新产品的注意，它很多时候是在发布一种产品"概念"，产品实物展示重在突出形象，因此，它对会议现场服务的要求相对较低，有时候甚至可以基本不需要现场服务，现场的各种事务基本都可以由会议的主办企业来完成。

（4）会议的听众来源广泛。产品发布会的听众里一般有很多新闻记者、产品设计等技术人员和企业管理人员，他们往往是希望得到最新产品信息、产品发展动态和趋势。

（5）注重新闻宣传。很多产品发布会所发布的产品都是一些刚刚推向或准备推向市场的新产品，为了扩大该产品的知名度和影响，很多产品发布会都会事先邀请一些新闻媒体对会议进行现场采访报道。因此，在召开产品发布会时，要特别注意邀请有关新闻媒体参加，并为有关新闻媒体提供必要的安排和一定的服务，这样更有利于会议的成功举办。

（6）对会议平台的展示功能要求高。产品发布会所发布的产品一般都是新产品，发布新产品的企业对它一般也寄予厚望，因此，产品发布会更加注重会议的环境布置，对会议平台的展示功能的要求因此也都较高，有些特殊的产品更特别在乎发布会现场的灯光、音响等布置，如图4—3所示。

图4—3 广州建博会期间举办的发布会

五、产品推介会

产品推介会是以向特定的对象推广某一种或几种特定的产品为主要内容

的会议。产品推介会的目的很明显，那就是将产品更好地推向市场。为此，产品推介会的产品展示和贸易功能很强。产品推介会的主办者一般是企业。和其他会议形式相比，产品推介会有以下一些特点。

（1）会议内容以推广介绍产品为中心。产品推介会主要是为了向市场推介一种或几种产品，这些产品一般都是可以正式在市场上出售的、可以大批量生产商品。会议的策划重点在于采取何种方式或手段来推介产品，如何才能让听众更了解本产品。因此会议的主要内容是介绍产品的用途、性能和结构等实用性较强的、与最终用户关系密切的一些内容和知识，以求将产品尽快地推向市场。

（2）对会议平台的要求以实用为主。产品推介会更在乎产品的最终用户是否了解该产品。因此，它对会议平台的要求基本上是以实用为主，对会议平台的设计和环境布置等的要求一般比产品发布会要低。会议更多地采用用户座谈、经销商会议等形式并伴以现场演示、示范等手段向人们推广产品。产品推介会的听众更多的是产品的经销商及其最终用户，他们更多地是想了解产品的实用性能和价格。

（3）对会议的相关服务的要求较多。产品推介会由于有较多的实物展示，有的还有实物操作演示与示范，还有的会邀请现场观众亲自参与操作。因此，它的现场服务事项相对较多，也更需要相关协助，如图4—4所示。

图4—4　德国汉诺威工业博览会上参展企业举办的产品推介会

六、投资洽谈会

投资洽谈会有时候也称作"投资项目招商洽谈会"，它主要是为了招商引资而举办的。投资洽谈会的主办者很多时候是有关政府部门。举办投资洽谈会，要注意做好以下几点。

（1）精选投资项目。投资项目是投资洽谈会的主角，它直接影响到投资方参与投资洽谈会的兴趣，也影响到会议的成败。选择投资项目，既要结合引资地的实际需要，有一定的发展前景，又要符合潜在投资者的投资领域。

（2）做好投资环境和相关政策说明。潜在投资者除了关心投资项目本身以外，对项目所在地的投资环境和相关政策也十分关注。投资洽谈会要做好该方面的说明和解释工作。

（3）对投资方进行一定的资质审定。保证投资方的资质值得信赖，不出现欺诈行为。

（4）要在市场经济的原则下，由项目招商方和项目投资方双方自愿洽谈，自愿签订合同，不可搞"拉郎配"。

第四节　各种活动

展会期间，除举办各种会议外，还常常举办许多活动，如表演、比赛、贸易配对等。有时候，专业展会同期举办的表演、比赛等活动往往也以"会"的形式出现，如以表演为主要内容的演唱会，以比赛为主要内容的"运动会"等。之所以在这里将它们列入"活动"，是因为它们与前面所讲的各种"会议"在组织形式和内容上有较大的不同。

一、表演

表演是一项观赏性比较强的公众性活动，一般观众较多，现场气氛也比较热烈。表演通常可以分为三种：一是文艺性表演活动，二是营销性表演活动，三是程序性表演活动。程序性表演活动往往已经有了一套大体成型的模式，例如，运动会的开幕式表演和闭幕式表演，它们常常与其他活动融为一体。举办表演，常要特别注意把握好以下几点。

（1）落实组织机构。组织机构对表演的成功与否影响重大。例如，有些较有经验的机构能将表演组织得井井有条，而经验较缺乏的机构有时候在这方面浪费很多时间和金钱；有些较权威的机构能将一些关键的表演人员邀请到位，但一般的机构却不能。

（2）明确主题和创意。表演的主题和创意是表演的灵魂，表演的组织、形式和内容都是围绕它而展开的，主题要鲜明、健康、积极向上，创意要新颖、独到、为人所接受。

（3）策划好表演的内容。表演的内容围绕表演的主题和创意而展开，是表演的主题和创意的具体展现。好的表演内容不仅要紧扣主题，而且要为大众所喜闻乐见。

（4）采用合适的表现形式。好的内容只有用好的形式表现出来才富有感染力，如果形式与内容不匹配，即使有最好的内容，表演也难以达到理想的效果，如图4—5所示。

（5）精心布置表演舞台和场地。有些表演对舞台的要求很特别，有些表演对舞台上某项道具或布置要求很高，等等。表演一定要按表演主题的要求，表演内容的诉求和表演形式的需求布置好舞台。同时，表演的场地布置也要与表演的主题、内容和形式相一致。

（6）落实表演者、主持人和嘉宾。演员、主持人和嘉宾是表演要邀请的重要对象。演员是表演的主角，直接关系到表演的成败；主持人起到将各项表演内容有机串联起来的作用，好的主持人可以为表演锦上添花；有分量的嘉宾到场能增加公众对表演的关注度。有时在财力允许情况下，为提升表演活动的档次，还会特别邀请著名主持人作为演出的主持者。

（7）组织好观众。观众是表演应该重点考虑的对象之一，难以想象一场表演只有演员而没有观众或者观众很少是一种怎样的情景。

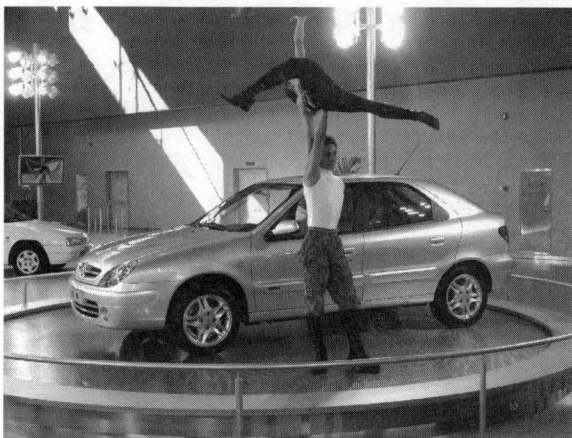

图4—5　广州汽车展上展商在自己展位上举办的表演

　　另外，由于表演是一项公众性的活动，有关部门对其管理很严格，在筹备表演时，一定要事先做好有关报批和审批工作；并且，由于表演时观众往往很多，人群大量聚集，在进行表演前和表演过程中，要作好有关突发事件管理方案。

二、赛事

　　在专业展览会中，还可以进行与专业展览会所在行业相关的赛事，以吸引参展商与观众。比赛可有多种形式，有些比赛公开进行，观赏性很强，有些比赛只是比赛者参与、评比者评比。不管采用什么形式，比赛一般都要注意处理好以下几点。

　　（1）策划高档次的赛事，以吸引参加者。在专业展览会期间举办的赛事可以是主要针对参展商而主办的，如展品设计比赛、展位搭建比赛等；也可以是专门针对观众来策划的，如汽车展览会中的汽车摄影比赛、现场试驾比赛等。在专业展览会期间策划一些高档次的赛事，不仅能吸引企业参展和观众到展会参观，还能极大提升展览会的品质和声誉。

　　（2）制定一个比赛范围和比赛规则，拟订一个评奖办法，并将其向所有的潜在参与者公开。比赛范围是指规定哪些人或物或某些特定的对象可以参与比赛，比赛范围决定了比赛的规模。对于比赛规则以及评奖办法，要做到公正、公开和合理，不能有所偏颇。比赛规则以及评奖办法制定出来以后，可以事先征求有关方面的意见，以求更加合理和完善。

（3）邀请和组成一个专家评审团，负责对有关比赛的评比工作。在邀请专家组成专家评审团时，评审团的成员要有一定的代表性，并要向所有的参赛者公开，这样评出的比赛结果才更有说服力。

（4）要事先让比赛的所有参与者知道比赛评比结果的揭晓时间。比赛评比的揭晓时间有的会提前公示，这样能引起大家对该日期的高度关注；有的则设置得充满悬念，要根据某一程序才能推断出来，这会让比赛所有的参与者都有所期待。

（5）在比赛评比结果揭晓时，一般需要组织一个公开的发布会或颁奖仪式，这样会使得该项比赛更加正式和有影响力。如果要颁奖，要为所有的获奖者颁发一些对获奖有纪念意义的物品，如奖杯、奖状、获奖证书等，这样可以使比赛更受欢迎。当然，还可以为获奖者颁发一定的奖金。

和表演一样，对于一些公众参与性较高，具有一定风险的比赛活动，如竞技性的比赛等，也要提前做好突发事件管理方案以防万一。

三、贸易配对

贸易配对又称商贸配对，是展览会举办的最受欢迎的活动之一，它是以撮合参展商和专业卖家之间的贸易成交为目的，通过事先收集、整理、发布和配对参展商的产品供应和专业卖家的采购需求，提供预约撮合洽谈时间和场所，实现参展商和专业卖家之间的贸易成交撮合服务。贸易配对通常有两种模式：网上贸易配对和贸易配对洽谈会。

（一）网上贸易配对

网上贸易配对是利用信息管理技术和互联网技术建立的一套以数据库和撮合需求匹配为核心的计算机应用系统，它以互联网和信息技术为基础进行数据的有机集成与配对，实现参展商和专业买家之间的信息交流，促成贸易成交。

在这一系统中，不论是对于参展商还是专业买家，他们都可以通过以下方式将自己的需求输入到系统中。

（1）在展览会开幕以前或以后，参展商和专业买家可将自己的相关资料和需求信息发布到贸易配对系统上，参展商发布产品供应信息，专业买家发布采购需求信息。系统通过对参展商、采购商相关信息进行收集、整理，根据买卖双方的需求，统一集中配对，如果配对参展商和专业买家对彼此感兴趣，就可以自由预约洽谈时间，实现参展商和专业买家的展前预约贸易配对。

（2）在展会展览现场，参展商和专业买家可以自己在展会开放的贸易配对系统中进行录入、查询、筛选等操作，可以通过条件查询从系统中调出其所需要的相关数据，向对方发送预约意向；也可以由系统自动完成相应的撮合匹配，排出预约洽谈时间，并打印输出，实现参展商与采购商在展览会现场的贸易配对服务。

不论以上哪种方式，所有参展商和专业买家都可以通过网上贸易配对系统录入需要、查询或筛选的需求或供给条件，系统可以自动将所有满足条件的参展商、展品、采购商等信息筛选过滤，实现所有信息的条件查询和配对。所有参展商和专业买家都可以通过网上贸易配对系统对感兴趣的产品的卖方或买方进行即时的网上留言，实现参会者的留言信息服务。系统还可以将所有洽谈双方预约撮合的结果以列表的形式打印输出。

（二）贸易配对洽谈会

贸易配对洽谈会是展览会通过事先收集参展商的产品供应信息和专业买家的采购信息，通过分析整理和有针对性的配对，并邀请相关参展商和专业买家在展览会期间进行面对面的洽谈的活动。

举办贸易配对洽谈会的很多工作在展会开幕前就已经开始，展会在开幕前就针对所有参展商收集产品供应信息，并按照一定的分类规则与所收集到的采购信息进行有目的、有针对性的配对，并把相关配对信息分别发送给相关参展商和专业买家，如果双方有意向洽谈，就可以展览会为平台见面洽谈。这种情况下，参展商到了展会现场就可以很有效地接触专业买家，比如可以根据买家的要求携带所需的样品；对专业买家来说，这样也使得他们的观展过程变得极为有效，免去了奔波寻找之苦。

举办贸易配对洽谈会不仅仅局限于展会中，而是贯穿展前、展中以及展后，但在展览期间最为常见和有效。

第五章 展务与服务

成功的展会，除了要拥有一定数量和质量的参展商和观众以外，还必须要具有优质的展务和服务及展会现场管理。展务和服务贯穿于展会从筹备到最终举办至闭幕的始终，且在展会展览现场最为集中和明显。没有成功的展务和服务就没有成功的展会。

第一节　基本内容

展务和服务工作是举办展会的一个不可或缺的重要组成部分。和战役的组织一样，展务和服务工作虽然不会到第一线去冲锋陷阵，但它却为到前线去冲锋陷阵的人员提供强有力的支持。没有展务和服务工作，到前线去冲锋陷阵的人员往往会因为缺乏坚强的后盾而举步维艰。

一、内容

展会展务工作所包含的内容很多，也很琐碎。但从"以人为本"的角度出发，展会的展务工作基本可以分为两大类（见表5—1）：一类是以商务活动为主要服务目标的展会商务性展务，另一类是以为客户提供生活便利的展会生活性展务。

表5—1　展会展务工作一览表

	详细分类	描　述
商务展务	选择展览场地	选择合适的举办地点和展览馆
	办理报批手续	办理批文、消防、安保、工商管理等各种手续
	编印各种文件	编印展会各种对内和对外使用的文件
	展样品运输	将展样品及展材运到展会，提供报关服务
	划分展区及搭建展位	按专业题材划分展区，按预订情况划分展位，按要求和规划搭建展位及公共区域布展

续　表

	详细分类	描　　述
商务展务	信息与咨询	提供商务或生活信息及咨询
	展会清洁	使展会及各有关公共区域保持清洁
	展会安保	为展会及与会人员提供一般安全保障
	邮寄与快递	提供信件、物品的邮寄和快递服务
生活展务	交通	为有需要者提供赴展会有关交通服务或信息
	餐饮	为有需要者提供餐饮服务或有关信息
	旅游	为有需要者提供商务或休闲旅游服务选择
	酒店	为有需要的与会人员预订酒店或提供相关信息
	医疗保障	一旦与会人员身体不适可立即提供医疗帮助
	保险	为与会人员投保有关险别以防发生意外事故
	银行业务	提供货币兑换、汇款和收款等银行业务

当然，上述将展会展务工作划分为"商务展务"和"生活展务"，其内容并不是绝然分开的。例如，"信息与咨询"一项，客户除了要大量获取行业和市场等商业信息以外，还可能会咨询一些与生活有关的信息；"邮寄与快递"一项，既为展会涉及个人生活方面提供服务，也为展会商务活动提供服务。我们之所以有上述划分，主要依据是展会的这些展务工作最初设立的出发点是为什么而服务的。

展务和展会服务密不可分，展会服务包含展务。展会服务是从更大的范畴来从事的活动。展会服务从不同的角度看有多种多样（见表5—2）。

表5—2　展会服务种类一览表

分类角度	详细分类	描　　述
服务对象	对参展商的服务	通报展会筹备情况、提供行业发展信息、提供贸易成交信息、展示策划服务、展品运输、邀请合适的观众到会参观、展位搭建、展览现场服务、商旅服务等。其中，邀请到一定数量和质量的合适观众到会参观是展会提供给参展商最重要的服务
	对观众的服务	通报展会展品信息、提供行业发展信息、产品供给信息、招揽合适的参展商到会展出、展会现场服务、商旅服务等。其中，招揽到一定数量和质量的合适的参展商是展会提供给专业观众最好的服务
	对其他方面的服务	如对新闻媒体、行业协会和商务、行业主管部门、国际组织、国外驻华机构等。对这些对象的服务包罗万象，其中最主要是信息服务

分类角度	详细分类	描　　述
筹备的不同阶段	展前服务	展会开幕前提供给参展商、观众和其他方面的服务，如展会筹备情况通报、展品运输、参展参观咨询、展示策划服务等
	展中服务	展览期间的服务，如安全保卫、清洁卫生、观众报到登记等
	展后服务	展会闭幕以后展会继续提供给参展商、观众和其他各方面的后续服务，如邮寄展会总结、展会成交情况通报、介绍展会参展商和观众的来源及构成等
服务的功能	展览服务	展会提供的产品展示、贸易成交、新产品发布、展示策划服务等传统服务，这是展会最基本的服务
	信息咨询服务	提供有关行业发展、贸易需求、行业动态、市场分析等商务信息及其咨询服务
	商旅服务	提供了解和考察当地市场等商旅咨询和组织商旅考察等服务
服务方式	承诺服务	事先对自己拟向客户提供的服务方式和服务质量等向客户提出承诺，然后严格按照承诺向客户提供服务
	标准化服务	对自己向客户提供的各种服务制定统一的标准，然后严格按照标准向客户提供规范的标准化服务
	个性化服务	根据各个客户的不同需求，对不同的客户提供适合其需求的有差别的服务
	专业服务	根据展览行业实际需要，由经过培训的专业员工，以专业的手段和方式，为客户提供的各种服务

值得注意的是，在实际操作中，很多展会只注重展中服务，对展前服务只是被动地提供，对展后服务很不重视或根本没有展后服务。其实，展前服务、展中服务和展后服务都是展会服务的重要组成部分，对任何一部分的忽视都会严重影响到展会服务的质量。

二、特征

展会服务渗透到展会举办的方方面面之中，在会展业营销手段和宣传推广策略日益同质化的今天，优质的展会服务正日益成为各种展会之间展开竞争最为锐利的武器。我们不仅要了解展会服务的内容，还要了解展会服务的基本特性。了解展会服务的基本特性，对于拓宽展会服务的思路，创新展会服务的办法，制定恰当的展会服务策略有极大的帮助。表5—3显示了展会服务具有的基本特性及对展会的影响。

表 5—3　展会服务的基本特性及其对展会的影响

服务的特征	对展会服务的影响		展会应对办法
	有利的一面	不利的一面	
无形性	为展会提高服务的技巧和满足客户的需要提供了极大的空间，为展会服务技巧的发展提供了广阔的天地	参展商和观众不容易识别这些"无形"的服务，服务的质量较难控制和测量，一旦发生纠纷，服务的投诉较难处理	让无形的服务有形化，让客户能实实在在感受到服务的存在
差异性	有利于提高服务的灵活性和进行服务创新，有利于针对不同参展商和观众提供差异化和个性化的服务	使展会服务难以规范化和标准化，服务规范和标准较难严格执行，使服务质量不稳定	保持服务的高品质、高水平，力求服务始终如一
不可分割性	展会为更好地控制服务质量而不得不缩短服务流程，精简服务渠道，更多地采用直接供给的方式提供服务；有利于展会和客户直接交流并建立更紧密的关系	服务质量的好坏有赖于展会所有相关服务人员及部门的配合和协调；把握不好服务人员与客户接触的那一瞬间服务质量将深受影响；客户配合意愿与行为影响服务质量	展会需要经常与客户交流，了解客户的需求，不断改进服务流程
不可储存性	使参展商和观众重视亲自参与展会，使展会重视服务的时间效率、重视服务的空间布局、服务流程的设计和服务人员的组织管理	服务在时间和空间上较难协调，容易出现忙闲不均，影响服务的效率和质量	展会必须充分考虑如何解决服务供求不平衡所引致的矛盾

三、策略

展会服务服从于展会的功能，展会有什么样的功能定位，展会就应该努力提供什么样的服务。展会服务策略体系要尽量利用服务特征对展会有利的一面，克服它们对展会不利的一面。

（一）策略一：服务有形化和专业化

是针对展会服务"无形性"所采取的服务策略，即用服务有形化来克服其不利的一面，用服务专业化来发扬其有利的一面。

展会服务的有形化，是指展会策略性地向参展商和观众提供有关展会服务的有形线索，使参展商和观众能更形象地了解和识别展会所提供的各种服务。所谓"有形线索"，是指展会服务流程中能被参展商和观众直接感知的能提示展会服务的各种有形物品，如展会展区展位分布图、参观指示图、参观指南、公布展会宣传推广成果、现场一条龙服务咨询台等。参展商和观众看不到展会服务，他们只能通过这些有形的物品来感受展会的服务。展会服务的有形化可以从服务承诺化、服务品牌化、服务展示化和服务便利化来具体进行。

案例：

香港礼品及赠品展对服务的有形展示

香港礼品及赠品展是亚洲同类展会中最大的展会，在全世界同类展会中排名第二，参展企业来自全世界 34 个国家和地区，标准展位数超过 4200 个。展会在业界声誉卓著。

香港礼品及赠品展非常重视通过有形展示将自己的展会服务展示给参展商和买家看，让他们切实感觉到展会处处在为自己着想，在尽量为自己服务。

第一，员工统一着装，让人对展会产生规范和高档的感觉。

第二，精心设计和布置展会的序幕大厅和公共环境。

第三，展会将对参展商和买家的服务承诺事先告诉他们，如优惠酒店安排、免费巴士安排等，让参展商和买家对会展的相关服务早知道、早利用。

第四，展会强化品牌建设，展会的 LOGO、展会的 CI、VI 等形象不论是在其广告宣传还是在展会现场都一脉相承，形象突出，让人对展会产生信赖。

第五，展会将自己宣传推广的成果、对观众需求的实物引导、参展商名单和展位号等在展会现场适当的地方集中公布，让参展商和买家感受到展会确实在努力为自己服务。

第六，充分考虑参展商和买家的需求，在展会现场适当的地方布置为参展商和买家的服务点，并在会展现场容易"迷路"的地方布置非常醒目的提示和指引牌，使参展商和买家在展会现场不论寻找什么展会相关服务都十分便利。

（1）服务承诺化。对外公布展会服务的质量或者效果标准，并对此加以承诺。由于承诺是看得见的利益，这对参展商和观众非常具有吸引力。为了使展会服务承诺化，必须对展会服务的各个环节加以规范，并制定相应的服务质量标准。这些服务质量标准既要是对参展商和观众有吸引力的，又要是展会能够提供的，否则，没有吸引力的承诺等于是没有承诺，而有了承诺又不能实现将严重影响展会声誉。

（2）服务品牌化。为展会树立品牌并以该品牌来促进展会服务。品牌是一个有形的线索，它向参展商和观众提示展会服务质量和服务特色，有利于参展商和观众对展会服务进行识别。一旦展会形成品牌，就能不断通过该品牌提示新老客户该展会服务的存在，还可以通过老客户的"口碑"宣传该展会的服务，并可以树立展会的良好形象。

（3）服务展示化。是指尽量将展会服务通过有形的线索布置在展会现场，让它们时刻提示参展商和观众展会服务的存在。如对观众需求的实物引导、对参展商名单和展位号的集中公布等。服务展示化使展会抽象的服务理念和服务手段通过有形的物品和展会现场环境布置来得到体现，从而有利于参展商和观众认识和感知到展会的服务。

（4）服务便利化。是指展会尽量从参展商和观众的需求出发来设计展会服务流程和布置展会现场环境，努力让参展商和观众能以最便利的方式得到展会的服务。例如，展会布展环节的便利化、观众登记的便利化、展馆内参观指示引导的便利化等。

展会服务的专业化，是指展会努力为参展商和观众提供符合展览行业需求的专业服务，展会服务人员的服务技能、服务知识和服务态度等都达到专业的水准。展会服务的专业化，使展会服务有了一把行业评价的尺子，使展会服务具有很好的行业可比性，有利于参展商和观众感知展会服务的存在。展会服务的专业化可以从服务的技巧化、服务的知识化、服务的技能化和服务的国际化来具体进行。

（1）服务的技巧化。培养和增强展会服务人员的服务技能，利用服务人员的服务技巧来提高展会的服务质量。每一个展会都有自己的服务传统和自己独特的服务技巧，这些服务技巧增强了它们的竞争力。服务十分讲究技巧，同一种服务，不同的服务人员来操作，由于服务的技巧不同，服务的质量和效果可能差别很大。

（2）服务的知识化。提高服务人员专业知识素养，发挥知识在展会服务中的作用，努力用知识来完善展会服务和满足参展商和观众的服务需求。

（3）服务的技能化。提高展会服务人员的服务熟练程度、服务技艺和服务能力来满足参展商和观众的服务需求。参展商和观众最终得到的服务与提供该服务的展会服务人员的技能有很大的关系，如展会现场问题的处理技能、展会观众登记的方法等，都能让参展商和观众真实地感觉到展会服务的效果。

（4）服务的国际化。为参展商和观众提供符合展览业国际惯例的服务，如展会资料的制作充分考虑各国文化的差异，展会提供不同语言服务等。服务国际化有利于客户在国际对比中增强对本展会的信心和忠诚度。

（二）策略二：服务规范化和个性化

这是针对展会服务"差异性"所采取的服务策略：用服务规范化来克服其不足的一面，用服务个性化来发扬其优势的一面。

展会服务规范化，是指为展会服务建立起规范并用这些规范来引导和约束展会服务人员，以此来保持展会服务质量的稳定和一致。服务"差异性"使得展会服务质量不容易稳定，为克服这些不利的影响，展会可以努力使服务规范化，以此来减少展会服务的变异。展会服务规范化可以从服务理念化、服务标准化和服务系统化来具体进行。

（1）服务理念化。就是为展会服务提出符合客户需要和展会实际的服务理念，并在展会服务的实践中要求服务人员从该服务理念出发，努力实现该服务理念。服务理念用精练的文字概括和描述，向社会和员工公布，用以指导员工的服务态度和行为，并提示参展商和观众，他们正被展会怎样地重视。

（2）服务标准化。在统一的和被客户接受的服务理念的指导下，为展会服务建立起一套质量标准，并用这套质量标准来约束服务人员的服务行为。行为是在理念指导下的行为，行为规范是理念规范的具体化，所以，服务标准化能很好地统一服务人员的思想和行为。

（3）服务系统化。在服务标准化的基础上，将展会服务的各环节有机整合，使展会服务流程更加合理化和人性化，将展会服务各环节的质量偏差控制在尽可能小的范围内。服务系统化使展会服务变得可以控制，有利于对展会服务进行质量管理。

展会服务个性化，在展会服务规范化的大原则下，针对不同客户的需要尽量采取适合其需要的个性化的服务。展会服务的差异性揭示的是不同的客户的需求可能不同，同一个客户在不同的时间和地点其期望得到的服务也可能不一样，展会服务个性化正是利用这一点来尽量满足不同客户的不同需求。展会服务个性化可以由服务多样化、服务特色化和服务差异化来具体体现。

（1）服务多样化。展会针对不同客户的不同需求提供不同的服务。尤其是展会的一些大客户和重点客户，他们的需求与一般客户往往不同，而他们对展会又极为重要，为他们提供多样化的展会服务，对展会留住这些重要客户有很大的帮助。

（2）服务特色化。展会向客户提供与众不同的能体现自己独有特色的展会服务。每一个展会都有自己的优势，每一个办展单位也都有自己的服务"秘诀"，展会可以凭此形成自己的服务风格。

（3）服务差异化。展会根据服务提供的时间和地点的不同，或者根据环境的变化的需要来向客户提供不同的服务。由于服务时间和环境的变化，或由于服务对象的特殊性及差异性，对应的服务也应差异化。差异化的服务能极大地增强服务的灵活性和创造性。

（三）策略三：服务流程化和关系化

这是针对展会服务"不可分割性"所采取的服务策略，用服务流程化来克服其不利的一面，用服务关系化来发扬其有利的一面。

展会服务流程化，是指科学设计展会服务的流程，使展会服务的服务人员和客户之间能实行部分的分离，以此来减少展会服务的复杂性和对服务人员的过度依赖。展会服务流程化可以由服务自助化、服务分离化和服务网络化来具体实现。

（1）服务自助化。展会通过向客户提供部分服务用品或工具，使某些服务由客户自己来完成。例如，对展会的老客户发放多届有效的 VIP 观众卡，他们凭该卡到会参观就不用再排队登记而可以直接进场参观。

（2）服务分离化。将展会的某些服务分离出去，由其他专业的服务公司为客户提供服务。例如，将展会的展品运输和报关委托给专业的国际货运公司，将展会的展位搭建委托给专业的展位承建商，将展会的商旅服务委托给专业的旅游公司来服务，这样更有利于提高展会的服务质量。

（3）服务网络化。通过国际互联网来完成某些展会服务。例如，展开网上参展和参观预先登记，进行网上信息咨询等。

展会服务关系化，是指在展会服务中强调与客户建立良好的关系、及时进行沟通，重视客户口碑传播，利用关系营销来促使客户与展会形成融洽的关系。展会服务关系化可以通过服务情感化、服务合作化和服务组织化来具体进行。

（1）服务情感化。使展会在服务实施过程中倾注情感因素，如赋予服务人员一定的角色，让其在服务中全神贯注地进入角色。让服务人员处处关心和体贴客户，从细微处照顾客户的需要和感受。情感化的服务容易拉近客户和展会的距离，有利于留住客户。

（2）服务合作化。展会与展会的其他服务商之间通过紧密合作来共同满足客户的需求，发展与客户的关系。展会将有关服务委托给展位承建商、展品运输商、旅游公司以后，并不是就对该服务不闻不问了，展会还要与他们密切合作，保证各种服务的质量。

（3）服务组织化。展会以某种方式将客户组织起来使客户与展会的关系更加明确化和正式化。例如，采用会员制，展会的参展商和观众达到一定的标准就可以成为展会的会员并享受相应的优惠服务等。

（四）策略四：服务灵活化和效率化

这是针对展会服务"不可储存性"所采取的服务策略，用服务灵活化来克服其不利的一面，用服务效率化来发扬其有利的一面。

（1）展会服务灵活化，是指通过对服务时间、地点及供求关系的调节和灵活处理来满足客户的需求。展会服务"不可储存性"使展会服务供求平衡经常在时间和空间上不一致，展会服务灵活化有助于展会克服这一不利影响。例如，对展会开馆和闭馆时间的调节，对展会现场服务点设点地点及其布局的调节，对观众进馆参观高峰时间的人流量的调节等。

（2）展会服务效率化，通过提高展会服务的效率来满足客户的需求。展会服务"不可储存性"要求展会服务能快捷、高效，这样参展商和观众才能在最短的时间里取得其所期望的展会服务。例如，如果展会观众登记效率不高，观众将会对登记台前的排队长龙望而生畏。展会服务效率化主要通过服务的便捷化、服务的一条龙化和服务的多功能化来实现。

四、展务与服务外包

在上述各种展会展务和服务工作中，有些是办展单位自己提供的，如展区和展位划分等，有些是将整个业务外包给有关的专业服务机构，如展样品及展材运输等。随着现代会展业的内部分工越来越细，办展单位越来越倾向于将主要精力放在策划和组织展会的工作上，并越来越多地将一些非核心的展务和服务工作外包给其他专业机构来完成，如将展品运输工作外包给专业的运输公司，将展会的保安工作外包给专业的安保公司等。

实践证明，展会展务和服务工作外包给展会管理和组织工作带来很多益处，可以让展会组织者更集中精力策划和组织好展览会，邀请到更好的参展商和观众，使相关工作质量得到更好的保障，使客户得到更加专业和细致的服务，使展会管理工作更加有条不紊，可以有效地提高展会的品质等。

展会外包的展务和服务，常常是展会非核心的展务和服务工作。展会很少将核心的展务和服务工作外包，即使是有些展会将核心的展务和服务工作外包，但往往会配以更加严格的监管，或者只将其中的某些环节外包，以保证展会核心的展务和服务工作在掌控之中。

对于承接展会外包的展务和服务工作的专门服务机构，我们统称为展会服务商。由于越来越多的展会将展务工作外包，因此，展会服务商提供的服务已构成展会展务工作的重要内容，加强对服务商的沟通与管理就成为展会管理工作的重要组成部分。

第二节　服务商种类及其管理

展会服务商的工作效果和服务水平极大地影响到参展商和观众对展会的看法和认知。参展商和观众很多时候都把展会服务商的工作看成是展会组展工作的有机组成部分，将展会服务商所提供的服务看成是展会本身提供的服务，将展会服务商的工作与服务质量视为展会的工作与服务质量。可见，服务商的优劣直接影响到展会的声誉，为此一定要为展会选择好的服务提供商。

一、承建商

展会承建商也称为搭建商主要负责展会的公共环境布置和展会展位的搭建工作。它不仅对展会负责，也对有展位搭建要求的参展商负责。展会公共环境和展位外观设计效果的好坏，在很大程度上会影响到展会的整体形象和参展商的展出效果。

（一）展会承建商的种类

根据承担工作的不同，展会承建商可以分成两种：一种是展会主场承建商，负责展会整体布展和撤展管理、展会整体形象布展、公共环境设计和布置；另一种是展位承建商，负责承建展会的具体展位，视其承建的展位的不同，可进一步细分为特装展位承建商和标准展位承建商。对于一些大型展会，有时候，则将负责展会公共环境设计和布置的承建工作公开招标或专门指定承建商完成搭建工作。

（二）对展会承建商的总体要求

对展会承建商的要求主要集中在五个方面：技术是否全面、经验是否丰富、价格是否合理、是否熟悉展览场地及其设施、是否能提供展位维护和保养服务。

（1）技术是否全面。展会的展位设计，1/3 是科学，1/3 是艺术，1/3 是买卖。换言之，展会的展位设计不仅要设计科学，有艺术上的美感，还要安全与实用，有利于参展商实现展出目标。要达到这样的效果，展会承建商必须要有全面的技术能力。表5—4列出了展会对承建商技术的基本要求。

表5—4　展会对展会承建商的技术要求一览表

技术类别	描　　述
室内设计与装潢技术	要能正确处理设计、装潢、展品展示和工作人员之间的关系，在进行展位设计与装潢时，还要有消防防火方面的知识
工程结构知识	能妥善处理展位设计和搭装涉及的工程结构方面的知识，如地面承重问题、立面处理、顶棚架构等
绘图绘画和模型方面的知识	能绘制图纸和看懂设计图，按参展商展出目标设计展位。对常见模型和模具有所了解，能胜任安装和布置它们的工作
照明知识	能按要求用变幻的灯光照明技术来装扮展位
文图和图表知识	能理解它们不同的布置和布局对展示效果的不同作用和影响
工具和材料知识	要熟悉展架展具以及施工材料和施工方面的知识，并能在施工中熟练使用它们
供排水知识	能按要求用水来装饰或做道具以提高展示效果
电子和机械知识	要懂得它们的安装和使用技术

（2）经验是否丰富。经验丰富的承建商在展位承建工作中能起到事半功倍的效果。展位的承建工作特别需要经验的积累，如对展具展架的使用、对展会施工要求的理解、对观众人流空间的事先预留、对展出要求和设计原理的处理等。一般具有丰富经验的搭建商会取得相应的搭建资质。通常承建商的承建经验可以从展位设计的目的性、艺术性、功能性及主题性四个方面进行考量（见表5—5）。

表5—5　展会对展会承建商的经验考察一览表

经验类别	描　　述
展位设计的目的性	理解参展商的需求，了解办展机构的期望，知道观众的参观习惯
展位设计的艺术性	要能用艺术的手法反映参展商的形象，传达展出者的意图，吸引观众的目光，有吸引力和震撼力。并能很好地处理展示和贸易、艺术与展示的关系
展位设计的功能性	展位能为参展商提供良好的展示、工作和谈判的环境，好看又好用
展位设计的主题性	展位能突出展出的主题和形象，突出展示的焦点，能准确地向观众传达展示的主旨

（3）价格是否合理。参展商经常将展会承建商承建展位的价格看作是展会本身价格的一部分。因此，对展会承建商提供的价格，既要关注它们向展会提供服务的价格，也要关注它们向参展商提供服务的价格。展会承建商的价格并不是越低越好。一般说来，展会承建商的价格与它们的实力是有一定关系的。实力强大的公司，由于其工作质量有保证并值得信赖，其价格自然要高些。在选择展会承建商时，价格是一个值得考虑的重要因素，但不是绝对因素。

（4）是否熟悉展览场地及其设施。熟悉展览场地及其设施，展会承建商才能更好地考虑展位的空间设计和布局，才能更好地预先安排参观人流的流向。不同展览场地的布局、结构及其设施各不相同，展会的布展和撤展时间有限，展会承建商要对展览场地及其设施有所了解，才能更顺利地展开工作（见表5—6）。

表5—6　展会承建商对展览场地熟悉项目一览表

项目类别	描　述
场地的布局	更好地考虑展位的空间设计和布局
结构及其配套设施	更好地预先安排参观人流的流向
对展位搭装的限制性要求	在展位设计和搭建时不会违反
对展具展架使用的规定	在设计和使用时不会违反
有关通道和公共用地的规定	在展位设计和搭建时不会违反
消防和安保方面的规定	在展位设计和搭建以及展出时不会违反

（5）是否能提供展位维护和保养服务。展会承建商搭装好展位以后，并不是他们所有的工作都完成了，他们还要按参展商和展会的需要，对展位承担维护和保养的义务。展会开幕以后，如果有需要，承建商要能及时地为参展商和展会提供服务，能很好地完成参展商对展位进行维护和调整的要求，这些要求应在合同条款中体现。

（三）展会承建商的数量

根据展会规模的大小、展会展览题材多寡和承建商承担工作的不同，一个展会可以选定一个或者多个展会承建商。

同时选择几个承建商的展会通常都是那些规模较大，或者展览题材较多，或者是展区划分较细致的展会。如果展会的规模很大，一个承建商很难在有限的时间里完成如此大量的展位承建工作，展位承建工作就必须由多个承建商来分担完成。如果展会包含的展览题材较多，不同的展览题材的展位对承建工作要求的差别很大，这时，由几家擅长不同专业题材展位搭建的承建商来承建不同题材的展位，能更好地为参展商提供服务。当一个展会的展区划分很细致时，由几家承建商来承担展位的搭建工作也是一个不错的选择。如果一个展会由几家承建商来共同负责展位的承建工作，办展单位就要加强对各家承建商工作的协调，要统一安排进度，统一对各家承建商的工作进行监督和指导。

对于一些规模较小、展览题材较单一的展会，最好是选择一家资质较好的承建商来负责展会的展位承建工作，这样不仅有利于管理，也有利于保持展会的统一形象和服务质量。

根据承建商和能力和承建工作的难易程度，展会的特装展位承建商、标准展位承建商和展会主场承建商也可以由一家承建商来担任，也可以分别由几家承建商来担任。

二、运输代理商

展览运输不仅仅只是运输展品，它还可能要运输展架、展具、布展用品和道具、维修工具、宣传资料和招待用品等。如果运输不当，就可能会出现展会已经开幕了但物品却还未运到，或者物品在运输中途损坏和丢失。不管是哪种情况，都会严重影响参展商的展出计划，损坏展会的声誉。展览运输也是一项专业性很强的工作，办展单位往往选择一些专业的运输公司来负责展会的展品运输工作。

（一）对展会运输代理的总体要求

国际展览运输协会（IELA）认为，展会运输代理的工作很大程度上依赖于对三个方面的有效管理，即联络、海关手续和搬运操作（见表5—7）。

表5—7　IELA对展会运输代理的规定与要求

项　目	规定与要求
联　络	1. 包括与办展单位和参展商之间的联络； 2. 配备懂英、法、德或其客户大部分人员所熟悉的语言的工作人员；

项　目	规定与要求
联　络	3. 在展会现场或在离展会合理的距离内设立办公设施，以便展出者能在会场内就能联络到运输代理； 4. 配备国际电话、电传和传真； 5. 提供详细、有效的邮政联系地址
海关手续	1. 与办展单位共同为展会设立临时免税进口手续，如有必要，还要担保和交纳保证金； 2. 与海关人员商妥现场工作的期限和时间
搬运操作	1. 要熟悉展览现场，能随时使用合适和搬运设备和有经验的搬运工； 2. 在展览现场或尽可能近的地方安排仓储地； 3. 空箱应存放在离展会尽可能近的地方，按时回运空箱； 4. 卸车和装车必须按事先商定的时间进行； 5. 协调好所有参展商的搬运要求，提前将相应安排通知办展机构和参展商

举办展会，参展商可能来自国内，也可能来自国外。有些展会只选择一家运输公司作为展会的运输代理，统一负责海内外的运输事宜。但是，由于国内运输和跨国运输之间有很大的差别，因此，也有一些展会在选择运输代理时，会分别选择国内运输代理和海外运输代理。

（二）国内运输代理商

国内运输代理主要负责展品及相关物资在国内段的运输工作。运输工作主要有来程运输和回程运输两类。其中，来程运输是指将参展商的展品及相关物资自参展商所在地运至展会现场之间的运输；回程运输是指在展会结束后，将展品及相关物资自展位运至参展商选择的其他地点的运输工作。回程运输的目的地可能是参展商的所在地，也可能是参展商选择的其他地点，如其经销商和代理的所在地或另一个展会的所在地等。

回程运输的基本环节与来程运输很相似，只不过方向正好相反。并且，除了撤离展馆时要抓紧时间以外，其他各运输环节对时间的要求一般都不高。对于办展单位和运输代理来说，回程运输的筹备和计划工作在展会筹备时就要着手策划，不能等到展会结束时才开始，否则，将引起撤展现场的严重混乱和无序。在选择展会的国内运输代理时，要将它的业务与所选择的海外运输代理的业务结合起来考虑。

（三）海外运输代理商

如果举办的展会是有海外参展商参展的国际性展会，那么，只有国内运输代理还是不够的，还应当选择海外运输代理来负责展品及相关物品的海外段的运输工作。这项运输工作是跨国之间的货物运输，其与国内运输最大的不同集中表现在三个方面：运输方式、有关文件和海关报关。

运输方式。跨国运输基本上都是一种国际联运，因此，展会选择的海外运输代理，要清楚了解有关海关规定、海关手续和进口税率、当地对展品进口的处理办法和规定、当地是否有免费进口宣传品和自用品的规定等十分重要。

有关文件。主要有四种：一是展览文件。是有关展品及相关物品的证明和文件，主要有展品及相关物品清单、展品安排指示书、需送海关审查的特殊物品样本和清单、发票等。有些国家可能还要产地证书、商品检验证书等文件；二是运输单证。是办理货物运输所需要的证明文件，主要有装运委托书、装箱单、集装箱配装明细表、提单、运费结算单等。如果货物需要回程运输，那么还需要有委托回运通知书；三是海关单证。是办理货物海关报关时需要的证明文件，主要有报关函、报关单、清册、进口许可证、发票等；四是保险单证。为展品安全运输所投保的保险险别的有关证明文件。对于以上各种文件，运输代理要明确告诉参展商提供各文件的具体时间和最后期限，以便及时办理有关手续。

海关报关。如果有回程运输，跨国展览货物运输的海关报关手续就有两次：一次是来程运输时的货物进口报关，一是回程运输时的货物出口报关。比较而言，来程运输时的货物进口报关对参展商来说更加重要。因为如果货物不能及时清关，就将严重影响参展商的展出计划。对于来程运输时的货物进口报关一般 ATA、保税、再出口和进口四种办理形式。

（四）选择展会运输代理商时应注意的问题

除了要妥善安排好来程运输和回程运输以外，在选择展会的国内运输代理时，还要考虑以下几个因素。

（1）有关时间安排。展品及相关物品的运输时间要尽早安排好，并向展会所有的参展商公布。需要安排好的运输时间主要有：交箱日期、办理手续日期、发运日期、抵达目的地日期、到达展馆日期以及回运日期等。

（2）包装要求。在同一个大型展馆可能会同时举办多个展会，为方便在展览现场的搬运和装卸，要安排好本展会展品等物资的运输包装要求，如包装标志要注明展会名称、展位号、收货人名称和地址等。

（3）运输线路和运输方式。尽管运输代理和参展商对运输线路和运输方式有自主选择权，但为了给参展商提供最好的运输服务，展会有必要督促运输代理为参展商安排最佳运输线路和运输方式，如"门到门"的服务，尽量一次发运而不多次转运，尽量使用集装箱或其他安全运输方式等。此外，还要明确水运、空运以及陆路运输的到达目的地。

（4）费用问题。由于参展商一般都倾向于把运输代理的收费看成是展会收费的组成部分，因此，展会有必要让运输代理向参展商提供合理的运费及杂费的收费标准，防止运输代理收取的费用过高。要和运输代理谈妥陆运、水运和空运的基本费率，以及迟到附加费、早到存放费、码头/机场费等附加费率、自选服务的费率，并将这些费率告诉参展商。

（5）保险。展会一般不负责展出者的展品丢失、损坏等风险，因此要督促运输代理提醒参展商在安排运输时需要投保的险别。

（6）现场服务。要让运输代理向各参展商明确可以提供哪些现场服务及其收费标准以供有需要的参展商选择。

需要特别指出的是，展会运输代理是展会为方便参展商而为其准备的备选服务项目，它不是参展商一定要选择的。如果参展商有能力或者渠道，可以自主安排展品及相关物品的运输。

三、清洁服务商

在展位搭建、参展商布展和展会撤展的过程中，展会都会产生很多垃圾，展会一般会选择一些清洁服务商来搬运和及时处理有关垃圾问题。展会清洁工作涉及两个方面：从时间上看，展会清洁包括布展时的垃圾清理、展会开幕后的清洁和撤展时的垃圾清理；从空间上看，展会清洁包括展位内的清洁和展馆通道及公共区域的清洁。

布展和撤展时的垃圾清理。展位搭装、布展和撤展时会产生大量的垃圾，如废弃的包装物、包装木板等，如果不及时清理，不仅现场将会混乱不堪，而且还会影响筹展或撤展的进度。

开幕后展会的清洁。展会开幕以后，有大量的观众进入展馆，展会也会产生很多垃圾，这些垃圾如果得不到及时地处理，会严重影响展会的形象。每天，展会都有专门的工作人员在展馆内巡回处理通道和公共区域的垃圾，并在每天展览时间结束后对通道和公共区域的垃圾进行清理。参展商则需要负责保持自己展位内的清洁。在展会闭幕撤展时，参展商还需要将自己展位内的搭建物和展品等及时撤离展馆。

根据展会规模的大小，展会一般会选择一家或几家清洁服务商来负责展会的上述清洁工作。

四、安保服务商

在展会进行展位搭建、布展和撤展时，往往需要大量用水、用电，有的还会动用明火，展馆内存在较大的安全隐患，一旦失火或者是用电过量引起断电，都会影响展会的筹备或撤展进程，严重的还会造成重大损失。展览是一项大型的公众参与性的活动，安全问题十分重要。展会常常将展会的安全保卫工作委托给选择的展会安保服务商来负责。展会的安全保卫工作主要有：消防安全、人员安全、展品安全以及公共安全等。

（1）消防安全。展会内人员密集，展品众多，展会的消防安全十分重要。在展会开幕和布展之前，展会的消防安全计划以及特装展位的搭装计划还必须送交有关政府部门审批，只有得到批准后才可施工布展。展会一般都要求各参展商用于展位搭建的材料必须符合消防要求，是耐火材料。参展商不论是在展位搭建还是在展品演示时使用电力都必须符合要求。展位之间的通道必须保持有一定的宽度，大的展位的搭建设计要考虑消防安全的需要。同时严格禁止在展会内抽烟。

（2）人员安全。展会期间参展商在布展、撤展时或在展会开幕后有关人员的安全问题由参展商为其参展人员购买"第三者责任险"和"展出人员险"等以保障其人员的安全。

（3）展品安全。展品在搬运、布展和展出过程中都可能出现损坏、破碎、丢失等问题，如果展品出现问题，参展商就将无法取得较好的展出效果，因此，展品的安全问题必须加以关注，特别是高档奢侈品及珍品的安全。一般地，展品在搬运时的风险要由参展商和运输代理负责，在布展时，参展商要负责保管好自己的展品，在展会开幕后，展会将有专门的保安人员负责在展会内巡视，协助参展商保护展品安全。

（4）公共安全。展会负责大会的公共安全保卫工作。展会要聘请专门的保安人员 24 小时巡回会场，负责展会的公共安全工作，防范展会里的安全隐患。

值得一提的是，在选择展会的安保服务商时，不仅要注意分清责任，制定措施，防患于未然，展会还要制订突发事件处理计划，以便万一出现安全问题时可以及时采取补救措施，将损失降低到最低限度。

五、旅游代理商

参加展会的参展商和观众 90％以上是商务人士，这些商务人士在展会开幕前后，有许多会希望去一些产业集中的地区或市场集中的地区实地深入了解一下有关商品信息和市场行情，或者到当地著名风景区去适度放松心情。为提高客户对展会的满意度，作为一种附加服务，展会有必要为满足参展商和观众对展会旅游的需求提供协助和便利。

（一）展会旅游的类别

参展商和观众对展会旅游的需求主要来源于两个目的，一是商务考察，二是观光休闲。一般地，展会开幕之前和展会进行之中的展会旅游主要是商务考察，展会结束之后的展会旅游中商务考察和观光休闲都有。

商务考察。是以收集有关商品的市场信息、了解有关市场的行情为主要目的的商务旅行活动。参展商和观众对展会具有的贸易、展示、信息和发布等功能的选择重点各有所不同。如果参展商和观众觉得在展会上获取的东西还未达到他参加此次展会的全部目的，那么，他们就有亲自到市场中去看一看的愿望。于是，商务考察的需求就应运而生。商务考察的主要目的地一般有两种，一是商品专业市场或大型的商场；二是商品的主要生产地或某些企业的所在地。

观光休闲。主要是为了在游览风景名胜和文化古迹等旅游景点的过程中放松心身，增长见识。如果说商务考察是展会的一种补充的话，那么，观光休闲基本就是展会的一种延伸，这在国际性的展会中表现得特别明显。在大型国际性展会中，有许多参展商和观众是来自海外不同国家和地区，他们对展会所在地的市场可能有一些了解但没有亲身经历，对当地的名胜古迹和风土人情有一些耳闻但没有亲眼所见。因此，在紧张的展会商务活动之余，在圆满完成展会任务之后，他们就有进一步了解当地名胜古迹和风土人情的愿望。

（二）展会旅游代理商

大多数展会都倾向于把展会旅游的有关业务委托给专业的旅游公司去安排。根据客户的来源或者旅游线路的不同，展会在选择旅游代理时，可以考虑分别选择一个海外旅游代理和一个国内旅游代理。如果某家旅游公司的实力特别强，也可以只选择一家旅游代理，将海外和国内旅游的业务都交给它来经营。

在选择展会旅游代理时，除了要考察各旅游公司的实力和服务水平外，还要注意考察它们的接待能力、收费标准和个性化服务等因素。旅游代理的收费要合理，而大型的展会需要旅游代理有较强的接待能力。由于展会旅游的客户一般都是商务人士，他们的素质一般较高，独立意识强，个性化十足，加上展会旅游的时间一般都较短，随机性较大，所以展会旅游的安排一定要突出个性化特征。否则，将会损伤一部分客户的旅游动机，对办展单位来说得不偿失。

六、接待酒店

举办展会是一项有大量人员聚集的活动，小型展会的参展商和观众数量都会有好几千甚至上万，大型展会的到会参展商和观众就更多，如"广交会"每届仅海外观众就超过 20 万人。在展会举办的短短几天里，如此多的人聚集在一起，吃、住、交通等都有待协调，尤其是那些对当地不太熟悉的外地参展商和观众，在这方面就更需要办展单位的指引。

为了方便参展商和观众在展会期间的生活安排，展会除了要选择旅游代理以外，往往还会和一些宾馆酒店合作，与这些宾馆酒店签订合作协议，选择这些宾馆酒店为展会的接待酒店。届时，展会将向所有的参展商和观众推荐这些选择的宾馆酒店。这些宾馆酒店也将按和展会签订的合作协议，以比市场价更优惠的价格向该展会的参展商和观众提供住宿等服务。展会往往会选择那些离展览场地较近、信誉较好的宾馆酒店，这样不仅服务质量有保障，还有利于参展商和观众在住宿地和展馆之间的往来。

在选择接待酒店时，展会要根据展会参展商和观众需求的不同，选择高、中、低档的酒店供展会参展商和观众选择。但一般来说，由于参加展会的参展商和观众基本都是一些商务人士，所以展会选择接待酒店的档次也不能太低，如一般不能低于三星级。

选择了展会接待酒店以后，展会就要将这些宾馆酒店的协议入住价格、地址、联系人和联系办法、酒店离展馆的距离远近、展馆与酒店之间、酒店与机场、火车站的距离等交通基本信息告知展会的参展商和观众。此外，为了区分和服务于展会的参展商和观众，有些宾馆酒店还会要求参展商和观众在办理入住手续时，出示参展商证、观众证等证明材料，以便按协议价格入住。对于这些特殊规定，展会也要及时告诉参展商和观众。

七、餐饮服务商

展会现场餐饮服务的重点有两个，一个是午餐。早餐和晚餐客商基本都可以在酒店或自己解决，但午餐时绝大多数参展商和观众都在展馆，用餐时间集中，人员多，场地有限，需要认真对待。另一个是饮料供应，在现代展览中，饮料供应点并不仅仅只是饮用咖啡、饮料的地方，它还是一个休憩、洽谈的地方，在展会里尤其如此。

展览开幕期间，展会解决展会现场的餐饮服务问题一般有三种办法：一是选择展会餐饮服务商；二是推荐展场周边餐饮设施；三是将上述两种结合起来，既选择展会餐饮服务商也推荐展场周边餐饮设施。

（一）选择展会餐饮服务商

如果展会展览现场有足够的空间，或者展会所使用的展馆有专门的"餐饮服务区"，展会一般会选择一些餐饮服务商，如酒店、饭馆和其他餐饮供应者，在展会现场选择的地点设立供应点为展会提供餐饮服务。

展会一般会根据展馆设施情况和展会规模的大小，通过招标的形式选择一家或几家餐饮服务商。这些餐饮服务商在展会现场一般提供以下餐饮服务：商务套餐、快餐、点心餐、咖啡及各种饮料。

（二）推荐展场周边餐饮设施

如果展会展览现场场地不足，或展会所使用的展馆不允许在展会现场设立餐饮供应点，或展会的规模较小，展会无法或没有必要选择餐饮服务商在展会现场设点供应，这时，展会推荐展场周边餐饮设施给参展商和观众及其他有关人士使用，也是一种不错的选择，也能体现出细致服务。

餐饮服务是展会现场服务的一个重要组成部分，展会如果不在现场设点供应，一定要给参展商和观众及其他有关人士推荐展场周边一些餐饮设施以解决他们的餐饮问题。推荐展场周边餐饮设施，要高、中、低档的都选择一些以满足不同客户的不同需求。并且，展会还要事先向他们通报这些餐饮设施，并详细介绍展会到这些实施所需要的时间、它们的地址以及它们能提供哪些主要餐饮服务等以供选择。

（三）既选择展会餐饮服务商也推荐展场周边餐饮设施

如果展会规模很大、展馆条件也允许，很多展会在选择一些展会餐饮服务商在展会现场设点供应餐饮的同时，也推荐一些展场周边餐饮设施供客商选用。这种做法有利于给客商在餐饮方面以更多的选择。

第三节　重要资料编写与发放

为做好对参展商和观众的服务并对展会进行有效地筹备和管理，在展会的筹备过程中，往往还会编写一些资料并分送给参展商和观众或在展会现场使用。在这里，重点介绍几种重要的资料，包括参展商手册、展会参观指南、会刊以及展会的证件与门票。

一、参展商手册

参展商手册是将展会筹备、开幕以及参展商参加展会时应注意的各种问题汇编成册，以方便参展商进行参展准备的一种小册子。它不仅是帮助参展商进行参展筹备的纲领性文件，也是办展单位对展会布展、展览和撤展等各环节进行有效管理的指导性文件，它可以是纸质的，也可以是电子版的。参展商手册主要包括以下几方面的内容。

（1）前言。主要是对参展商参加本展会表示欢迎，说明本手册编制的原则和目的。前言一般都很简短，言简意赅。

（2）展览场地基本情况。包括展馆及展区、展位平面图、至展馆的交通图、展览场地的基本技术数据等。

（3）展会基本信息。包括展会的名称、举办地点、展览时间、办展单位、展会指定承建商、指定运输代理、指定旅游代理、指定接待酒店等。

（4）展会规则。就是展会要求参展商和观众等参加展会时所必须遵守的一些规章制度。

（5）展位搭装指南。是对展会展位搭装的一些基本要求和说明，主要包括标准展位说明和空地展位搭装说明等。

（6）展品运输指南。是对参展商将展品等物品运到展览现场所作的一些指引和说明，主要包括海外运输指南和国内运输指南等。

（7）展会旅游信息。是对解决参展商及观众等参加展会期间的交通、吃、住、行等需要和展会前后的旅游需要等做出的一些说明。

（8）相关表格。是有关参展商在筹展和布展过程中需要使用的各种表格，主要包括展览表格和展位搭装表格两种类型。

参展商手册不仅对参展商进行参展筹备有着十分重要的指引作用，也对办展单位对展会的布展、展示和撤展等各环节进行有效的现场管理有很大的帮助和影响。在编制参展商手册时必须做到。

（1）实用。参展商手册所包含的内容必须是对参展商进行筹展、布展、展览和撤展等有较大的指引作用，或者是对办展单位对展会筹展、布展、展览和撤展各环节进行管理有较大帮助，或者对参展商邀请其老客户来展会参观有辅助作用，否则，该内容就不能进入参展商手册。

（2）简洁明了。参展商手册对各方面内容的说明和叙述应该简洁，文字不要太多，篇幅不要太长，能说明问题即可。对各方面内容的说明和叙述必须准确、具体、清晰、易懂，不能让人产生歧义。否则，在展会筹展、布展、展览和撤展等环节的具体执行中就会引起争议，既不利于参展商展出，也不利于办展单位对展会现场进行管理。

（3）详细全面。参展商手册提到的各项内容要尽量详细。如对布展和撤展加班时间的规定可以具体到小时和分钟，对各种表格的返回最后期限的规定具体到某月某日等。对于参展商手册提到的各项内容要做到没有遗漏，否则，现场操作就会出现问题。比如，如果没有提到展馆入口的高度和宽度，就有可能会使一些较大较长的物品进不了展馆。

（4）美观。参展商手册的排版和制作要美观大方，印刷讲究，不应出现错别字和其他印刷错误。参展商手册的制作和用纸与展会的档次和办展单位的品牌与声誉相符，不能让人产生不好的联想。

（5）专业。参展商手册的遣词造句要符合行业习惯和规范，要使用行业熟悉的语言，所涉及的术语要规范，不能想当然地使用一些行业比较陌生的词语。内容编排要符合参展商筹展的筹备程序，不能让他们翻来覆去地寻找自己需要了解的内容。

（6）国际化。如果展会是国际性的展会，或者展会有向国际化方向发展的目标，参展商手册的内容编排和制作应做到符合国际参展商的需要，要有中、外文两种甚至3～4种文字的文本。外文文本的参展商手册，其翻译一定要准确。

参展商手册编制成功以后，要在展会开幕前适当的时间寄给参展商，也可以将其内容发布在展会的专门网站上供参展商阅览和下载。

二、展会参观指南

展会参观指南，是展会编印的用来指引观众参观展会的一种小册子。它可以是纸质的，也可以是电子版的，主要是向展会的专业观众、媒体记者以及与会参观的嘉宾发放。好的参观指南就像是到展会参观的指南针，有了它观众不但可以很方便地找到自己要到的展区，还可以很容易地找到某一个具体的参展企业的位置。

参观指南主要包括四个方面的内容。

（1）展会的基本内容，包括展会的 LOGO、名称、展览时间和地点、办展机构名称和展品范围等。

（2）展会的简短介绍，主要简单介绍展会的规模、参展企业数量和来源、展品特点、展会相关活动安排等。

（3）展区和展位划分与安排，主要包括展会的展区展位划分图，各展区的位置和范围、各参展企业名单及其展位号一览表，大的或知名参展企业的名字及具体位置等。

（4）其他有关图表，主要有展馆在该城市中的位置及交通图、展馆内部交通图、展馆内各服务网点的分布图等。参观指南的编写一切都是从观众的需要出发，为了方便观众到会参观。因此，参观指南一定要编写得实用，简单明了，条理清楚，一目了然。

三、会刊

展会会刊是本届展会所有参展商的有关信息的汇编。它可以是纸质的，也可以是电子版的。它是展会为参展商提供的一项宣传服务，可以补充参展商在展会上接触的信息的不足，为参展商架起一座走向市场的桥梁。专业观众及有关机构也可以凭该会刊寻找自己需要的产品供应商。

展会会刊一般要收录参展商的以下信息：单位名称、地址、联系人、联系办法如电话、传真、电子邮件和网址，单位及产品简介，产品主要面向的市场范围等，同时还应标明该参展商在本届展会里的展位号以便有针对性地寻找。除了上述信息以外，展会会刊还会附上展会展区和展位划分平面图。一些著名的展会的会刊发放的范围很广，宣传效果很好，除了提供会刊收录的上述信息外，很多参展商还在会刊里专门刊登企业或产品广告。

图 5—1　客商在扫描展会二维码会刊（摄于广州建博会）

会刊的编印是一项十分细致和琐碎的工作。首先，展会应要求所有的参展商必须在规定的时间前提供登录会刊的有关信息，这样展会才有时间及时汇编印刷；其次，各参展商提供的资料必须真实可靠并且文责自负，展会只负责照样刊登；最后，展会必须对所有参展商的信息仔细核对，不能出现与参展商提供的信息不符的错误。

展会会刊一般通过两种方式对外发放，一是免费赠送，一是定价出售。免费赠送主要是赠送给行业协会和商会、外国驻华机构等组织以及所有的参展商，有些展会也部分赠送给展会的专业观众。定价出售主要是出售给展会的专业观众，在展会展览期间，展会可以在专业观众登记柜台附近设一个专门的会刊出售（或赠送）点来出售（或赠送）会刊。对于参展商，展会一般都会免费赠送一定数量的会刊。

四、展会证件与门票

展会开幕以后，展会一般要实行证件管理，有展会认可的证件才能进入展馆参观。实行证件管理的目的在于维持展会现场的良好秩序，保证展会的安全和参展商取得较好的展出效果。根据实际需要，展会一般要印制 8 种证件。

（1）参展商证。供展会参展商进出展馆使用。

（2）筹（撤）展证。供展会在布展和撤展时，承建商和参展商的相关工作人员使用。筹（撤）展证在展会展览期间一般不能使用，在展会展览期间承建商和参展商的相关工作人员不能凭此证进出展馆。

（3）专业观众证。供展会的专业观众使用。专业观众在填写上述"专业观众登记表"后取得本证，凭本证可以进入展馆参观展会。

（4）贵宾证。也叫 VIP 证，供到会参观的嘉宾使用。

（5）媒体证。供各新闻媒体的记者及摄影等工作人员使用。

（6）工作人员证。供办展机构的有关工作人员使用。

（7）车证。供参展商、观众和到会嘉宾在展馆停车场停车之用。

（8）门票。有些展会对普通观众开放并出售门票，专业观众凭"专业观众证"进馆参观，普通观众凭门票进馆参观。还有一些展会对所有的观众都出售门票，所有观众都凭门票进馆参观。

为了便于展会现场管理，展会一般要求所有进馆人员都必须将有关证件佩戴在胸前，并自觉配合展会保安人员的查验。所有的证件都不许涂改，不许转让，也不允许一证多用。

第四节　展会开幕

展会开幕管理是展会现场工作的第一个阶段，它是对展会开幕式的筹划、准备、控制和协调。展会开幕式是展会筹备过程的结束，同时也是展会展览期间的开始。因此，筹划好展会的开幕，对举办好展会有着十分重要的作用。随着国家相关规定出台和本着节约成本的目标，目前的展会开幕式或取消或简化。但一旦确定设立开幕式就应认真策划并加强管理。

一、展会现场布置

展会开幕前必须将展会现场布置好，以便为展会举行开幕式和观众到会参观做充分的准备。

展会现场布置需要安排好以下各项内容。

（1）展会开幕现场。需要布置好开幕背板、门楼或展会横幅，并在背板上写上展会名称、开放时间、展会的主办、承办、支持单位等办展单位的名称等。如果有单位祝贺展会开幕或有企业做现场广告，还要布置好现场空飘气球或其他广告牌等。如果展会开幕现场有表演，还要按表演的需要布置好表演的场地。开幕式现场要布置得庄严隆重，气氛要营造得符合展会定位的需要。

（2）展馆序幕大厅。要布置好展馆、展区和展位分布平面图、各服务网点分布图、各参展企业及其展位号一览表及名录牌、展会简介牌、展区参观路线指示牌、展会宣传推广报道牌、展会相关活动告示牌等。序幕大厅的布置要与整个展会的气氛相协调，要醒目，容易辨认。

（3）展会各展厅。除了各参展企业的展位以外，还要布置好各展厅（展区）的主要展览内容提示牌、参观路线指示牌、本展区服务网点提示牌、至其他展厅（展区）的路线提示牌、本展区参展企业及其展位号一览表等。上述内容要布置在展厅（展区）比较显眼的地方，或在观众容易迷路的地方，这样更有利于观众参观。

（4）展会嘉宾的休息室或者会客室。除了要配备一些茶水、咖啡和小点心等以外，还可以放一些有关展会的介绍资料。如果有必要，还可以为该休息室或会客室配备专门的服务人员或者翻译。

（5）其他。为方便参展商现场租赁各种展具和申请额外用水用电，展会可以在展馆适当的地方设立展会布展"一条龙服务点"，集中处理参展商布展及展览期间租赁展具和申请额外用水用电的需求。另外，为方便参展商和观众，还可以在展馆序幕大厅、展馆的主通道或其他便利的地方设立"联络咨询服务中心"，安排专门的人员在该中心负责接待和联系客户，现场处理和回答客户的有关问题。如果展会规模较大，除该联络咨询服务中心外，展会还可以在其他合适的地方再设立一些"联络咨询服务点"，多服务点地为客户提供服务。

上述各种布置必须在展会开幕前完成。因为展会一旦开幕，观众就将入场参观，如果展会现场的各种布置在观众进场后还未完成，那势必会严重影响展会的现场秩序和展会的整体形象，影响观众的参观和参展商的展出效果，对展会发展不利。

二、媒体接待与管理

展会开幕前，展会要与有关媒体取得联系，为召开展会开新闻发布会、或邀请媒体记者对展会开幕现场和展览现场进行采访和新闻报道做准备。邀请的媒体记者包括新闻记者和摄影记者。

许多展会在开幕前会举行一次新闻发布会，向媒体通报展会筹备情况，并告诉社会各界展会将按计划如期举行。新闻发布会起到将展会消息提前通知新闻界的作用，使新闻界提前对展会开幕进行预备报道，并让他们对随后到来的展会开幕进行的各种采访有一定的准备。

很多展会都会在展会现场适当的地方开辟一定的区域作为展会的"新闻中心"供各媒体和记者使用。在新闻中心里，除了要配备计算机、传真机、写字台、纸笔等供记者写稿、发稿用的必要设施之外，还要配备供记者小憩的茶水、咖啡以及小糕点等，尤其是要保持网络的畅通和快速。新闻中心里还可以放一些有关展会的介绍资料如展会的办展背景、行业概况、展会特点、相关活动安排计划以及展会的相关数据等，以便记者在写新闻报道时参考。新闻中心一般只供媒体的有关人员使用。

展会可以给所有的媒体记者每一个人发放一个"新闻袋"。新闻袋里放置的资料一般有：展会新闻通稿、展会背景介绍、展会特点介绍、展会有关数据、展会相关活动安排计划、展会会刊、展会参观指南以及一些小礼品等。新闻袋务必发放到每一个记者手中，这样更有利于他们编写展会新闻报道。

展会要安排专人负责新闻记者的接待和联络工作。负责接待新闻记者的展会工作人员要对展会的有关情况非常熟悉，能随时回答记者提出的有关展会的各种问题。如果记者希望现场采访某些参展企业、出席展会开幕式的嘉宾或者某些重要的观众，而展会又认为可行，那么展会要事先与有关人员取得联系并征得他们的同意，然后安排好具体的时间和地点，通知记者到时采访。为示尊重，采访完毕后，如果记者采访的内容在有关媒体上发表，最好在会后邮寄一份给被采访的有关人员。

展会可以有意识地组织、引导和安排各新闻媒体对展会进行新闻报道，特别是重大或特殊事件的宣传报道，为各媒体记者提供其必要的展会资料，积极回答记者提出的各种问题。展会可以根据不同媒体的不同新闻需求向其提供不同的展会资料。例如，专业媒体更倾向于报道一些较专业的行业新闻，大众媒体则更注重大众所喜闻乐见的新闻。只要报道的基调一致，展会可以引导不同的媒体从不同的侧面对展会进行报道。

对于各媒体和新闻记者对展会的各种采访报道，在展会展览期间及展会闭幕以后要注意及时收集和整理，要分析这些资料对展会报道的内容和角度是否符合展会发展的需要，分析这些报道还有哪些可以改进的地方，以便下一届展会开幕时与媒体沟通改进。如果某些媒体对展会的报道有失偏颇，就要及时采取补救措施来扭转媒体的报道视角。

三、展会开幕

有些展会以举行开幕式的形式来宣告开幕。开幕式是一项较为大型的活动，一般会有有关领导参加并伴有一些表演活动，涉及的层面很多，需要事先经过周密的部署和仔细的筹划。

（1）开幕时间和地点。展会开幕的时间和地点要提前作好安排并通知到有关方面。展会开幕的时间一般不宜太早，太早了不利于参展商进场准备和出席开幕式的嘉宾按时到场。展会开幕式持续的时间也不宜太长，太长了会让等待进场参观的观众产生厌烦的情绪。开幕式的地点一般安排在展会展馆前的广场上，这样更方便有关人员在开幕结束后入场参观。如果开幕式上安排一些表演活动，要注意适当安排好表演的时间和地点，使表演和展会开幕式交相辉映，相得益彰。

（2）出席开幕式的主要嘉宾。展会一般都会邀请一些行业主管部门官员、行业协会与商会的领导、外国驻华机构代表以及其他有关人员作为展会的嘉宾出席展会开幕式。展会要事先落实嘉宾的名单并与应一对一专人服务，告知并陪同他们出席开幕式，要准备签到簿让嘉宾签到。如果是外籍嘉宾，该接待人员还须懂外语并承担起翻译的任务。开幕式上嘉宾的位置须事先做出安排。

（3）开幕式讲话稿和新闻通稿。开幕讲话稿和新闻通稿是展会对外宣布展会正式开幕的"宣言",它对社会各界正确认识展会有重要的影响。展会开幕讲话稿与展会新闻通稿在内容上有些相似之处,只不过展会开幕讲话稿比展会新闻通稿更简化。展会新闻通稿是各新闻媒体报道展会的基调,是展会给媒体和记者的第一印象,展会要认真准备。

(4)开幕方式的确定。展会可以以多种方式来举行开幕式,如鸣放礼炮、嘉宾剪彩、领导讲话等。如果是鸣放礼炮,要事先安排好布置礼炮的地点和鸣放礼炮的时机。如果是嘉宾剪彩,要安排好剪彩嘉宾,并安排礼仪。如果是领导讲话,要准备好讲话稿。开幕式的程序要紧凑,不拖拉,开幕式上的表演要恰到好处,不喧宾夺主。开幕式的内容视其规格不同进行安排,总的趋向是勤俭办展,简化开幕式。

不过,现在已经有越来越多的专业展会在开幕时不举办开幕式了。

四、专业观众登记

基于专业观众在展会中的重要地位,展会一般对专业观众到会情况都极为重视,并安排专门的程序对到会的专业观众进行登记,以全面掌握这一宝贵资源。尤其对于专业展会,专业观众是观众的主体,参展商对专业观众的到会参观会给予期望。

展会可以在展馆的序幕大厅或者专门的观众进馆大厅内设立专业观众登记柜台来进行展会的专业观众登记工作,与此相对应,展会还要设立观众登记通道。展会可以根据方便观众登记和展会的需要,对观众登记柜台和通道进行分类管理。

展会可以根据以前对专业观众发放邀请函的情况,将专业观众登记柜台和通道分为"持有邀请函观众登记柜台"和"无邀请函观众登记柜台"。前者负责登记那些持有展会邀请函的观众,后者负责登记那些没有展会邀请函的观众。

有些展会在向观众发放观众邀请函时,就将观众一一编号,给每一位观众赋予一个客户号码,并将该号码印在给观众发放的邀请函上。一旦观众到会参观,展会只要读取该客户号码就可以知道该客户的有关信息而不必现场录入该信息。这种办法不仅可以极大地提高展会现场观众登记的效率,也有利于展会进行客户关系管理。随着信息技术的发展，各种有利专业观众观展的技术与手段在不断地开发与运用，展会组织者应积极运用。

有些展会还会在专业观众证上打印条形码，观众进出展馆时都要用读码机读一次条码，以此来掌握观众进出展馆的次数和他们在展馆里停留的时间的长短。用这种方法，展会还可以控制展馆里的人流量。如果展馆里人流量太大，展会可以适当控制入馆的人数以保证展馆里不至于太过于拥挤。

不管观众登记是由展会自己负责还是委托给专业公司负责，在进行观众登记时都应处理好以下几个问题。

（1）要有专人负责管理观众登记的现场事务，观众登记现场要保持秩序井然，不杂乱。

（2）观众提交的资料要尽量完整。如果观众没有预报名，现场工作人员应提醒观众填写好观众登记表的相关内容，并在观众按要求填写后才给其办理进馆手续。

（3）工作人员现场录入的观众信息要力求准确，尽量少出错误。

（4）如果现场来不及录入观众的所有信息，可以录入其中主要的信息，其他信息在展会后期录入。

（5）观众提交的填写好的观众登记表、邀请函和名片等资料要妥善保管，分类整理，以便以后对录入的观众资料进行核对。

（6）现场工作人员的工作态度要好，动作要迅速，不能因为登记而使观众滞留在入口处。工作人员要对展会有一定的了解，能回答观众提出的关于展会的一般问题。

观众登记工作为展会"把守门户"。该工作有条不紊地进行，展会现场秩序也会井然有序。如果出现混乱，展会现场秩序也会受到严重的干扰。观众登记所获得的资料还是展会客户资料数据库重要的信息来源。

为做好展会专业观众登记及相关服务工作，一些展会还会对观众进行抽样问卷调查。问卷调查的问题常常包括以下五个方面。

（1）被调查观众所在单位的业务性质。

（2）被调查观众感兴趣的产品和技术种类。

（3）被调查观众参观本展会的主要目的，掌握观众为什么来参观本展会，以便今后更好地调整展会的功能。

（4）被调查观众在产品购买中的角色，以便了解观众的基本构成。

（5）被调查观众知晓展会信息的渠道，以检测展会宣传推广的效果，便于今后适当调整宣传推广策略。

前两个问题主要是想了解观众对本展会展品范围的态度如何，了解本展会的展品范围是否符合市场的需要，以便今后据此做出适当的调整。

还有一些主办方希望了解对展会的认知情况，均可设问进行调查。

五、开幕酒会

在开幕的当天，有些展会往往还会举行开幕酒会，用来招待出席开幕式的领导、嘉宾和参展商代表。开幕酒会是展会的一项重要公关活动。举行开幕酒会，展会要事先安排好酒会举办的地点、时间、酒会的方式、出席酒会的人员范围、酒会的标准等。

（1）地点。最好安排在离展馆不远的酒店里举行。选择举办酒会的酒店时，不仅要根据展会的实际考虑酒店的档次，要根据酒会的规模考虑酒店的接待能力，还要考虑出席酒会的有关人员到酒店的便利程度。另外，对于酒会的安全问题也要加以充分考虑。

（2）时间。可以根据展会的实际需要安排在展会开幕当天的中午或者是晚上，很多展会都将酒会安排在当天晚上，这样更有利于有关嘉宾尤其是参展商代表安排出席酒会的时间。如果酒会安排在晚上，则酒会开始的时间不宜太早，也不要太迟。太早了参展商代表可能还在展馆里忙碌而无法出席酒会，太迟了可能会影响到展会嘉宾的其他活动安排。

（3）方式。可以采用自助餐的形式也可以采用围餐的形式。在酒会开幕前可以安排一个小型的鸡尾酒会供大家互相认识和交流。在酒会正式开始前可以由办展单位领导致简短欢迎辞，并安排其他有关领导发表简短讲话。酒会期间，可以播音乐也可以安排表演活动用以活跃气氛。

（4）出席酒会的人员范围。一般来说，出席酒会的人员都要包括出席开幕式的领导和嘉宾、办展机构的领导和代表、行业协会和商会的领导、参展商代表、行业主管部门官员、新闻媒体、工商管理部门的代表、有关外国驻华机构代表等。出席酒会的人员范围一定要全面兼顾，不能漏掉某一方面。另外，出席酒会人员的总人数要事先计划好，要避免出现人员爆满而有人没有座位或者空出大量座位的不良现象。对于出席酒会的所有人员，展会都要事先通知他们有关酒会的情况，并对他们发出正式与会邀请，派专人跟踪落实他们到会情况。

（5）酒会的标准。可以按展会的总预算中对酒会的预算来具体安排，并根据该预算做好酒会的详细预算。酒会预算可以按出席酒会的人数以每人多少钱来计算，也可以根据酒会有多少桌按每桌多少钱来计算。不管按什么标准来计算，酒会的档次都要适当。

随着中国展览业日益成熟，举办开幕酒会的专业展览会已经越来越少了。有些专业展览会即使举办，也只是举办一些规模很小的招待会。

第五节　展会现场工作

展会现场工作是指展会从布展开始，包括展会展览期间到最后展会闭幕这一段时间对展会布展、展览和撤展等事务的组织管理工作。展会现场工作是展会与参展商和观众等有关方面最直接的面对面的交流。它所包含的事务很多，需要多方面的协调配合，工作某一方面的疏忽或失误就可能会对展会造成严重影响。

一、布展管理

所谓布展，从参展商的角度看，是指参展商为准备展览而在展会开幕前对展位进行搭建、布置和将展品陈列在展位上的系列工作。从展会的角度看，是指对展会现场环境进行布置和对参展商的有关工作进行协调和管理。展会布展是展会开幕前的现场筹备工作，一般在展会开幕前几天进行。不同题材的展会需要的时间长短不同，布展时间的长短主要取决于展览题材及展品的复杂程度。展会规模的大小对布展时间也有一定的影响，展会规模越大，其需要的布展时间往往越长。对于一般的展会，布展时间常常在 1～5 天。

根据国内对展会的管理规定，展会在组织布展前需要到工商、消防、安保和海关等部门办理有关手续，手续齐全方可开始布展。需要办理的手续分别是工商报批、消防报批和备案、安全保卫报批和备案、海关报批和备案。另外，如果展馆位于城市的中心地带，有些城市还需要办理外地车辆进城证以方便外地企业运送展品到展会现场布展。

展会布展正式开始后，展会要对布展工作进行全面协调和管理。

（1）展位画线工作。按照各参展单位租用的场地面积和位置画好每一个展位的地域范围，确定每一个展位的具体位置，方便参展商在自己租用的地方搭建展位和陈列展品。展位画线工作涉及每一个参展商租用展位的具体位置和面积大小，办展机构要认真仔细，一丝不苟，要按照事先对参展商的承诺如实办理。

（2）展馆地毯铺设。在展馆计划铺设地毯的地方按计划铺设地毯，如展馆的公共区域、某些标准展位等。地毯铺设一定要紧贴地面，要安全、美观，不能妨碍行人通行。

（3）参展商报到和进场。各参展商凭合同及其他有关证明到展会现场报到，付清各种款项，领取相关证件，办理入场手续。

（4）展位搭建协调工作。除了一些特装展位由参展商自己搭建以外，展会一般还要负责搭建一些标准展位。不管是标准展位还是特装展位，展会要监督所有的承建商都按展会要求搭建；对于展位搭建中出现的各种问题，要及时协调处理。

（5）现场施工管理和验收。展会要派出专门人员管理各承建商的现场施工，如现场用电、用火、噪声、展位高度控制、电线线缆的安装和走向、灯光的设计和使用、搭建展位的材料的防火性能、展位之间通道宽度的控制、重型机械的地面承重控制、标准展位的标准配置等要及时查验，避免施工现场秩序混乱和出现安全隐患。

（6）海关现场办公。对于海外参展的展品要及时办理海关通关手续，如果海外参展比例较大，可以邀请海关现场办公。对于所有海外参展展品，展会要陪同海关进行现场抽样查验。

（7）展位楣板的制作、安装和核对。各参展商展位的楣板上标有参展商的单位名称和展位号，有的还有参展商的企业标志或展品商标。这些内容关系到参展商的门面，对参展商非常重要，一定不能有丝毫的差错，展会要派出专门人员认真核对。

（8）现场安全保卫工作。布展期间，现场人员众多，各单位布展施工涉及用水用电，有一定的危险性。展会要负责展会的一般安全保卫工作，但对参展商的展品丢失、损坏和人员以外伤亡等不负责任。为保护自己的展品和人员安全，参展商一般还要对自己的展品和员工投保。

（9）消防和安全检查。所有的展位布置完毕以后，展会还要陪同消防和安保部门对所有的展位进行一次全面系统的检查，保证展会符合消防和安全要求，彻底清除展会现场可能存在的安全隐患。

（10）现场清洁和布展垃圾的处理。展会布展往往会产生大量的布展垃圾，对这些垃圾要及时收集和运出展馆并进行处理。

上述布展工作结束以后，展会的现场布置就已经基本就绪。在布置好展会的开幕现场、序幕大厅、观众登记处、展会相关活动现场布置和其他各服务网点以后，展会就可以按计划开幕。

二、展览期间现场工作

展会开幕以后，展会就进入了展览期间的现场工作阶段，这是展会最重要和最关键的阶段，展会前期的所有准备工作都是为了这一个时期的工作能顺利进行。展会的办展目标、参展商的展览目标和观众的参观目标主要是在这一阶段得到实现，这一阶段的工作直接决定展会举办的成功与否。展会展览期间的现场工作主要包括以下几个方面。

（1）参展商现场联络和服务。展览期间，所有的参展商都亲临展会，展会一般都会抓住这一机遇，亲自到各参展商的展位拜访参展商，或者邀请参展商座谈，与他们联络感情，了解他们的需求，征求他们对展会的意见和改进建议，及时为他们提供其需要的各种服务。

（2）观众登记和服务。观众通过登记进入展会会场以后，展会要对观众参观、观众信息咨询、中场休息场地和设施的提供、观众与参展商贸易谈判等提供便利和服务。

（3）公关和重要接待活动。展会展览期间，展会往往会安排一些重要的公关活动，如邀请重要领导参观和视察展会、接待外国参展和参观代表团、接待行业协会和商会的考察、接待外国驻华机构代表的访问等。这些公关和接待活动对扩大展会影响、树立展会良好形象有重要作用。

（4）媒体接待与采访。展览期间，展会还会安排一些媒体对展会进行参观和采访，一些著名的展会媒体还会主动申请采访。如前所述，接待媒体与安排媒体采访对扩大展会宣传推广有重要作用，展会要认真对待。另外，展会还可以通过展会的新闻中心有意识地对外发布一些展会方面的新闻以进一步扩大展会的影响。

（5）展会相关活动的协调管理。展览期间举办的会议、比赛、表演和其他相关活动，展会要积极安排和协调。

（6）现场安全保卫工作。展览期间的安全保卫工作主要是防止可疑人员进入展会、防止展品丢失和被盗、展会消防安全保护、协助参展商处理一些安全保卫方面的工作等。和布展时一样，展览期间展会也只负责提供一般的保护工作。

（7）现场清洁。展会一般要负责展场公共区域如通道等的清洁卫生工作，展览期间以及每天闭馆后派出相关人员清洁和打扫这些区域。展会一般不负责各展位里面的清洁卫生工作，这些区域的清洁卫生工作由各参展商自己负责。

（8）有关信息的收集整理。展会展览期间，各种信息汇集于同一个展馆里，展会要抓住这一时机收集有关信息，如对参展商和观众进行问卷调查，了解他们对展会各方面的看法和意见等。展览期间收集的信息是改进展会办展策略的重要参考资料，展会要认真收集、分析和整理，并完成调研报告。

（9）与场地部门结算工作。展会要派出专门人员与展馆场地部门核对展会租用面积、参展类别和各服务收费，准备相关资料和数据，为展会闭幕后与场地部门结算做准备。

（10）与有关方面商谈下一届展会的合作与代理事宜。展览期间，展会的各合作单位和招展、招商代理一般都会亲临展会，这时，要与他们商谈下一届展会的合作与代理招展、招商等事宜，为下一届展会提前做准备。

（11）为下一届展会招展预订展位。展览期间，行业内企业和人员大量汇集，展会可以在大会现场设立专门"招展办公室"，负责为参展商预订下一届展会的展位。

展会展览期间的现场工作涉及面很广，展会一定要事先周密布置，仔细安排，责任到人，确保每一项工作都有专人负责，使每个工作人员分工合理、责任分明、分工协作，共同管理好展会的现场各项工作。做好每一项工作，"细节决定成败"，对展会尤其重要。

三、展会知识产权保护

展会开幕前后，展会往往会邀请有关知识产权保护部门在展会现场设立专门的"知识产权保护办公室"，负责处理参展商有关知识产权方面的侵权投诉，处理可能出现的侵犯知识产权的事件。对于被投诉侵犯了知识产权的展品，展会一般会暂时禁止其展出。如果该产品被证明是侵犯了知识产权，展会将禁止其展出。展会一般只负责配合各参展商保护自己的知识产权，负责协助解决知识产权方面的纠纷。但对于某些参展商的知识产权被另一些参展商侵犯，展会不负具体责任，侵犯知识产权的责任由具体参展商自己承担。

四、撤展管理

当展会按计划的天数进行完毕以后，展会就要准备闭幕，展会闭幕标志着本届展会展览正式结束。然而，展会闭幕并不意味着展会现场工作就此结束。展会闭幕后，展会的撤展工作还需要展会的大力介入和进行必要的管理。

展会的撤展工作主要包括：展位的拆除、参展商租用展具的退还、参展商展品的处理和回运、展场的清洁和撤展安全保卫等工作。

（1）展位的拆除。展览完毕，各参展商的展位要安全拆除，让展览场地恢复原貌。展位的拆除工作一般在展品取下展架后才进行。如果参展商使用的是标准展位或者委托施工的展位，展位的拆除工作一般由承建商负责。如果参展商使用的展位是自己施工搭建的，展位的拆除工作就要由参展商负责。展位的拆除工作有时比布展时更为复杂，也更为危险。对于重复使用的展具或材料，在拆除时应注意不要损坏。展会要监督各参展商或承建商按规定的程序进行展位的拆除工作。

（2）参展商租用展具的退还。展览完毕，各参展商临时租用的展具要及时退还展馆服务部门或者各承建商。如果参展商在退还展具时和展馆服务部门或承建商之间出现问题，展会可以从中协调。

（3）参展商展品的处理和回运。展会结束后，参展商对展品有四种处理办法，即出售、赠送、销毁和回运。有些展会不许现场出售展品，参展商就不能在展览结束后将展品卖给观众，参展商可以将展品赠送给客户、当地代理商或其他有关人员。如果某些展品不便赠送或者参展商不愿出售和赠送，往往就地销毁。对于一些价值较大又无法现场售出的展品，参展商往往要将它们运回去。展品回运的相关事宜请参见前面有关章节的论述。

（4）展品出馆控制。为了保证所有出馆人员带出展馆的展品是他自己的物品，在展会展览期间及展会结束后，展会要对所有的出馆展品进行查验才给予放行。展会给出馆展品实行"放行条"控制，需要出馆的展品，相应的参展商要向展会申请"放行条"，展会在查验展品与"放行条"一致时才准许其出馆。

（5）展场的清洁。展会撤展时往往会比布展时产生更多的垃圾，对于这些垃圾，展会或其选择的承建商要及时处理。不要在展会结束后在展馆留下大量的垃圾，也不要弄脏展场地面和其他有关设施。

（6）撤展安全保卫。展会撤展时往往比较杂乱，展会不要放松撤展现场的安全和消防保卫工作。

展会的撤展工作是在展会闭幕后才进行的，但展会撤展管理的准备工作要在展会撤展前就准备就绪，这样才能保证展会撤展工作有条不紊地进行。

第六节　安全管理

展会是一个人群集聚的地方，加强安全管理特别重要，但常常为人们所忽视。在举办展会时要有强烈的安全管理意识，否则，一旦影响展会安全的突发事件在展会筹备或举行期间突然发生，要么是被迫放弃筹办展会，要么是提前终止正在举办的展会，这都可能导致办展单位血本无归，更重要的是防范危及生命安全的突发事件的发生。

一、展会安全的种类和特点

所谓突发事件，是指一些突然发生的或者是可以预见要发生的事件，这些事件会对有关人员和资源构成严重威胁，会使局面失去控制，对展会的正常举办造成严重影响。突发事件经常和"灾难"、"紧急情况"或者"突发事件"等联系在一起。举办展会所面临的突发事件主要有四种（见表5—8）。

表5—8　展会突发事件的种类一览表

种　类	描　述	举　例
市场	由市场和社会宏观环境所产生的对所有展会都发生影响的突发事件	战争、自然灾害、瘟疫、经济衰退、通货膨胀、政治法律因素、恐怖袭击等
经营	因展会经营方面的原因而给举办展会带来的突发事件	展会现场火灾、展位搭建或撤展事故、展位坍塌、饮食不卫生、公众健康受到威胁、参展商"闹展"或"罢展"等
财务	包括展会自有资金投入和举债筹措办展资金给财务成果带来的不确定性	展会资金安排跟不上展会筹备工作对资金投入的需要、投入筹办展会的各种资金难以按期如数收回
合作	展会合作各方在合作条件、目标和合作事务各环节上出现的不协调、不一致和其他不确定性而对展会产生的严重影响	办展单位之间、各合作单位之间、办展单位与展馆之间、办展单位与展会各服务商以及各营销中介之间产生严重矛盾而导致的突发事件等

以上四类突发事件，市场突发事件和合作突发事件主要来源于展会外部，经营突发事件和财务突发事件主要来源于展会内部。对于外部来源的突发事件，展会一般很难控制，只能预防和规避。对于内部来源的突发事件，展会可以提前采取有效措施避免突发事件发生，或者即使突发事件发生也可以将它消灭在萌芽状态，展会必须制订应对突发事件发生的预案并严格执行。

表5—9是关于展会面临的突发事件的一些基本特点及应对措施。

表5—9　展会突发事件的基本特点一览表

基本特点	描　述	展会应对
突发性	突发事件发生突然，人们处于一种必须立刻采取行动来控制突发事件进一步发展的紧急状态中	做好突发事件的预警工作，做到有备无患
破坏性	如果没有得到有效的预防和控制，突发事件会给展会造成巨大损失，严重的还会造成人员伤亡	尽可能地控制事态的发展，尽量把损失控制在一定范围内，过后能尽快恢复
紧迫性	突发事件不但突然发生，而且很快蔓延，如果没有得到有效控制，突发事件所造成的损失将会越来越大	在最短的时间内对突发事件做出正确的反应，必须在尽可能短的时间内控制住突发事件
不确定性	很难判断突发事件发生的时间和地点，也很难预测突发事件的规模和危害有多大，范围有多广	对突发事件进行科学的预警和有效的监控十分重要
信息不充分	突发事件对现场的分割使原来正常的沟通和联系渠道被破坏，突发事件中的各种信息真伪难辨	内部信息和外部信息、有关管理人员之间进行有效的信息沟通非常重要
资源缺乏	用以控制突发事件蔓延的物资严重缺乏，可以调动的人员寥寥无几	合理调度物资和安排人员

认清突发事件的特点，对展会安全进行管理，一般遵循以下原理来进行：对突发事件进行有效预防，在突发事件发生时进行及时有效的信息沟通，同时对突发事件做出正确的反应，控制突发事件蔓延和减少损失，尽快使受突发事件影响的事物恢复并超越原来的正常状态。即预警（Readiness）、沟通（Communication）、反应（Response）和恢复（Recovery），这被称为展会突发事件管理的"RCRR模式"。

二、突发事件预警

展会突发事件的发生不是毫无征兆的，很多突发事件的发生事先都有一些蛛丝马迹可寻。突发事件预警就是要通过突发事件评估来发现这些蛛丝马迹，建立起一套感应突发事件来临的信号，并通过对这些信号的不断监测来及时发出警报。

突发事件预警有两种系统，指标性预警系统和电子预警系统。指标性预警系统，是将判断突发事件是否发生的信息转化成一系列较容易识别的指标，并根据指标的变化情况来进行突发事件预警的系统。电子预警系统，主要是通过有关电子装置对可能引起突发事件的信息进行收集、监视和分析并发出突发事件预警的系统。不管使用哪种预警系统，在进行突发事件预警时既要避免有关人员对突发事件预警信号反应迟钝而错失进行突发事件预防和突发事件反应的良机，也要避免突发事件预警系统本身失灵，不能及时对即将到来的突发事件进行预警。否则，突发事件预警就会失败。

突发事件预警的同时也是突发事件预防。进行突发事件预防，首先要弄清楚与突发事件发生有关的五个因素。第一，突发事件源。就是可能导致突发事件发生的各种主要原因。第二，环境。就是突发事件源赖以存在和突发事件得以形成的各种情况，如大量的可燃物体构成火灾的环境。第三，交互作用。就是突发事件源与环境的相互影响过程和影响程度，如电线短路引燃大量的可燃物体，大量可燃物体的燃烧又引起更多的电线短路。第四，损失。就是突发事件可能造成的各种损失。第五，影响。就是突发事件带来的短期和长期影响。只有弄清楚这五个与突发事件发生的有关因素，对突发事件的预防才会更有效。否则，对突发事件的预防就可能会不着边际。

在突发事件预警系统的帮助下，我们可以采用四种应对措施来对可能发生的突发事件进行预防，这四种应对措施是：阻止（Prevent）、回避（Evade）、转移（Transfer）和接受（Accept），被称为突发事件预防的"PETA方法"。

（一）突发事件阻止

突发事件阻止，是指根据突发事件预警，在突发事件发生前采取有效的措施阻止突发事件的发生。例如，在观众入场参观前就合理地安排好参观通道以避免过度拥挤等。实行突发事件阻止策略，有效和及时的突发事件预警非常重要。如果没有及时和准确的突发事件预警，尤其是如果不能及时地发现引起突发事件发生的突发事件源，有效地控制突发事件引起的交互作用，及时清理突发事件赖以存在的环境，突发事件阻止策略就难以真正实施。突发事件阻止策略简单易行，可以彻底地消除突发事件，或使突发事件在萌芽状态就被消灭，对保证展会安全举行具有重要作用。

但是，由于引起突发事件发生的各种因素比较复杂，突发事件阻止策略在使用过程中也有其局限性，它只对展会或有关部门可以控制的突发事件有效，对一些突发事件如市场突发事件等行业性突发事件就显得无能为力。并且，如果突发事件阻止的成本很大，大到超过阻止突发事件发生而获得的收益时，采用这种突发事件预防策略也很不经济。所以，对于类似这样的突发事件，展会就应该采用其他的突发事件预防策略，如突发事件回避策略等。

（二）突发事件回避

突发事件回避，是指根据突发事件预警发出的突发事件信号，展会在突发事件发生前就主动地远离突发事件而避免突发事件给自己带来更大损失的一种突发事件预防策略。突发事件回避策略也是展会经常用到的一种策略。

突发事件回避策略对于那些不可控制的突发事件，以及那些突发事件阻止成本大于因阻止突发事件发生而获得的收益的突发事件较为有用。但这种策略也有一些局限性，如回避了一种突发事件可能会引起另一种突发事件的发生；如展会提前闭幕可能会导致大量参展商索赔的突发事件发生。另外，回避突发事件的同时也就完全放弃了相关收益，如取消举办展会就意味着放弃了举办展会的收益。

案例：

有效回避展会突发事件

突发事件回避策略在具体实施时有两种，一种是先期回避，一种是中途放弃。

先期回避：2003 年春天，一场突如其来的 SARS 疫情使我国展会行业面临严重的突发事件。5 月份，疫情达到高峰，全国各地 98 个大型展览会（其中有国际展 55 个）全部取消，6 月份，疫情开始缓解，但北京地区的 79 个展览会（其中 34 个国际展）还是取消了，这些展会都以停办当年的展会来先期回避 SARS 疫情带来的突发事件。

中途放弃：2003 年 SARS 疫情期间，中国三大汽车展之一的上海国际汽车展览会因为全国 SARS 疫情日益严重而被迫在展开闭幕前提前 3 天闭幕。

和先期回避策略相比，中途放弃的成本较高，有时候也较难处理中途放弃后与各方面的关系和有关利益补偿等问题。

（三）突发事件转移

当有些突发事件是否发生捉摸不定，或者是进行突发事件回避很不经济时，展会可以采取突发事件转移策略来预防突发事件的发生。所谓突发事件转移策略，是指展会通过合理的途径，将突发事件风险或突发事件可能造成的损失转移给其他有关机构承担的一种策略。

突发事件转移策略在具体使用时可以分为两种，一种是突发事件控制型转移策略，一种是突发事件财务型转移策略。前者是将突发事件风险及其潜在损失和突发事件控制等一起转移的策略，如指定展品运输代理转移运输风险，将展品运输过程中可能出现的各种风险转移给展品运输代理。后者是将突发事件风险的潜在损失从财务上转移到相关机构的一种办法，如向保险公司投保，将展览期间的展品损坏、失窃和参展人员可能伤亡等风险转移给保险公司。

需要注意的是，不管是哪种突发事件转移策略，它都不能转移突发事件对展会带来的不利影响。例如，如果展品没有按期运到展览现场，尽管参展商可以依法追究运输商的责任，但由于展品没有到位而使展览现场有大片展位"空置"而影响展会形象却没有办法转移。所以，在使用这种突发事件预防策略时，一定要同时采取一些配套措施来消除突发事件可能带来的不利影响。

（四）突发事件接受

对展会来说，由于突发事件预警延迟或不准确以及其他许多原因，有些突发事件是无法或来不及阻止的，也有些突发事件是无法或来不及回避的，还有些突发事件是无法或者来不及转移的，对于这些突发事件，展会如果采取逃避的态度是极不负责任的，也是极为有害的。这时，展会将这些突发事件风险勇敢地接受下来不失为一项较为明智的选择。

但是，展会接受突发事件风险并不就是眼看着突发事件的发生而对突发事件无所作为。实际上，突发事件接受策略是主张在突发事件风险无法或来不及阻止、回避或转移的情况下，展会要勇敢地承担起自己的责任，主动地接受突发事件风险，并通过采取一系列有效措施来尽量降低突发事件发生的可能性，降低一旦突发事件真正发生所带来的不利影响和损失，使展会能顺利渡过难关。

三、沟通管理

一旦得到突发事件预警或者突发事件一旦发生，展会就需要在有限的时间内迅速了解事情的有关情况，及时落实安全管理计划，这时，如果没有良好的沟通，管理工作就可能会陷入一片混乱，突发事件就可能进一步蔓延，损失就可能进一步扩大。突发事件发生的突然性、突发事件反应的时间紧迫性和突发事件的破坏性，需要安全管理团队之间进行良好的沟通，互通信息，团结协作，共同管理好突发事件。

在安全管理中，可以采用多种渠道来进行沟通，如通信的方式、口头的方式、书面的方式和电子媒介的方式等。不管采用哪种方式，都必须确保成员之间沟通的通道畅通。例如，如果采用通信的方式，就可以将所有成员的电话号码编成一张表并让所有成员人手一份。和日常沟通相比，安全管理中的沟通具有一定的特殊性。例如，情况紧急、时间紧迫、场面复杂、干扰因素多、资源短缺、大量的信息需要快速传递等。安全管理中沟通的特殊性，要求我们对沟通加以特别关注。

（1）使用合适的沟通渠道。沟通渠道的选择要因不同的突发事件而有所不同，要因不同的沟通对象而不同，沟通渠道的选用要具有一定的抗干扰能力，要尽量简化沟通渠道的层次，要有一定的代偿性。不能因为一个渠道遭到破坏或者被堵塞就没有可用的替代渠道。不管怎样，选择合适的沟通渠道是保持沟通畅通的基础。

（2）使用规范化的沟通方式。使用规范化的方式进行沟通，可以节省大量的沟通时间，提高沟通的准确性，在安全管理中经常被使用。规范化的沟通方式可以从多个方面对突发事件中的沟通进行规范。例如，沟通程序的规范化、沟通内容的规范化和沟通渠道的规范化等。

（3）培养信息收集和分析的技能。安全管理中，确保被传递的信息的真实性和准确性是非常重要的，所谓"失之毫厘，谬以千里"就是这时的真实写照。在突发事件中，能否对有关信息进行准确的判断并及时准确地向有关方面传递出去，往往关系到突发事件反应措施的成败。所以，安全管理者要培养所有管理成员的信息收集和分析技能，充分发挥集体的智慧。

（4）公开地与外界进行交流。突发事件一旦发生，除非能很快地消除和控制，否则，主动公开地与外界交流比隐瞒和躲躲藏藏要好。因为，公众和专家不同，公众是感觉突发事件风险，而专家是理解突发事件风险。如果能以坦诚的态度与公众交流，就能更多地获取他们的理解和支持，而公众的理解和支持是安全管理的一个重要力量来源。

（5）重视与媒体的沟通。媒体在安全管理中可以发挥重要的作用（见表5—10），媒体是安全管理者与外界进行沟通的重要渠道，重视与媒体的沟通，对突发事件预警、突发事件反应和安全恢复都大有好处。例如，设立新闻发言人制度就是很多单位重视与媒体沟通的重要举措。

表5—10　媒体对展会安全管理的作用一览表

	作　用	描　述	展会应对
积极作用	帮助传递信息	传播信息的范围和速度是其他手段达不到的	避免谣言并终止谣言的流传，使所有人了解突发事件的真相
	维护展会形象	突发事件的发生会极大地破坏展会和该办展单位的形象	通过媒体的报道来维护和恢复展会的良好形象
	提供社会支持	帮助社会了解突发事件的现状，为突发事件管理获取社会的支持	争取社会和各利益攸关者对突发事件的理解
	帮助安全预警、反应和恢复	提醒展会小心预防、引以为戒、及时改进处理突发事件的办法	关注媒体的有关报道和经验总结
	协助沟通	积极的沟通使复杂的问题简单化，缺乏沟通使简单的事情复杂化	利用媒体及时与客户及其他利益攸关者进行沟通
消极作用	可能成为突发事件的制造者	一些放大性报道及对一些敏感性问题的报道会造成新的突发事件	充分与媒体沟通
	可能使突发事件进一步恶化	一家媒体的报道可能被多家媒体转载，随着信息的传播，安全问题会变得更加严重	有效管理媒体
	妨碍安全管理	媒体的某些行为常常会妨碍更好地对突发事件进行管理	多沟通，适当限制媒体的活动范围

（6）避免引起冲突和过分的情况。突发事件一旦发生，情况就已经十分混乱了，如果因为沟通不畅或沟通不当而再引起冲突，可谓"乱上加乱"。因此，在安全管理中，要尽量避免因沟通不畅或沟通不当而引起冲突。

四、反应管理

有些突发事件，会在人们根本没有意识的情况下突然爆发。有些突发事件，尽管有预警，但由于种种原因，人们却没有时间来阻止它的爆发，或没有能力来阻止它的爆发。不管哪种情况，当突发事件爆发并进入持续阶段以后，人们就不得不面对突发事件并对突发事件做出反应。突发事件反应管理是要努力减少突发事件造成的直接和间接损失并为恢复安全创造条件，如此，可以迅速消除突发事件或阻止和延缓突发事件的蔓延，阻止和减少突发事件的交互作用，阻止或减少突发事件对人、财、物的伤害。

适当的突发事件反应能有效地控制和消除突发事件，不良的突发事件反应往往会助长突发事件的蔓延并造成更大的损失。在接到突发事件预警后，安全管理者必须马上对突发事件做出反应，须立即弄清可能引起突发事件发生的突发事件源是什么及其分布情况，了解清楚突发事件发生的环境，分析突发事件可能会引起的交互作用，评估带来的影响。同时，还必须立即采取措施，迅速消除突发事件或阻止和延缓突发事件的蔓延，并阻止和减少突发事件对人、财、物造成的伤害。

（1）迅速启动安全管理机构或突发事件反应小组。不管是常设的安全管理机构还是临时突发事件反应小组，它都应该做到：第一，它的成员都要富有代表性，能符合突发事件的性质的需要。第二，它需要有一个既权威又民主的决策程序，能在紧急环境中做出富有力度而又有弹性的决策。第三，责任和管理目标必须层层分解，使责任到人，要避免出现"只管不理"的现象发生。第四，管理层次的设立要尽量简洁，要避免层次过多而引起信息传递不畅和沟通困难。

（2）弄清危机源，评估环境，防止发生交互作用。对突发事件反应来说，在接到突发事件预警或突发事件爆发消息的最初几个小时至关重要，把握了这几个小时就是把握了突发事件反应的主动权。在这段时间里，要努力处理好这样几件事：一是要立即弄清引起突发事件发生的危机源是什么，并提出控制或清除这些危机源的可行办法；二是要评估突发事件发生的周边环境，并采取措施阻止突发事件的进一步蔓延；三是防止发生交互作用，避免发生连锁反应。

（3）获取信息和保持内外部的沟通畅通。这是突发事件反应能有效进行的保证。如果获取不到充分的信息，就很难做出有效的突发事件反应决策和进行有效的突发事件反应行动，一旦信息缺失，面对谣言和挫折所导致的冲突就可能不断升级，突发事件所导致的损失就会进一步扩大，突发事件反应就会顾此失彼。在沟通信息时，要注意将内部信息流和外部信息流分开，这样更有助于对整个突发事件事件保持清醒的认识。

（4）按轻重缓急对行动进行排序。安全管理者不能对突发事件的各个方面平均地使用力量，否则，就会漏失突发事件中急需解决的主要矛盾而招致重大损失。安全管理人员可以根据以下几个标准来分清突发事件反应行动的主次先后和轻重缓急：第一，突发事件继续造成损失的严重程度。第二，突发事件各部分继续蔓延的可能性。第三，突发事件各部分是否会引发连锁反应。第四，突发事件中是否存在这样的因素，它影响到展会的生存和办展单位的可持续发展，影响到突发事件的尽快恢复，如果有，就要及时采取应对措施。

（5）重视对人的管理。突发事件爆发以后，如果管理突发事件的有关人员出现混乱，突发事件将很难得到控制，严重时还可能会出现人员伤亡。突发事件反应要关注正在为控制住突发事件而奋斗的人。安全管理者应该跟踪这些人员的部署情况和精神状态，了解每个人所处的最新位置和最新情况，在确保每个人职责分明的同时，让每个人都有一定的应变权利。这样，他们在处理突发事件时才会更加积极主动。另外，安全管理者要精干，如果管理者太多，令出多头，大家就会感到无所适从，安全管理工作就会出现混乱。

（6）牢记法律义务。无论是在刚接到突发事件预警时，还是在突发事件爆发以后，在进行突发事件反应时，安全管理者要牢记自己的法律义务，不遵守法律义务而一味地蛮干，将会导致一系列的后遗症。

在突发事件反应中要尽量避免出现：第一，对突发事件预警麻木不仁，没有突发事件意识，缺乏预见性。第二，延用惯性思维，缺乏应变能力，决策不果断，措施不坚决。第三，信息沟通不畅，报喜不报忧。第四，三心二意，分不出轻重缓急，措施不到位。第五，言而无信，做表面文章，不以诚相待；第六，盲目乐观，分不清是突发事件还是机遇。

五、安全恢复

对于突发事件已经造成的损失，突发事件反应管理往往无力顾及。这样，对于突发事件已经造成的损失只有靠安全恢复管理来解决了。展会安全恢复的范围包括三个方面：人的恢复、物和系统的恢复、形象和声誉的恢复。安全恢复管理的主要任务（见表5—11）。

表5—11　展会安全恢复管理的主要任务一览表

主要任务	面临形势	应对措施
保持展会的连续性	突发事件会给展会造成毁灭性打击使之被迫终止或取消	迅速进行安全恢复工作，使展会不至于因突发事件而终止或被取消
维持生存并改进业务流程	突发事件造成的损失及它所引起的连锁反应带来严重的财务突发事件和生存危机	对引起突发事件的不合理的业务流程进行改革，使自己渡过财务和组织的生存危机
恢复声誉和形象	突发事件给办展单位及有关展会的声誉和形象带来严重损害	恢复因突发事件而遭受损害的声誉和形象
恢复有关人员的信心	突发事件对客户、社会和展会内部人员信心的打击大，"谈虎色变"式的阴影长期笼罩	消除突发事件对人们的心理影响，恢复人们对有关展会及办展单位的信心
获得新的发展	如果不能超越突发事件以前的水平，很难恢复社会和客户对展会的信心	突发事件是"危险"和"机遇"的结合，要抓住突发事件中的机遇

一般地，安全恢复工作可以按如下方式进行。

（1）启动安全恢复小组。安全恢复小组的主要任务是进行安全恢复的信息收集、制订恢复计划和进行恢复决策。有了安全恢复小组，可以使安全恢复工作按计划有条理地进行，使展会尽快恢复到正常状态。

（2）及时沟通。在安全恢复时，保持及时有效的沟通仍然十分重要。通过及时有效的沟通，外界知道办展单位正在做什么，展会也知道外界期望自己去做什么，有关人员也知道自己应该做什么，这对于尽快使事情恢复到正常状态十分必要。

（3）对需要恢复的对象进行排序。在进行安全恢复工作时，要区分需要恢复的对象的重要性，按轻重缓急决定恢复工作的优先次序。一般地，如果在突发事件中有人员伤亡，那么，对人的恢复应该放在最优先的次序。如果没有人员伤亡，那么，对核心业务的恢复工作应该优先考虑。支持业务和延伸业务也是安全恢复的对象，但其优先次序比不上上述两者重要。

（4）对人的恢复。包括对有关人员的生理恢复和心理恢复。这里所说的"人"，包括明显受突发事件影响的受害者、与突发事件相关的各利益攸关者、进行突发事件反应的人、那些关注突发事件进展情况的人以及办展单位的内部员工，这些人的生理和心理状态至少都需要恢复到突发事件前的状态。人是突发事件影响的最终承担者和评价者，从某种意义上讲，除非有关人员感到他们的需求和忧虑正在被妥善地解决，否则，恢复工作做得再好也是徒劳。

（5）整合资源寻求新发展。安全恢复的目标，不是使遭受突发事件打击的有关展会及办展单位在突发事件过后勉强维持生存，而是要努力恢复到突发事件发生以前的水平并尽量超过该水平。突发事件的爆发会暴露展会及办展单位薄弱的一面，安全恢复工作可以对之加以改正和提高，使有关展会和办展单位获得新的发展。

突发事件预警和突发事件真的爆发以后，可供安全管理者做出突发事件反应决策的时间非常有限，在如此短的时间里要了解突发事件真相并制订出科学的反应计划往往很难。如果有一个备用的突发事件反应和恢复计划，那么，突发事件反应和恢复效率必定会大大提高，一旦突发事件真的发生，它可以极大地减少突发事件反应和恢复的决策时间，减轻人们的心理紧张情绪，合理配置进行突发事件反应和恢复的资源，使突发事件反应和恢复工作安排更加科学。突发事件反应和安全恢复计划一般包括以下一些主要内容。

（1）制订本计划的原因、目标和任务。

（2）本计划的起用条件。

（3）突发事件反应和恢复机构（小组）的成员构成及权责。

（4）突发事件预警办法。

（5）突发事件中的沟通策略。

（6）媒体管理办法。

（7）形象管理措施。

（8）突发事件反应的措施及指挥、协调与控制办法。

（9）财务与法律支持办法。

（10）安全恢复的措施及指挥、协调与控制办法。

（11）对计划本身的更新、维护和修订的管理办法。

（12）有关附件：包括各种表单，如突发事件预警、专业协助、所有成员以及有关领导的联系方式表，突发事件反应和恢复所需的资源、设备和技术表，业务单元行动程序表，后勤和供应表，等等。

在制订突发事件反应和恢复计划时，要注意其所具有的备用性、非盈利性、指导性和一定的柔性等特点。所谓备用性，是指该计划在突发事件发生后才真正实施。如果突发事件不发生，该计划就不会被执行。非盈利性是指该计划没有盈利的要求。该计划最大的目标就是尽快控制突发事件和得到恢复。指导性是指该计划是突发事件反应和恢复工作的行动指南，规定了一旦突发事件发生，各有关人员的职责和工作要求。柔性是指该计划只规定大的原则、职责和工作流程，对于突发事件中的一些具体细节，则需要有关人员的灵活处理。

第六章　进度管理

"不能管理时间，便什么都不能管理"。展会作为一种涉及多个行业的综合性大型活动，不论是策划、筹备、营销还是开幕，无不要求在时间安排上有高度的协调性和统一性。要使展会成功举办，一定要对展会的招展、招商、宣传推广、服务、筹展撤展等各个环节进行严格的进度管理，并在整体进度上进行统筹。

第一节　展会整体进度管理

严格展会项目的进度管理，在时间进度上对展会的各项工作进行合理的安排，是成功举办展会的前提条件之一。展会筹备工作涉及方方面面，在举办展会时应对展会各项筹备工作在时间进度进行合理安排，并在具体执行时进行严格的进度管理，展会的各项筹备工作才能按要求齐头并进，展会才能按预定的时间如期举行。

一、含义

展览业是一种"与时间赛跑的行业"：一旦展会的开幕日期确定并对外宣布，在该日期之前，一切筹备工作必须准备就绪。这意味着展会的各项筹备工作必须"和时间赛跑"，并最终要跑赢时间。在展览业，时间已经和成本、规模与品质一样，成为影响展会成功运营的基本要素。

展会进度管理，是指将时间看成是和市场、客户、质量与成本等一样重要的展会成功运营的基本要素，在安排各项工作时充分考虑时间方面的需要以及它们彼此在时间上的协调性，以时间为基础形成快速反应和协调能力，促进展会工作的全面展开。办展单位对展会的各项筹备和组织工作在时间上要通盘考虑，统筹安排，使各项工作在时间安排和进度上符合展会整体筹备和组织工作的需要，在时间上保证展会最终如期举行。对展会进行有效的进度管理是现代展览业发展的必然要求，也是保证展会成功举办的重要条件之一。

基于展览业的特殊性，对展会进行进度管理，不仅要对展会整体筹备和组织工作进行管理，还要对各重要组织环节进行管理。具体来说，展会进度管理的内容主要（见表6—1）。

表6—1 展会进度管理的主要内容

主要内容	描 述	追求的目标
招展时间管理	对招展工作在时间上进行合理安排，对招展进度进行有效监督和控制	在展会预定开幕时间以前圆满完成招展任务
招商进度管理	对展会招商在时间上进行合理安排，在进度上进行有效监督和控制	使展会开幕后有足够数量的有效观众到会参观
宣传推广进度管理	使宣传推广在时间安排上与招展、招商和品牌建设要求相适应	促进招展、招商和品牌建设
展会服务进度管理	在时间上合理安排展会的展前、展中和展后服务及其各个环节	保证客户得到快速、及时、高效以及规范的展会服务
筹撤展进度管理	使展会筹展和撤展在时间和程序上合理安排	使展会筹展和撤展工作井然有序；缩减展会成本支出
展会整体进度管理	站在展会整体的宏观角度对各项工作在时间上进行合理规划和安排	使各项工作符合展会整体进度的要求和需要

对展会进行进度管理，不仅要求有关管理人员必须要具有全局的眼光和整体的视角，能从进度上对展会的整体安排和进度进行监督与把握，还要求展会招展、招商、宣传推广、展会服务以及筹展撤展等工作的具体工作人员要有强烈的时间观念和团队精神，既要在时间上合理安排自己所负责的工作，也要使自己的工作在进度上与其他有关工作相配合，运用相关技术综合管理，这样才能保证展会的整体时间进度按既定计划进行。

二、整体的管理

作为一项大型的公众性活动，展会的各个具体筹备事项如招展、招商、宣传推广、展会服务以及筹展撤展等必须保持彼此协调，在进度上能彼此配合，事项进行统筹规划，合理安排各自的时间进度，注意处理好展会整体筹备进度与各具体事项进度之间的关系，使它们彼此之间以及它们与展会整体进度之间保持协调，展会的整体筹备工作才能顺利进行。所以，展会的进度管理必须是对其整体进度进行的管理。

展会的整体进度管理要注意处理好以下几点。

（1）要有全局的观念和动态的眼光。对展会的整体进度进行管理必须要有全局的观念，要能从展会总体进展的需要出发，对招展、招商、宣传推广、展会服务以及筹展撤展等具体事项的进度进行监控。能站在展会整体的角度，对各具体事项进展中可能出现的偏差进行调整，使各具体筹备事项彼此配合，齐头并进。对展会的整体进度进行管理还必须要有动态的眼光，要能以变化的视角来监控各具体筹备事项的进展情况，既不能死守原有的进度计划，也不能对原有的进度计划进行随意改动，而是要根据展会的整体进展需要，根据市场环境的变化，以动态的眼光来看待各具体筹备事项的进展，以新策略应对新问题，以新手段面对新情况。有了全局的观念，管理才不会"一叶蔽目，不见森林"；有了动态的眼光，管理才不会僵化。

（2）展会服务要跟得上展会招展和招商的需要。在现实中，很多办展单位常常只重视展会的招展和招商，他们往往在招展和招商上倾注全力，却将必要的展会服务晾在一边，使展会服务和展会的招展与招商严重脱节。对展会的整体进度进行管理，要特别注意对展会服务、展会招展和招商三项工作的工作进度进行监控，要使展会服务能跟得上展会招展和招商的需要，使各参展商和观众能得到及时和快速的展会服务，不要因为展会服务的延迟而拖其他工作的后腿。

（3）展会宣传推广进度要能配合展会招展和招商的进度。在筹备举办展会时，由于展会宣传推广和展会招展与招商常常是由不同的部门负责，它们之间常常配合不畅，在进度上经常脱节。例如，在展会招展和招商需要宣传推广的大力支持时，展会的宣传推广却跟不上；在展会宣传推广正大张旗鼓地进行时，展会招展和招商却认为没有必要。为了避免展会宣传推广和展会招展与招商在进度上的脱节，在对展会的整体进度进行管理时，还要特别注意对展会宣传推广和展会招展与招商的进度进行监控，努力使它们互相配合，彼此协调。

（4）展会的后勤工作要跟得上展会的整体进展步伐。展会后勤工作常常被办展单位所忽视，后勤工作经常跟不上展会整体进展的步伐。例如，参展商需要对参展工作进行认真准备，可《参展商手册》却还没有编印好；观众急于了解参观的时间安排及其他事项，可观众邀请函和入场券却还在印刷中，等等。后勤工作跟不上展会整体进度的需要，是很多展会筹备过程中的通病。为此，在对展会的整体进度进行管理时，还要特别注意对展会后勤工作的进度管理，使展会的后勤工作跟得上展会整体筹备进度的需要。

案例：

展会整体进度管理甘特图

工作	1月	2月	3月	4月	5月	6月	7月	8月	9月	10月	11月	12月
展会方案	→→											
组建团队	→→											
资金计划	→→											
服务商				→→→								
后勤准备	→→→→→											
信息管理	→→→→→→→→→→→→											
资料印刷			→→									
展会营销				→→→→→→→								
招展			→→→→→→→									
招商		→→→→→→→→→										
现场管理											→→	

总之，对展会进行进度管理，不仅要对展会的招展、招商、宣传推广、展会服务以及筹展撤展等具体事项进行管理，还要从总体上对展会的整体进

度进行管理，这样，展会的各项筹备工作才能在总体上协调，在全局上互相配合，共同使展会整体筹备进展顺利。

三、基本原理

展会进度管理是充分考虑到时间因素在展会筹备及正式举办过程中的重要性，从时间方面对展会筹备及正式举办过程中的各项工作进度及其整体协调性进行管理，进而保证展会按时顺利举办。对展会进行进度管理，要遵循以下七个基本原理。

（1）时间性原理。展览业的一大显著特点是事先确定一个展会将要开幕的日期并对展会的各项工作进行策划和安排，在此日期到来之前按预定的计划陆续完成展会的各项筹备工作。这一特点使展会筹备给自己定下了一个最后期限，在这个期限之前必须圆满完成各项既定的筹备工作。一旦这一开幕日期确定下来，以后的工作"是在与时间赛跑"。因此，对展会进行进度管理，首先要充分重视时间因素的作用。

（2）系统性原理。举办展会是一项涉及面很广的系统工程，展会筹备本身的各项工作，和其外围配套工作都聚合在这个大系统之中，这使展会工作具有以下三个特点：第一，聚合性。展会的各项工作可以分成若干个子系统，展会举办工作是这些既相联系又各自独立的子系统的大聚合。第二，层次性。展会举办工作是有很强的层次的。第三，相关性。展会的各项筹备工作互相配合、彼此影响、相互关联，各项工作具有很强的相关性。所以，对展会进行进度管理，要将展会看成是一个大系统，以系统的眼光来管理展会的各项工作。

（3）人本原理。展览业是现代服务业的重要组成部分，在现代服务业中，提供和从事服务的人起了重要的作用，服务质量的好坏和提供该服务的人的表现直接相关。对展会进行进度管理，要充分调动人的积极性，重视人的能动作用，实行人本管理。使客户得到最完美的展会专业服务是展会进度管理的追求。

（4）团队合作原理。展览业是一个依靠团队协作来获得成功的行业。展会筹备工作是多项工作的集合，各项具体工作又互相影响，彼此关联，一项工作的执行结果直接影响到另一项相关工作的展开，一项工作的滞后会使另一项相关工作更加滞后，展会成功举办是团队精诚协作的结果。

（5）责任性原理。展会的工作分别由不同的部门去分工完成，要在既定的时间内完成各自的工作，展会管理必须在合理分工的基础上明确各个部门甚至每个人的任务和责任。责任不是一个抽象的概念，它是在数量、质量、效益，尤其是在时间方面有严格要求的行动规范，各部门或者责任人必须在规定的时间内完成各自的任务，只有这样，展会才能如期举行。

（6）效率性原理。展会工作的时间性决定了该工作必须要非常讲究效率，"时间不等人"，一旦展会的开幕时间确定下来，要在既定的时间内圆满完成各项筹备工作，工作不讲究效率是不行的，工作拖拖拉拉是办不成展会的。

（7）创新原理。展览业要有很好的计划性、系统性和协调性，展会的很多程序和活动都是事先策划好了的，届时只要按策划方案具体实行就可以了。但是，计划性强并不就是说展会业就可以因循守旧，一旦策划方案确定了就不能更改。其实，没有十全十美的策划方案，一旦环境改变，策划方案的某些内容也必须跟着改变，否则，守旧的脚步永远跟不上市场变化的翅膀，展会业不注重时刻和环境保持协调就难以圆满成功，不跟上市场需求的变化就会被市场所抛弃。创新是展览业永恒的主题，举办展会不能没有创新。

表6—2清晰地总结了在展会进度管理过程中七大原理的应用。

表6—2　展会进度管理七原理及其对应策略一览表

原　　理	展会进度管理可采取的对应策略
时间性原理	1. 在各项工作开展之前就确定其完成的具体期限；2. 合理安排展会的开幕、筹展、闭幕和撤展时间及各项相关活动；3. 合理安排各项筹备工作的进度，使其能按展会的整体进度要求进行；4. 各项筹备工作本身要在进度上进行合理规划，把握工作开展的最佳时机；5. 有应急方案，要定期检查，有补救的余地
系统性原理	1. 整体性思维：展会的各项工作要统一服从于展会筹备的整体需要，不能有轻全局重局部的倾向；2. 要不断适应变化着的各种环境，努力改善自身的内部环境，使展会与社会大环境以及办展单位内部小环境相适应；3. 要有综合性的策略

原　理	展会进度管理可采取的对应策略
人本原理	充分重视人的因素，重视对客户需求的追踪和研究，重视充分调动员工的积极性，尊重人、依靠人、发展人，为实现客户的参展（参观）目标而进行
团队合作原理	1. 重视团队精神的发挥；2. 充分考虑各项工作的可并行性，不要使并行的工作以串行的方式执行；3. 要充分考虑各项工作的后续性和关联性，不要使彼此相关联的工作无以为继
责任性原理	1. 规范业务流程，明确分工，使各部门和个人各负其责；2. 使相关部门和个人的工作彼此配合，不互相脱节；3. 制定相应的监督和控制办法及相应的补救措施；4. 制定相应的奖惩办法，使责任与利益挂钩，将责任落到实处
效率性原理	1. 展会的各项筹备工作要抓紧时间，合理安排和利用时间，尽量以最高的工作效率来完成；2. 有开放的胸怀，善于吸收好的建议、开放地对待客户意见
创新原理	1. 通过及时捕捉客户不断变化的需求、把握行业变动的脉搏以改进和规范办展业务流程；2. 以动态的眼光面对急速变化的市场和客户需求，使展会的各项工作"以变应变"，"变"中求胜

在上述原理的指导下，展会进度管理一般分为五个步骤。

（1）目标选择。就是采用 MBO 的管理办法，确定自己在某一段时间内计划要达到的目标，各目标最晚必须在什么时候达到。这些目标构成了展会在这段时间内的行动指南。

（2）目标排序。并非所有的目标都是同等重要和要同时实现，给予限定的时间，并按照目标的重要性和紧急性排出优先次序，分清主次，计划好哪些目标必须优先在限定的时间内加以实现。

（3）行动列表。采用 MBO 的管理办法，列明为实现上述目前所需要的各种行动，预计好各行动完成的结果和所需要的时间，将工作进行分解。

（4）行动优化。按每一个计划目标，对实现各目标所需要进行的各种行动分配优先级，对在这段时间内将要采取的各种行动进行合理排序，分清主次，计划好哪些行动需要优先执行，哪些行动需要授权别的部门配合执行，哪些行动可以在有空的时候再执行。

（5）过程控制。就是对各行动的具体执行过程进行优化控制，尽量合理规划业务流程，使各执行过程流畅。

综上所述，对展会进行进度管理，必须遵循上述七大原理、五个步骤，只有这样，才能从进度上确保展会能按期举行。以下各节，我们就在这五个步骤和七大原理的指导下，对展会进度管理的具体问题进行论述。

第二节　招展进度管理

招展是展会筹备的一项极其重要的工作，确保在展会开幕时间以前完成展会的各项招展任务，是保证展会能按期举行的重要前提条件之一。对展会招展进行进度管理，是确保展会成功招展的有效手段。要对展会招展进行有效的进度管理，就要求展会招展的起动时间安排要合理，预留的招展时间要充足，招展进度要密切控制，重点招展时间要很好地把握。

一、招展工作的时间性

一般来说，除非有重大变故发生，否则，展会的各项日程安排一旦确定下来并正式对外公布就具有不可更改性，展会的各项筹备工作就要按照该日程计划来规划自己的工作进程。由于展会从开始策划筹备到正式开幕一般有1～3年的时间，如果说展会筹备的其他工作在展会筹备刚开始还可以缓一缓的话，那么，展会的招展工作就绝对没有缓一缓的余地。在展会的招展工作还没有圆满完成之前，展会的招展工作在任何时候都必须抓紧进行，否则，到展会开幕时就还可能有展位没有销售出去。

要圆满地完成展会的招展任务，就必须使展会的招展工作满足时间性方面的要求。展会招展工作的时间性要求具体表现在以下几个方面。

（一）展会开幕时间要符合展览题材所在行业产品的产销时间特点

很多行业在销售时间上会形成产品销售的"旺季"和"淡季"，各行业的产品订货季节也相对集中和固定。例如，棉袄在深秋季节和冬季旺销，家具经销商往往在年初就开始订货等。为此，展会的开幕时间原则上要与展览题材所在行业产品的产销时间特点相适应，要尽量将开幕时间安排在该行业产品订货和销售的"旺季"。这样更能调动企业参展的积极性，更能为以后的招展工作创造良好的条件。

如果展会开幕时间定在该行业产品订货和销售的"淡季",企业参加展会的积极性将大打折扣。第一,企业可能已经有大量的订单,全年的生产日程可能因此而已经排满,企业没有必要再去参加展会争取更多的订单;第二,行业新产品的发布时间可能已经过去,企业参加展会很难了解行业产品发展的新动向和新潮流,企业的参展积极性因此而受挫;第三,很多行业龙头企业可能是将在别的展会上已经亮相的产品再转移到本展会参展,本展会的行业号召力和行业代表性因此而受到影响,其他企业参加展会所能获取的行业信息也较为有限,很多企业可能因此而不参加展会。可见,如果将展会开幕时间定在该行业产品订货和销售的"淡季",可能是自己在为展会的招展工作设置了一个看不见的障碍。

(二)展会招展的起动时间安排要合理

现代企业一般都是根据本行业产品的订货和销售时间特点,并结合自己的新产品开发和生产计划,提前制订自己下一年度的营销、产品推广和企业形象广告计划。如果没有特殊情况发生,这一计划一旦制订就不太容易改变。对展会招展来说,目标参展商们制订其上述各计划的时间非常重要,展会招展的起动时间最好是安排在该计划的制订时间之前,这样,就可以使该企业在制订营销计划时将参加本展会也考虑在内。如果展会招展起动时间被安排在企业制订该计划的时间之后,展会就可能没有机会进入该企业的视野,这时,即使该企业想参加展会,但要它为参加展会而再额外增加年度营销预算往往也有一定的困难。

(三)预留的招展时间要充足

通常,策划举办一个新展会,从展会筹备工作的起动到展会正式开幕需要1~3年的时间,如果少于这个时间,展会的筹备工作就有些仓促,展会招展的时间就不太充裕。因为,从信息传播和决策的角度来看,目标参展商从最初得知该展会举办的消息到逐步认识该展会需要一个过程,从了解该展会到逐步接受该展会也需要一定的时间,而从接受该展会到最终决定参加该展会更需要展会不断地努力营销。所以,策划举办一个新展会,要尽量考虑到展会招展在时间方面的需要,要给展会招展预留充足的时间,这样展会成功举办的可能性才更大。

对已经举办过的展会来说，很多展会是一年一届，有些甚至是一年两届，这些展会可利用的招展时间较短。由于可利用的招展时间较短，这些展会的招展工作更不能拖延，否则，展会有限的筹备时间就会很快耗尽，展会的招展任务就难以完成。为了给展会争取尽可能多的招展时间，大多数展会从上届展会开幕伊始就开始了下一届展会的招展工作。很多展会在展会展览现场专门为下一届展会设立"招展办公室"，为下一届展会进行现场招展。

（四）重点招展时间段要很好地把握

根据展会举办的历史和它所在行业的特点，每一个展会都有自己的"黄金招展时间"，展会招展对这段黄金时间尤其要注意重点把握。对于新策划的展会来说，由于市场对该展会还不太了解，展会必须通过大量的营销活动才能让市场逐步知晓并了解。所以，尽管付出了很大的努力，但在招展工作刚起动时的招展效果往往并不理想。通过一段时间的招展和展会营销工作，目标客户逐步了解和接受了该展会，展会招展的效果才会慢慢好起来。因此，新展会的"招展黄金时间"一般出现在展会招展工作的中后期。例如，计划12月开幕的展会，招展效果最好的时间往往是8~10月份，在这段"招展黄金时间"里，签约最多，客户反应最快。同时，这段时间对展会招展来说也最为关键，因为展会计划开幕时间临近，如果这段时间招展效果还不理想，可能会影响到展会的按期举行。

对于已经举办过的展会，"招展黄金时间"一般有两段：一是和新展一样的在展会招展的中后期；二是在上届展会展览现场和结束后招展时期。由于目标客户密集，在上届展会展览现场招展成本小，效果好，有些展会在上届展览现场就能为下一届展会招展50％以上。

（五）要密切监控展会的招展进度

从展会招展工作起动开始，招展的有关负责人就要开始密切监控展会的招展进度，及时了解目标客户的反映，针对市场情况的变化及时调整招展策略，完成每一段时期的重点招展任务，从总体上把握招展进度。监控展会的招展进度对展会的招展工作非常重要。由于这个问题比较复杂，我们将在下一节作详细论述。

总之，一旦展会开幕日期确定下来了，展会的招展工作就是在"和时间赛跑"，展会招展工作安排要充分注意适合招展的时间性要求，这样，展会的招展工作才能事半功倍。

二、招展进度管理

对展会的招展进度进行有效地监控，是展会招展进度管理中最为重要和最为复杂的工作，它直接关系到展会招展工作的成败。

所谓招展进度，是指展会在招展工作起动前为展会招展工作所制订的工作计划，它通过科学的客户信息分析，规划好在什么时段将进行什么样的招展工作，到什么时段将要完成什么样的招展任务。展会招展工作起动以后，招展进度计划就成为招展工作的指南针和参照系。

由于市场情况在不断变化，客户信息在不断更新，展会的招展工作一般很难如当初计划的那样一帆风顺。因此，对展会的招展进度进行有效监控和及时调整就非常必要，否则，展会的招展工作就可能失去控制，招展任务就可能难以完成。

对展会招展进度进行有效监控的方法很多，有些比较简单，只需要按日期列明招展工作和注明招展效果，然后定期与招展进度计划进行对比即可。有些比较复杂，不仅要按日期列明招展工作及其效果，还要注明各工作的负责人和工作顺序等，办展单位可以根据自己的实际情况，制定一个合适的招展进度监控流程。

在实际操作中，一般有三种最为流行的监控方法：一是按目标参展商招展效果进行监控，二是按展位划出数量进行监控，三是将上述两者结合起来进行监控。

（一）按目标参展商招展效果进行监控

这种方法是以目标参展商是否已经参展为主要监控对象，招展人员将有关目标参展商的名单一一列举成表，将每次与各目标参展商的联系及对方的信息反馈情况记录在案，再结合展会的宣传推广等营销活动，定期或不定期地将招展效果与招展进度计划进行对比，分析招展任务完成的情况，并对暂时还没有参展的客户进行原因分析以采取进一步的招展措施吸引他们参展。

按目标参展商招展效果进行监控的优点在于能直观地了解哪些客户已经参展，哪些客户还没有参展，能够直接了解客户对招展的反馈意见，便于针对有关客户进一步采取有针对性的措施招展。这种办法的不足之处在于，难以对所有的目标参展商进行列表监控，列入监控表内的往往是一些大的目标参展商，对小客户的兼顾常常不够，并且，这种办法对展馆展位的划出情况难以确切把握，不利于对后续招展的展位分配。

（二）按展位划出数量进行监控

这种方法是以展馆展位是否已经划出为主要监控对象，招展人员将展馆所有展位绘成"展位分布平面图"，将已经被有关参展商租用的展位用不同的颜色标出，并注明租用该展位的参展商的名称。随着展会招展工作的进展，监控人员能很清楚地了解到招展任务已经完成了多少，还有多少没有完成。

按展位划出数量进行监控的优点在于能及时了解展会招展任务已经完成的比例，了解哪些展位已经划出，哪些展位还没有划出，并能根据目前展位划出的情况合理安排后续招展的展位分配。但这种监控办法也有缺点：它难以直接掌握具体目标参展商对展会的意见反馈，不能了解哪些目标参展商已经参展，哪些还没有参展，不利于针对不同的目标参展商采取进一步的招展措施。

（三）同时按参展商招展效果和展位划出数量进行监控

这种办法是将上述两种监控办法结合起来对展会招展进度进行监控，它既将目标参展商名单——列表监控，也绘制"展位分布平面图"对展位划出情况进行监控，同时掌握目标参展商是否已经参展的情况和展位已经划出的情况，再根据这两种情况制定进一步的招展策略，争取获得更好的招展效果。

同时按参展商招展效果和展位划出数量进行招展进度监控，能够充分发挥"按参展商招展效果监控"和"按展位划出数量监控"两种监控方式的优点，尽量避免它们的缺点，同时了解目标参展商参展情况和展位划出情况，有利于同时结合展位划出情况和目标参展商参展情况来调整下一步的招展策略，对促进展会招展十分有利。

上述三种监控方法在展览业的招展实践中使用得十分广泛，其中，尤以第三种办法最为实用，监控效果最好，在实践中最为流行。

三、给参展商以参展时间指引

为了使展会招展效果最好，使参展商顺利参展，展会在对招展进度计划进行监控的同时，还要对已经报名参展的参展商进行参展时间指导，帮助他们进行参展进度管理。

从参展商报名参展开始，他们筹备参展的时间有时看起来可能很充足，但实际上是十分紧张的。为了参展，参展商要设计展位搭装、选择参展展品、挑选展台人员、安排展品运输，所有这些参展筹备工作不能拖延，越拖延以后的工作越被动。在展会上，经常看到参展商抱怨展会主办者给他们预留的时间不够，其实，"时间不够"有70％以上是参展商本身造成的。因此，为了展会整体展出顺利，办展单位还要帮助有需要的参展商进行参展进度管理。

除了参展商本身不可更改的日程安排以外，从展会主办者的角度，帮助参展商进行参展进度管理主要从以下几个方面入手。

（1）在让参展商理解展会日程具有不可变更性的基础上，协助参展商制订筹展工作计划。展会的很多日程安排具有不可变更性。例如，展会的布展时间、开展时间和撤展时间等，展会主办者要让参展商了解，他们只能按照这些既定的时间日程来安排自己的参展工作计划，不能寄希望于展会的"特别照顾"。展会要将上述不可变更的展会日程安排明确无误地告诉参展商，并对参展商安排参展计划提供咨询帮助，使他们合理安排参展计划，把握参展筹备时间。

（2）将一些事务性的日程安排以表格的形式通知参展商，帮助参展商及时安排相关事宜。参展商参加一个展会有很多事务性的工作要与展会在时间上进行协调，展会可以将这些事务规定做统一的日程安排，并以表格的形式通知参展商，使他们在规定的日期内完成有关工作。例如，将展览场地租用截止期、展会会刊登录申请截止期、额外用电申请截止期，用水申请截止期、展台设计报送审批截止期和有关参展人员证件申请截止期等分别制成相关表格，帮助参展商及早选择确定各有关事项的完成日期。由于多数展会奉行"先到先得"的原则，按申请先后顺序安排和分配有关事项，参展商为获得较好的安排，一般会配合展会日程安排的。

案例：

×××展会参展商时间指引

各位尊敬的参展商：

为协助您顺利参展，现将本展会的一些重要时间安排通知如下，请各位参展商了解有关时间计划，并与展会筹备相关部门联络以免错过时机：

展会的开幕时间：2014 年 11 月 08 日 9：30

展会布展时间：2014 年 11 月 04 日—07 日，每日 8：00—21：00

展会展览时间：2014 年 11 月 08 日—11 日，每日 9：00—17：30

展会撤展时间：2014 年 11 月 12 日—13 日，每日 8：00—21：00

展览场地租用申请截止期：2014 年 10 月 08 日

展会会刊登录申请截止期：2014 年 10 月 20 日

展台额外用电申请截止期：2014 年 10 月 25 日

展台用水申请截止期：2014 年 10 月 25 日

展台设计报送审批截止期：2014 年 10 月 10 日

有关参展人员证件申请截止期：2014 年 11 月 01 日

……（以下略）

×××展会

二〇一三年×月×日

（3）让参展商确定本次参展的具体负责人或联络人名单，使展会和参展商能保持及时的沟通。有些时候，展会的某些日程安排可能和一些参展商的工作日程相冲突，或者，参展商由于特殊的原因造成工作日期延误，不能按展会的时间规定完成有关事项。这时，展会必须与参展商及时沟通，了解原因，共同研究补救措施，促使参展商顺利参展。为此，展会能及时找到参展商负责本次参展的有关人员就十分重要，这是双方保持沟通畅通的良好手段。

展会的筹展工作是由一个个参展商的筹展工作所组成的，每一个参展商的筹展工作进度对展会的整体筹展进度都有影响。参展商筹展工作是否顺利直接影响到展会整体筹展是否顺利，展会帮助参展商进行参展进度管理实际上就是在帮助展会自己。所以，"你顺利，我快乐"。如果所有参展商都筹展顺利，都按展会既定日程安排进行，展会必将喜笑颜开。

第三节　招商进度管理

观众是展会的一个重要组成部分，确保展会开幕后有足够数量的观众到会参观，是展会主办者要努力的主要方向之一。展会招商的任务就是要为展会邀请到足够数量的观众，特别是专业观众。对展会招商进行进度管理，就是要从时间上促进展会招商工作顺利展开，使展会招商工作在预定的时间前达到既定的效果，从而保证展会有一定数量和质量的观众。

一、招商工作的时间要求

招展和招商是展会筹备工作的两翼，和招展一样，展会招商工作也具有很强的时间性。展会招商工作必须确保展会开幕后能有足够数量和质量的观众到会参观，必须在展会开幕日期前完成招商任务。

展会的招展进度和招商进度互相影响，彼此促进。随着展会招展工作的进展，展会招商工作日益重要。有些企业在决定参加展会之前，往往会向展会探寻将有哪些观众到会参观。如果这时展会招商效果显著，展会招商的成效对展会招展工作就会有很大的促进作用。所以，虽然展会招商工作可以稍微延迟起动，但迟缓的时间不宜过多，否则，不但招商任务完不成，对招展还会产生不利的影响。展会招展工作的时间性使展会招商工作也必须具有较强的时间性。

因此，要圆满完成展会的招商任务，在安排展会的招商工作和制订展会的招商计划时就必须注意展会招商工作的时间性，使展会招商计划及工作安排符合招商时间性方面的要求。具体为如下几个方面。

（一）展会招商计划及工作安排要有统一的时间规划

展会招商与招展工作有很大的不同，不论是新创立的展会还是已经举办的展会，展会招展工作一般都有较为具体的目标，招展工作围绕这些目标客户而展开。展会招商工作则不同，除了一些已知的观众名单，不管是新创立的展会还是已经举办过的展会，招商的具体目标对象都没有招展工作明确，且招商工作不能给展会带来直接的经济收益。所以，有些展会对招商工作不很重视，对招商工作也没有一个统一的规划，往往到发现其他工作需要招商效果来支持时才临时采取措施，"头痛医头，脚痛医脚"，结果展会招商效果很不理想，参展商怨言很多。

其实，展会招商工作和招展一样，也要有统一的时间规划，并且，由于目标观众往往不对展会招商工作直接作出是否决定参观的回应，展会的招商效果往往更难把握。因此，展会的招商工作一定要符合时间性的要求，统一规划，分步实施，使招商活动的展开和招商信息的传播符合认识规律和信息传播规律，逐步加深目标观众对展会的了解，促使他们届时积极到会参观。

（二）把握好展会招商工作的起动时间

尽管展会招商工作可以比招展工作稍晚一些启动，但不是说招商工作的启动时间就可以一拖再拖。对于那些路程较远的观众，如国外的观众，如果招商工作启动得太晚，他们来不及作出参观本展会的计划；如果招商工作启动得太早，由于时间太长，有些目标观众会把本展会早期的招商活动遗忘。招商工作启动得太早和太晚都不利于展会取得较好的招商效果。

展会要注意把握招商工作的启动时间。一般地，专门的招商工作可以在招展工作已经有一些效果时才开始大规模地进行，这样做有以下好处：第一，节省招商费用支出。如果招商活动起动太早，早期的招商活动一般效果不大，但费用较高，展会可以将这些费用集中起来在合适的时间使用。第二，能取得更好的招商效果。观众一般在知道有哪些企业参展后才决定是否来参观，如果展会招展还不见起色就启动招商工作，展会将很难回答"有哪些企业参展"这样的问题；招展有效果以后，展会就可以轻松地回答这样的问题，目标观众也更有理由要来参观。

（三）招商进度要与招展进度相协调

展会的招商效果与招展效果既互相影响，又彼此促进。一方面，观众多了参展商自然更愿意来参展，招商的效果好可以促进展会更顺利地招展；另一方面，参展企业多而且质量好，观众也自然愿意来参观，招展的效果好也可以促进展会更顺利地招商。反之，如果招商的效果不好展会的招展就会很困难，如果招展的效果不好展会的招商也不会很顺利。

所以，展会在制订招商计划时，不仅要考虑自身的时间性，还要充分考虑到它与展会招展计划在时间上的协调性，要在时间和进度上对这两个计划进行通盘考虑，使两者相互促进，不能让它们彼此拖后腿。

（四）要善于把握展会招商工作的"黄金时期"

和展会招展工作一样，展会的招商工作也有"黄金时期"。在这段"黄金时期"里，展会的招商活动最能对目标观众的参观决策产生影响，展会的招商活动对观众的影响最大，招商的效果也最好。

展会招商的"黄金时期"一般也在展会筹备工作的中后期，展会要努力抓住这一时期，尽量提高招商效果。由于这一时期临近展会开幕时间，如果展会招商工作没有把握好这一招商重点时期，展会的招商效果将再也没有时间来弥补了。

（五）要密切监控展会的招商进度

展会的招商工作一旦开始就不能停止，各项招商工作必须按计划展开，稳步推进。为保证招商工作按计划执行并取得良好的效果，负责展会招商工作的人员必须对招商进度进行密切监控，随时跟踪招商进度，分析新情况，发现新问题，及时调整招商策略，使招商效果达到最好。由于对展会招商进度进行监控比较重要，也比较复杂，我们将在下一节专门针对这一问题作详细的论述。

总之，展会的招商工作也具有较强的时间性。展会招商工作的这一特性要求办展单位对展会招商工作要有统一规划，要合理安排招商工作进度，并对该工作进度进行密切监控。

二、招商进度管理

在展会策划和营销的实践中，目标观众往往对展会的招商活动不作出自己是否决定参观的回应，这使展会较难把握招商活动的效果。为了确保展会开幕后有足够数量的专业观众到会参观，展会必须掌握展会招商的进展情况，了解展会的招商效果。

一般展会专业观众的数量少的有数千人，多的有数万人，有的甚至达十几万人。面对如此庞大的客户群，展会很难像了解每个参展商那样清楚地了解每个观众。由于目标观众往往对展会的招商活动不作出自己是否决定参观的回应，这使展会招商的目标对象不仅数目庞大而且还具有很大的不确定性。因此，对展会招商进度的监控具有特殊性。对展会的招商进度进行监控一般有以下三种办法。

（一）按既定的招商进度计划进行监控

就是事先根据市场分析情况和已经掌握的目标观众数据信息，结合展会招展工作的需要，参照展会的实际情况，制订一个合理的招商进度计划。展会招商工作启动以后，如果没有特殊情况出现，就严格按该计划实施展会的招商工作。负责展会招商监控的有关人员就以该计划为主要参考标准，对展会的招商进度进行监控。

按照这种办法对展会招商进度进行监控，要求展会的招商进度计划必须符合展会的需要，能产生良好的招商效果，并切实可行。否则，即使对展会招商进度进行监控，招商工作也难以取得较好的效果。另外，按照这种办法来监控招商进度，展会的招商进度计划还必须制订得有一定的弹性，能在一定条件下对进度计划进行必要的调整，否则，一旦特殊情况出现，招商工作就可能会停顿下来。

（二）按观众参观申请登记情况进行监控

总会有一部分目标观众会对展会的招商活动提前作出自己是否决定参观的回应，尽管这些回应一般只占最后真正到会观众数量的很小的比例，但展会还是可以根据自己以往的招商经验，结合自己本次的招商目标，根据目标观众参观申请登记情况对展会招商进度进行监控。

这种监控办法对监控国外招商进度比较有效。由于国外观众对参观异国展会的很多情况不熟悉，他们在很多方面需要展会的协助，如帮助入境签证、帮助安排交通和食宿等。因此，他们往往乐于提前进行参观申请登记。通过对参观申请登记情况进行监控，就可以大致了解招商的效果，知道在哪些地方需要加大招商力度，知道哪些招商策略需要调整。这样，就可以对招商进度进行有效的监控。以往国内观众不太习惯预先进行参观申请登记，但随着网上招商工作的展开，也会获得相当部分观众特别是专业观众。

（三）同时按既定招商进度计划和观众参观申请登记情况进行监控

当然，展会还可以将上述两种办法结合起来使用，以"按既定招商进度计划监控"的方法为主来监控国内招商情况，以"按观众参观申请登记情况监控"的方法来监控国际招商情况。也有一些展会将这两种方法结合起来，同时用于所有地区的招商进度监控。

不管采用哪种招商监控办法，除非有重大意外，展会一般不要随意删减招商预算，有些展会因招展不理想就将预定的招商预算大幅削减，结果导致招商也不理想，而招商不理想又使招展更难，如此往复，形成恶性循环，对展会发展很不利。

案例：

×××展会的招商进度管理计划

序	渠道	时间计划	预先登记的专业观众		
			数量	来源	构成
1	专业媒体				
2	大众媒体				
3	直接邮寄邀请函				
4	电子邮件邀请				
5	网站				
6	相关或同类展会推广				
7	合作营销（含战略合作伙伴）				
8	参展商邀请				
9	其他				
合　计					

三、给观众以参观时间指引

和参展商数量相比，观众的数量要大得多，一些展会的观众少则数千人，多的达十几万人，例如，广交会仅海外观众目前每届就有 20 万人之多。如此数量庞大的人群如果过于集中在展会开幕的某几日参观展会，不仅展览现场将过于拥挤，展会主办者也没有能力很好地接待。另外，有些观众可能对展会的具体日程安排记忆不清，有些可能连展会的正式开幕时间都记不住。并且，很多观众需要事先知道展会日程安排以便预先安排交通、住宿等事宜。所以，为了使观众能更顺利地参观展会，展会有必要协助观众进行参观进度管理。

展会协助观众进行参观进度管理的办法是给观众以参观时间指引，将一些与观众参观有关的展会日程安排明确地通知观众，为观众提供参观日程安排咨询，协助观众安排一个合理的参观日程计划。

给观众以参观时间指引，展会可以采用以下办法。

（一）将展会的一些重要日程安排明确通知观众

为了帮助观众制订合理的参观日程计划，展会可以将一些重要的日程安排明确通知观众，这些日程安排包括：展会正式开幕日期和具体时间，展会闭幕日期和具体时间，展会展览期间每天对观众的开放具体时间，一些重要的相关活动的日程和时间安排等。如果展会分"专业观众参观时间"和"非专业观众参观时间"，展会也要将它明确地通知观众。对于这些日程安排，展会可以列在《观众邀请函》上通知观众，也可印在展会门票上提醒观众，还可以通过电子邮件、网站等方式通知观众。

（二）在展会现场布置"展会重要日程安排表"

尽管有上述方式通知观众有关日程安排，可是，每次展会开幕，总会有很多观众不带观众邀请函等有关展会日程安排的资料，也有很多观众记不住这些日程安排。对此，展会切不可去抱怨观众，更不应该对观众的"困境"置之不理，而是应该采取补救措施来帮助这部分观众。在展会现场适当的地方布置"展会重要日程安排表"，是帮助这部分观众安排和把握参观日程的有效办法。展会可以在展览现场的主要入口或通道适当的地方布置这些"展会重要日程安排表"，使观众了解有关事宜。

（三）在展会现场设置咨询台

每当展会开幕，除了上述观众以外，总还会有另外一些观众，他们既不携带观众邀请函等有展会日程安排的资料，也注意不到展会现场的"展会重要日程安排表"，还记不住展会有关日程安排。对于这些观众，展会可以采用在展会现场设置咨询台的办法，使他们有渠道了解展会的有关日程安排。同时，在展会宣传的街旗上、网上等处要有清晰的展会日期标示，如图 6—1 所示。

图 6—1 咨询台（摄于广交会）

一旦观众完全了解了展会的有关日程安排，他们将会尽量合理地安排自己的参观日程计划，这对展会维护良好的展览现场秩序和提高客户服务水平有重要的帮助。和参展商一样，观众也是展会的重要客户，展会帮助观众顺利参观也就是在帮助展会自己，办展单位对此一定不能忽视。

第四节　宣传推广进度管理

展会宣传推广担负着协助展会招展和招商，帮助展会建立良好品牌形象等重要任务，对展会宣传推广进行进度管理，是确保展会宣传推广能完成这些重要任务的有力手段。要对展会宣传推广进行有效的进度管理，关键是要使展会宣传推广计划符合时间性方面的要求，并能从时间方面对展会宣传推广进度进行有效管理。

一、宣传推广的时间性

展会宣传推广是与展会招展和招商既相对独立又有密切联系的一项工作。

一方面，展会宣传推广有自身的规律，其工作计划的制订和工作进度的安排要符合信息传播的规律要求，这使它相对独立于展会的招展和招商工作；另一方面，展会宣传推广又是为展会招展和招商等服务的，它必须配合展会招展和招商而进行，不能各行其是，这使它和展会招展与招商工作密不可分。展会宣传推广和展会招展与招商的上述关系，使它也具有很强的时间性。具体表现为以下几个方面。

（1）展会宣传推广要符合展会招展的时间进度安排。前面提到，展会招展工作具有很强的时间性，展会宣传推广的中心任务之一就是为展会招展服务，促进展会招展。要完成这一任务，展会宣传推广的进度计划就必须要符合展会招展的时间进度安排，给展会招展以宣传推广上的支持，否则，展会宣传推广的这一任务就会落空。宣传推广的进度要考虑到展会招展进度的需要，在展会招展需要有宣传推广支持的时候，展会宣传推广不能不见踪影。

（2）展会宣传推广要符合展会招商的时间进度安排。尽管展会招展和招商是两项不同的工作，但实际上，这两项工作很难截然分开。在进行展会招展的时候实际上也是在进行展会招商，因为很多不来参展的目标参展商可能会来参观。在进行展会招商的时候往往也是在进行展会招展，因为很多观众参观展会以后往往会决定下一届是否前来参展。不仅如此，展会招商和展会宣传推广这两项工作也很难截然分开：展会招商的同时也在宣传推广展会，展会宣传推广的同时其实也在进行展会招商。鉴于展会宣传推广和展会招展与招商工作的上述关系，使得展会宣传推广进度和工作安排不仅要符合展会招展的时间进度需要，也要符合展会招商的时间进度安排。否则，展会招商工作就可能得不到展会宣传推广的支持，就有可能因孤军奋战而效果不佳。

（3）展会宣传推广要从时间上考虑建立展会良好形象的需要。促进展会对外建立良好的品牌形象是展会宣传推广工作的另一中心任务，而展会良好品牌形象的建立和传播绝对离不开展会宣传推广的有效支持。建立展会良好品牌形象的最高境界，是在市场上形成展会"品牌产权"，使本展会因拥有相当的客户认知度、知名度、美誉度和忠诚度。但这需要有一个时间过程，需要按品牌形象建立的时间规律而循序渐进。为此，展会宣传推广要从时间上考虑建立展会良好形象的需要，要为展会良好品牌形象的及早建立提供强有力的支持。

（4）展会宣传推广要配合展会业务代理的工作时间进度。几乎所有的展会都有自己的业务代理，如招展代理、招商代理、展台指定承建商、指定展品运输代理、指定旅游代理和指定接待酒店等。为顺利开展自己的工作，这些业务代理的工作进度安排要符合展会整体时间进度方面的需要，不能与其相背离，否则，业务代理的工作将走向失败。展会宣传推广要考虑到展会业务代理安排工作进度的需要，要对他们工作的展开提供支持。例如，对招展代理的招展工作提供宣传推广支持等。

展会宣传推广工作的时间性特征，使办展单位在制订展会的宣传推广计划时必须注意其在时间进度上的合理性，只有这样，才能使展会宣传推广工作更好地履行自己的职责。

二、宣传推广的进度管理

随着展览业竞争的日益加剧，市场情况瞬息万变，即使展会宣传推广计划在制订时已经很符合其在时间性方面的要求，也难以确保它能很好地达到预期目标。因为，随着市场情况的变化，展会的市场竞争条件也在发生变化，展会宣传推广必须要把握这些变化，不能环境变了，宣传推广计划却还照旧执行，一成不变。并且，展会宣传推广计划一开始很难制订得十全十美，随着计划的具体执行，可能会发现这样或那样的问题，这时，就有必要对该计划进行调整。所以，要使展会宣传推广满足展会招展招商等工作的需要，使展会宣传推广能适应市场的变化，就必须对其进度计划进行有效的进度管理。

对展会宣传推广进度计划进行进度管理可以按以下三种方法进行。

（一）按展会既定的宣传推广进度计划进行监控

展会的宣传推广工作是一项计划性和时间性都很强的工作，专业媒体推广、大众媒体推广、展会现场推广、公共关系推广等多种推广方式不仅要在口径上协调，还要在时间先后上有统一规划。如果没有规划，展会宣传推广将极为混乱，并且效果不佳。所以，先制订一个协调一致的展会宣传推广进度计划，然后再按该计划对展会宣传推广进度进行监控是当务之急，也是一种可行的办法。

当然，按照这种办法来监控展会的宣传推广进度，展会既定的宣传推广进度计划就必须要制订得较为科学，要符合展会的实际情况和实际需要。

（二）按展会宣传推广预算监控

有些展会主办机构在制订展会宣传推广计划时，先给定一个宣传推广费用额度，然后以这个费用额度为主要标准去考虑如何具体安排各项宣传推广活动。对于这种展会，按展会宣传推广预算的使用情况对宣传推广进度进行监控不失为一种有效的办法。

用这种办法对展会宣传推广进度计划进行监控，不仅要考虑展会宣传推广预算在展会筹备各阶段如何分配，还要考虑该预算在宣传推广的地域和不同媒体之间如何分配等问题。用这种办法对展会宣传推广进度计划进行监控，还要有较为切实可行的展会宣传推广进度计划的配合，否则，只监控费用支出而不知道其使用方向，监控也是徒劳。

（三）按展会整体筹备进度的需要来监控

根据展会筹备进展情况的不同，展会筹备工作可以分为几个不同的工作阶段，如筹备工作的启动阶段、宣传造势阶段、重点招展阶段、重点招商阶段、开幕筹备阶段和展会正式开幕阶段等，各阶段都有自己的工作重点。在展会筹备的不同阶段，展会宣传推广工作的重点往往也不同。因此，明确展会筹备工作每一阶段的重点，并使展会宣传推广对这些重点工作加以支持，对顺利完成展会筹备各阶段的任务大有好处。所以，明确展会筹备每一阶段的工作重点，并按展会整体筹备进度的需要来对展会宣传推广进度进行监控，对于充分发挥展会宣传推广的作用、及时发现既定宣传推广计划的不足、并按展会整体进度的需要对其加以调整十分有利。

在具体使用以上三种监控办法时，办展单位还可以结合展会宣传推广的效果来执行。但由于展会宣传推广的效果具有一定的时滞性，对某项具体宣传推广活动的效果的准确测量又较难，所以，在使用时，要注意对所获得的"宣传推广的效果"进行必要的分析和适当的调整。

第五节　展会服务及筹展撤展进度管理

展会服务伴随着展会全过程，并随着展会招展和招商工作的进展而不断深化，展会服务要跟得上展会客户工作进展的步伐，要跟得上市场和客户需求的变化。展会筹展和撤展工作主要集中在展会开幕之前和闭幕之后，在那两段短短的时间里，展会的筹展和撤展工作必须安全、迅速并有秩序地完成。因此，展会服务和展会筹展与撤展工作不能忽视时间因素的影响，要有极强的时间观念。

一、展会服务进度管理

根据时间的不同，展会服务可以分为展前服务、展中服务和展后服务三种。展前服务是在展会开幕前为客户提供的服务，展中服务是在展会展览期间为客户提供的服务，展后服务是在展会闭幕后为客户提供的服务。展会的展前服务和展后服务具有相对性，本届展会的展后服务其实就是下一届展会前服务的开始，很多展会对展中服务极为重视，但在展前服务和展后服务方面却做得很不够，更有一些展会甚至根本没有展后服务。其实，对于这三种服务，展会不能忽视其中任何一种，否则对展会都是很有害的。

不管是展中服务，还是展前和展后服务，它们都有一定的时间性。由于展中服务基本都是发生在展会展览的现场，服务提供时展会与客户基本都是面对面地直接接触，服务提供起来比较方便，也容易被展会主办机构所想起。所以，很多办展单位对展中服务的时间性理解深刻，一旦有客户需要服务，展会就会尽量尽快提供。但是，在展前和展后，展会与客户没有面对面的接触，服务提供起来有一些困难，有些单位因此就忽视了它们在时间性方面的要求。对于展前服务，如果展会相关服务迟迟不到，客户的参展（参观）筹备工作就会遇到困难，如果展会服务拖延的时间超出了客户容忍的范围，展会就可能失去这个客户。对于展后服务，它可以帮助客户及时评估参展（参观）效果，如果服务迟迟不到，客户对展会的整体印象就迟迟难以形成，客户对展会的最后评估就可能变形。

对展会服务进行进度管理，就是不管该服务是展前、展中还是展后服务，都要努力使该服务做到以下几点。

（1）及时。展会要充分考虑客户对各种展会服务的实际需要，在服务内容、服务流程和服务时间等方面切实为客户着想，努力在客户需要的时候提供他们所希望的展会服务。服务提供的及时性对客户来说很重要，锦上添花的事当然令人高兴，但雪中送炭的事往往更受人欢迎。

（2）快速。展会在提供服务时及在服务提供过程中不能拖拖拉拉，要以最快的速度将客户所需要的服务提供给客户，尽量缩短客户等待服务的时间和过程。

（3）有求必应。不论做得到还是暂时做不到，对于客户所提出的各种展会服务要求，展会都要一一作出善意的回应。对于能够提供的服务，要尽量明确能够提供的时间。对于暂时不能提供的服务，要跟客户作出合理的解释，如果有可能的话，可以推荐一些替代服务方案，不能因为该服务暂时不能提供或者认为该客户所提的服务要求"无理"就对他置之不理。当然，对于能够提供的服务，如果按规定需要收费，还要跟客户讲清楚价格等相关事宜，如图6—2所示。

图6—2　广交会的客商服务点

（4）信守承诺。展会信守服务承诺对客户来说很重要，因为对于客户来说，展会的服务承诺往往决定了他们参展（参观）的有关准备内容。例如，如果展会承诺展览现场有计算机出租，那么，即使有需要，客户在参展（参观）展会时也可能不准备携带计算机，因为他们相信在现场可以租用。但如果展会不守承诺，他们到现场却发现没有计算机可租用，这势必给他们的参展（参观）计划造成极大的不便，严重干扰他们参展（参观）的日程安排。展会信守服务承诺，其实就是让客户现在就对未来的某些服务项目放心，让客户安心地去准备其他参展（参观）事项。

当然，注重展会服务的时间性，并不是就不注重展会服务的质量，恰恰相反，任何高质量的服务都离不开其在时间性方面的要求，注重展会服务的时间性正是提高展会服务质量的一个重要方面。

二、筹展进度管理

展会筹展是在规定的筹展期里进行的。从时间上看，筹展期在含义上有广义和狭义之分。广义的筹展期是指展会开幕前所有为展会开幕进行准备的筹备期；狭义的筹展期是指从参展商开始搭装展位和向展馆运进展品到展会正式开幕之间的这一段时间。在本节里，我们所讨论的筹展期是指狭义的筹展期。

在展会开幕前，展会往往会给参展商一段时间供其搭建展位和布置展品。这段时间一般不长，短的可能只有一天，长的也很少超过五天。在这一段时间里，参展商必须将自己的展位搭建好，将参展的展品布置好，超过这段时间，展会一般不再允许参展商在其展位上"大动土木"。

参展商和展会双方都要很好地把握这段筹展时间。对于参展商来说，在这段规定的时间内完成展位搭建和展品布置工作，就可以在展会开幕后以最好的姿态迎接观众，为展览取得好的效果提供条件。对于展会来说，所有的参展商在规定的时间内完成其布展工作，可以为展会正式开幕提供一个良好的现场环境，使展览现场保持良好的秩序。如果有某个参展商在这段时间里还不能完成布展工作，例如，展位还没有搭建好或者展品还没有布置好，那么，对该参展商来说，则无法正常展出；对展会来说，该展位的不整齐必然影响到展会的整体形象。

所以，不管是参展商方面还是展会方面，对这一段时间的管理都显得尤为重要。从展会的角度出发，对这段工作进行进度管理可以从以下几个方面入手。

（1）将筹展的确切起止时间准确地通知参展商。为方便参展商进行布展准备，展会要将展会筹展的确切起止时间准确地通知参展商。如果参展商的展位搭建工作不是由参展商自己完成，而是展会统一安排的展台承建，则展会方面要通知搭建商；如果是参展商自行选择搭建商，则参展商要将该时间通知承建商。由于该时间极为宝贵，在通知该时间时，展会要尽量将时间精确，这样更有利于参展商安排布展时间。参展商知道这个确切的时间以后，就可以合理地安排展品的运输时间和方式，使展品在合理的时间里到达展览现场。至于通知方式，展会可以在《参展商手册》中注明，也可以在布展通知中明确，或用专门的信函来通知，展会还可以在布展现场以广播的形式对参展商加以提醒。

（2）提醒参展商尽快提供展位搭建备审材料。为了保证展会的安全，展会以及有关安全和消防部门往往要求参展商对一些较复杂的展位搭建计划提交设计图纸，以审查其展位设计是否符合安全和消防方面的要求，通过了审查的展位设计才允许搭建。为了使各参展商的展位设计能在规定的时间内通过审查，展会要尽快通知各参展商需要提交审查的设计材料和应该提交的时间，让参展商做好准备。

（3）让参展商理解筹展截止时间的不可变更性。很多展馆的展期安排很紧张，展会一个接着一个，一个展会的展期一旦确定下来，到展会临近开幕时再对它进行临时调整往往比较困难。并且，即使可以暂时对其进行临时调整，展会往往也要额外增加成本支出。所以，展会的筹展期一旦确定下来，展会一般就不再对其加以调整，对于筹展的截止时间就更是如此。对于个别情况，展会可以在不破坏总体规定的前提下个别对待，例如，用个别增加加班时间等方式来解决时间不足的问题。不过，如果在筹展的截止时间以前还没有完成布展工作，展会则无法再延长其布展时间。因此，展会要让参展商理解筹展时间尤其是截止时间的不可变更性，争取他们对展会规定的配合，使他们在时间上科学地规划自己的布展工作。

（4）加强布展现场管理。尽管每个参展商都规划好了自己的筹展工作和时间计划，但如果筹展现场秩序混乱，各参展商的布展工作互相影响，他们的筹展工作进程必将大受影响，展会的整体筹展进度必将被拖延。所以，展会还有必要对展会布展现场进行有效的管理，通过现场管理，维持良好的现场秩序，使参展商在布展时尽量互不影响，尽快完成各自的布展工作。

对展会筹展进行有效的进度管理，需要展会、参展商和展位承建商等方面的通力合作和密切配合，他们之中任何一方的工作延误都会对展会的整体筹展工作带来不利影响。为此，在展会筹展期间，保持展会、参展商和展位承建商等有关方面的联系畅通就显得极为重要。

三、撤展进度管理

展会撤展是在展会规定的撤展期里进行的。所谓撤展期，是指展会闭幕以后参展商撤除展位和将展品运出展览现场的这一段时间。这一段时间一般也不会很长，短的往往只有一天，长的也很少超过四天。

由于本展会闭幕以后，展馆可能还安排有其他的展会在此展出，所以，和筹展期一样，撤展期一旦确定下来，往往也不容易更改。在短短的撤展期内，众多的参展商要将各自的展位撤除和将展品运出展览现场，各参展商无疑要对自己的撤展工作事先做好规划，展会无疑也要加大对撤展现场的管理力度，否则，现场秩序一片混乱，任何事情都可能被延误。

为维护撤展现场秩序，使各参展商安全、快速和顺利地撤展，展会有必要对撤展进行进度管理。

（1）将撤展的确切起止时间准确地通知参展商。为方便参展商进行撤展规划，展会要将展会撤展的确切起止时间准确地通知参展商。如果参展商的展位撤除工作不是由参展商自己负责，而是由其承建商负责，展会就要将该时间同时通知参展商和该承建商。展会可以将该时间在《参展商手册》中注明，也可以在撤展通知中明确，还可以用专门的信函来通知，让参展商心中有数。在展览的最后一天，在展览现场，展会还要以广播的形式提醒各参展商，做好撤展准备。

（2）让参展商理解撤展开始时间的不可变更性。在很多展会现场，由于种种原因，参展商常常不遵守展会对撤展时间的规定。例如，有些参展商由于展会末期观众较少而想及早离开，他们因此而提前撤展，有些参展商因为展品已经处理完毕而提前撤展。还有一些参展商由于参展效果太好，即使到展会末期观众还是络绎不绝，他们因此而拖延撤展，等等。对于拖延撤展的参展商，只要他们能在规定的时间内完成自己的撤展工作，展会对他们可以不加干涉，对于那些提前撤展的参展商，由于规定的撤展时间未到，他们的提前撤展行为对展会的正常展出形成严重干扰，展会应加以阻止。所以展会要让参展商理解撤展开始时间的不可变更性，让他们在展会规定的时间内撤展，尤其不要提前撤展。

案例：

合理安排展会的布展和撤展时间

展会规模越大，对展会布展和撤展在时间安排合理性上的要求就越高。上海国际汽车展创办于 1985 年，是全球规模和影响力最大的汽车展之一，一届的展出规模已经达到 28 万平方米。上海国际汽车展对布展和撤展工作非常重视，对相关时间的安排非常细致和具体：具体到每天的几点钟到几点钟，哪些展厅的展商可以进行布展/撤展。以下是 2013 年 4 月举办的第十五届上海国际汽车展的布展和撤展日程安排：

内　容	时　间	安排布展/撤展的展厅
布展	4 月 14 日 8：30—22：00	E1～E7 展厅、W1～W5 展厅、N1 展厅
	4 月 15 日 8：30—18：00	E1～E7 展厅、W1～W5 展厅、N1 展厅；商用车展区
	4 月 16 日 8：30—18：00	E1～E7 展厅、W1～W5 展厅、N1 展厅；N4～N5 展厅；室外展商：商用车展区
	4 月 17 日 8：30—18：00	E1～E7 展厅、W1～W5 展厅、N1～N5 展厅；室外展商：商用车展区、零部件展区
	4 月 18 日 8：30—18：00	E1～E7 展厅、W1～W5 展厅、N1～N5 展厅；室外展商：商用车展区、零部件展区
	4 月 19 日 8：30—18：00	室内展商：W1～W5 展厅、E1～E7 展厅、N1～N5 展厅；室外展商：商用车展区、零部件展区

内　容	时　间	安排布展/撤展的展厅
展出时间：4 月 20—29 日 9：00—18：00（其中 20 日为新闻日，21 日和 22 日只对专业观众开放）		
撤展	4 月 29 日 19：30—22：00	室内展商 - E1～E7、W1～W5、N1 展厅（乘用车）、N2～N5 展厅（零部件）；室外展商 - 商用车、零部件展区
	4 月 30 日 8：30—18：00	室内展商 - E1～E7、W1～W5、N1 展厅（乘用车）、N2～N5 展厅（零部件）；室外展商 - 商用车、零部件展区
	5 月 01 日 8：30—22：00	室内展商 - E1～E7、W1～W5、N1 展厅（乘用车）
	5 月 02 日 8：30—15：00	室内展商 - E1～E7、W1～W5、N1 展厅（乘用车）

（3）加强撤展现场管理。和筹展一样，撤展的现场秩序对保证各参展商顺利撤展也很重要。例如，尽管每个参展商都规划好了自己的撤展工作和时间计划，但如果撤展现场秩序混乱，各参展商的撤展工作互相影响，他们的撤展工作进程必将大受影响，展会的整体撤展进度必将被拖延。所以，展会还有必要对撤展现场进行有效的管理，通过现场管理，维持良好的现场秩序，使参展商在撤展时尽量互不影响，尽快完成各自的撤展工作。在必要时，展会还可以对有需要的参展商提供协助。

对展会撤展进行有效的进度管理，需要展会、参展商、展位承建商和展品运输代理等方面的通力合作和密切配合，还要有展场清洁公司的协助，他们之中任何一方的工作延误都会对展会的整体撤展工作带来不利影响。为此，展会要保持和参展商、展位承建商以及展品运输代理等有关方面的联系畅通。

参 考 文 献

1. 华谦生. 会展管理. 广州：广东经济出版社，2008 年 8 月，第 1 版.

2. 华谦生. 会展营销. 广州：广州出版社，2010 年 8 月，第 1 版.

3. 李业. 品牌管理. 广州：广东高等教育出版社，2004 年 8 月，第 1 版.

4. 王玉. 企业战略管理教程. 上海：上海财经大学出版社，2005 年 5 月，第 2 版.

5. 财政部会计资格评价中心. 财务管理. 北京：中国财政经济出版社，2004 年 11 月，第 1 版.

6. 李泽尧. 执行力. 广州：广东经济出版社，2008 年 1 月，第 1 版.

7. 苏伟伦编译. 杜拉克管理思想全集. 北京：九州出版社，2001 年 5 月，第 1 版.

8. 中国对外贸易中心. 广交视界. 2014 年各期.

9. 商务部网站. 商务部服务贸易司. http：//fms. mofcom. gov. cn/article/tongjiziliao/201307/20130700198063. shtml.

10. 国际商报网站. http：//expo. ce. cn/sy/gd/201402/11/t201402 11—2273477. shtml.